# De School van Barbizon

FRANSE MEESTERS VAN DE 19DE EEUW

onder redactie van John Sillevis en Hans Kraan

1985/86

Museum voor Schone Kunsten, Gent
Haags Gemeentemuseum, Den Haag
Institut Néerlandais, Parijs

## Een speciaal woord van dank gaat uit naar de volgende personen die bij de voorbereiding van deze tentoonstelling een belangrijke rol hebben gespeeld

Arlette Brouwers
Odile Chenal
Martha Op de Coul
Christian Doumet
Gebr. Douwes
M. et Mme. François Féderlé
Jacques Foucart
Elisabeth Foucart-Walter
Ursula de Goede
Ronald Guldemund
Carlos van Hasselt
Hans Hoetink
Paul en Bonny Huf
Anne van der Jagt
Denise de Keuning
Jean Mathey
Raoul en Madeleine Mengarduque
Annelies Meyer

Max Moulin
J. Nieuwstraten
Guy Portrat
Jean Privey
Willem Rappard
M. Richard
F.H.A. Rikhof
Alain Riottot
Pierre Rosenberg
Roland Schaer
Mevr. O. Smit-van Calcar
Albert de Soete
Jacques Vilain
Nicole Villa
Jeanne Vogel
Jan Voskuil

## Voorbereidingscomité

*Haags Gemeentemuseum, Den Haag*

*Museum voor Schone Kunsten, Gent*
*Gemeentekrediet van België, Brussel*
*Institut Néerlandais, Parijs*

*Rijksbureau voor Kunsthistorische*
*Documentatie, Den Haag*

Theo van Velzen
John Sillevis
Robert Hoozee
J. Deraeve
G. Strasser
Annelies Meyer

Hans Kraan

CIP-GEGEVENS KONINKLIJKE BIBLIOTHEEK, DEN HAAG

School

De School van Barbizon: Franse meesters van de 19e eeuw/onder red. van John Sillevis en Hans Kraan; [vert. J.R. Mengarduque]. – Den Haag: Haags Gemeentemuseum. – III. Met lit. opg.
ISBN 90-6730-020-9 geb.
ISBN 90-6730-019-5 ing.
SISO eu-fran 737.6 UDC 75.047(44)"18"
Trefw.: landschapschilderkunst; Frankrijk; 19e eeuw/School van Barbizon.

# Inhoudsopgave

# Ten geleide

Vijf jaar geleden werd in het Gentse Museum voor Schone Kunsten de opgemerkte tentoonstelling *Het landschap in de Belgische kunst* 1830-1914 georganiseerd. We hebben toen kunnen vaststellen hoezeer de Belgische landschapschilders gestimuleerd zijn geweest door de groep schilders die ca. 1830 verblijf koos bij het Franse dorpje Barbizon, aan de westrand van het Bos van Fontainebleau.

Dat thans een indringend overzicht kan getoond worden van *De School van Barbizon,* is voor ons stedelijk museum een belangrijke gebeurtenis: op het kunsthistorische vlak alleszins, maar veel meer nog als uitzonderlijke artistieke beleving. De School van Barbizon toont ons ten overvloede dat, om vat te hebben op de realiteit, wij er midden in moeten staan. Als ik hun kunst bekijk, dan voel ik mij als iemand die heel intiem aan de natuur participeert. Dank zij hen ontdek ik de behoefte om mij op te trekken aan de tegenpool van de dagdagelijkse werkelijkheid – zoniet de banaliteit – in de gejaagdheid van de stad. De wijze waarop de kunstenaars van Barbizon van binnenuit de natuur in al haar uitingen weergeven en er ons heel intensief contact mee laten hebben, overtuigt er ons eens te meer van dat kunst echt belangrijk is. Zoals bij ons Bruegel in de zestiende eeuw op zijn unieke manier de natuur heeft geopenbaard, zo hebben Théodore Rousseau, Daubigny, Millet, Diaz, Troyon en de anderen met hun fraaie landschappen een blijvend stempel gedrukt op de Westeuropese schilderkunst van de negentiende en de twintigste eeuw. Een bijkomende reden voor mijn tevredenheid over de huidige tentoonstelling is, dat ze ongetwijfeld flink zal bijdragen tot een vernieuwde appreciatie voor de kleine maar hoogstaande verzameling van Franse schilderkunst uit het begin en het midden van de negentiende eeuw, in de vaste collectie van ons museum. Deze "Franse zaal", die voornamelijk tot stand kwam dank-zij de schenking van Fernand Scribe in 1913, is voor vele bezoekers een verrassing en voor het Vlaamse publiek een mogelijkheid om in het eigen museum enkele topstukken van de negentiende-eeuwse schilderkunst te bewonderen.

De tentoonstelling *De School van Barbizon* sluit door haar inhoud en haar artistiek niveau perfect aan bij dit onderdeel van onze verzameling.

Graag wil ik onderlijnen dat deze tentoonstelling tot stand is gekomen door de samenwerking met verschillende specialisten en met twee van de meest befaamde Nederlandse instellingen, het Haags Gemeentemuseum dat initiatiefnemer was, en het Institut Néerlandais te Parijs. Een samenwerking waar ik bijzonder verheugd om ben en die zeker ook in de toekomst nog goede resultaten zal opleveren.

Mijn waardering gaat naar het Gemeentekrediet van België, dat thans voor de derde keer een grote tentoonstelling mede-organiseert in het Museum voor Schone Kunsten van Gent.

In naam van het Stadsbestuur dank ik tenslotte de vele musea en de verzamelaars, die belangrijke stukken in bruikleen hebben afgestaan en het mogelijk hebben gemaakt dat *De School van Barbizon* in onze stad een artistieke gebeurtenis wordt van hoog niveau.

**Georges Bracke**
*Schepen van Cultuur, Gent*

# Voorwoord

In de afgelopen jaren heeft het Haags Gemeentemuseum een aantal tentoonstellingen georganiseerd op het gebied van de 19de-eeuwse schilderkunst, met een accent op schildersgroepen uit die periode. Zo waren in Den Haag tentoonstellingen te zien van de Macchiaioli, de Pre-Raphaelieten, de Norwich School, en als meest recente voorbeeld de Haagse School.

Eén van de fascinerende verschijnselen bij kunstenaarsgroeperingen is de wisselwerking tussen het groepselement, de punten van overeenkomst tussen de leden van de groepen, en anderzijds kenmerken waaraan de individuele kunstenaar op zich herkenbaar blijft. Bij elk van de hier genoemde tentoonstellingen uitte zich deze wisselwerking op verschillende wijze.

Na het succes van de Haagse School-tentoonstelling lag het voor de hand te kiezen voor de schilders van Barbizon, die zoveel voor de Nederlandse kunst van de 19de eeuw hebben betekend.

De samenstelling van de tentoonstelling en het onderzoek dat aan de voorbereiding van de catalogus voorafging is met name gericht op de relatie tussen de School van Barbizon en Nederland, waarbij veel nieuwe gegevens te voorschijn kwamen over kontakten tussen kunstenaars, kunstverzamelaars en de wonderlijke gang die sommige kunstwerken maakten voor ze hun plaats in een museum vonden. In het samenwerkingsverband dat het Haags Gemeentemuseum voor deze tentoonstelling aanging met het Museum voor Schone Kunsten in Gent en het Institut Néerlandais in Parijs kon dit onderzoek nog verder worden verruimd.

Een bijzondere rol in dit geheel speelde de Barbizon-collectie van de Haagse School-schilder en kunstverzamelaar H.W. Mesdag. Deze verzameling is gehuisvest in het Rijksmuseum H.W. Mesdag in Den Haag; een substantieel aantal schilderijen uit deze collectie is in de huidige tentoonstelling opgenomen.

Voor ons ligt nu een catalogus waaraan een aantal specialisten zijn medewerking heeft verleend, zoals Robert Hoozee van het Museum van Schone Kunsten in Gent, Jacques Foucart van het Musée du Louvre, Hans Kraan van het Rijksbureau voor Kunsthistorische Documentatie en Dieuwertje Dekkers. Het Rijksbureau voor Kunsthistorische Documentatie te Den Haag wil ik graag afzonderlijk danken, evenals de Franse Ambassade in Den Haag die ons met raad en daad terzijde stonden.

John Sillevis, conservator van de 19de-eeuwse schilderkunst van het Haags Gemeentemuseum, heeft niet alleen zijn bijdrage geleverd aan de catalogus maar ook het leeuwedeel van de voorbereiding van de tentoonstelling op zijn schouders genomen.

Graag dank ik hen voor hun inspanningen bij de voorbereiding van deze tentoonstelling. Een speciaal woord van dank gaat uit naar de firma Petroland b.v., die een bijdrage leverde in de kosten van deze expositie.

Tenslotte wil ik graag alle bruikleengevers, zowel die met name genoemd zijn als diegenen die anoniem wensen te blijven danken voor hun genereuze bijdrage aan deze presentatie van de School van Barbizon in Nederland.

**Theo van Velzen**
*directeur Haags Gemeentemuseum*

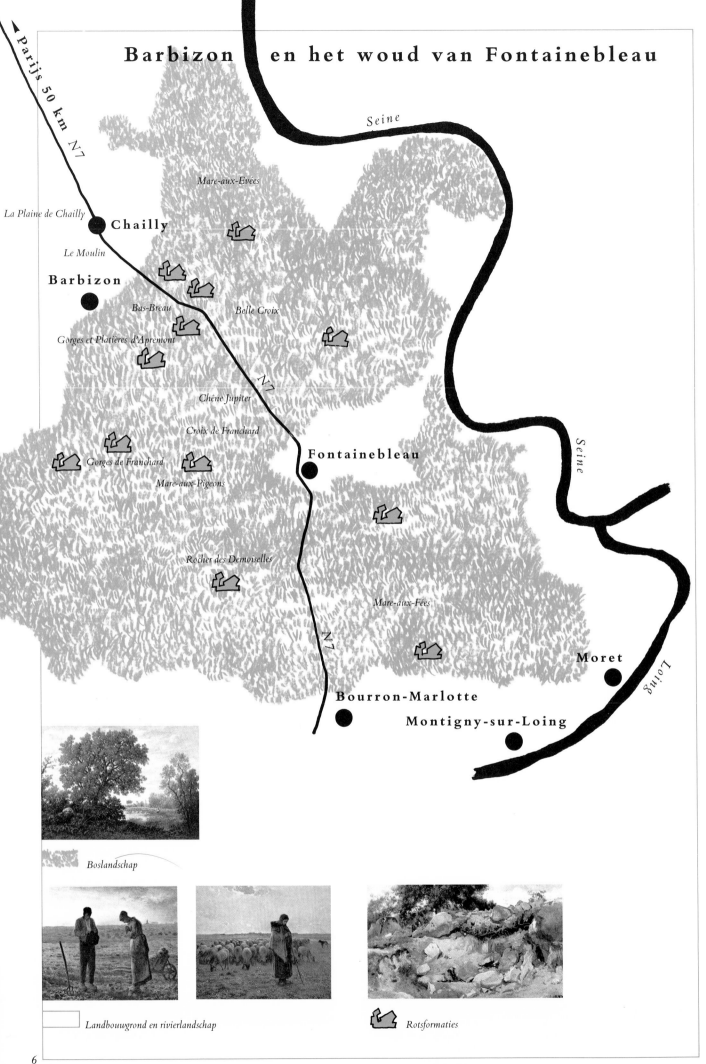

# Barbizon en het woud van Fontainebleau

Parijs 50 km N7

Seine

*Mare-aux-Evées*

*La Plaine de Chailly*

**Chailly**

*Le Moulin*

**Barbizon**

*Bas-Bréau*

*Belle Croix*

*Gorges et Platières d'Apremont*

N7

*Chêne Jupiter*

*Croix de Franchard*

**Fontainebleau**

*Gorges de Franchard*

*Mare-aux-Pigeons*

Seine

*Rocher des Demoiselles*

*Mare-aux-Fées*

N7

**Moret**

Loing

**Bourron-Marlotte**

**Montigny-sur-Loing**

*Boslandschap*

*Landbouwgrond en rivierlandschap*

*Rotsformaties*

6

# Inleiding

John Sillevis

"Denk om Barbizon, die historie is subliem", schreef Vincent van Gogh uit Drenthe in 1883 aan zijn broer Theo. "Die daar oorspronkelijk begonnen, toen ze er kwamen - lang niet allen waren uiterlijk wat ze au fond wel waren. Het land vormde hen, zij wisten alleen: in stad deugt het niet, ik moet naar buiten; zij dachten, stel ik me voor, ik moet werken leeren, iets heel anders, ja tegenovergestelds worden van wat ik nu ben. Zij zeiden: nu deug ik niet, ik ga mij vernieuwen in de natuur"[1].

Dit is één van de vele verwijzingen naar de schilders van Barbizon in de brieven van Vincent van Gogh; hij bewonderde vooral Millet, Daubigny, Corot en Rousseau. Die bewondering was echter in zijn tijd niet meer uitzonderlijk. De reputatie van de schilders van Barbizon was gevestigd, en niet alleen in Frankrijk. In Nederland hadden de schilders van de Haagse School een welhaast collectieve verering voor de Barbizon-schilders opgevat. Men kende hun werk niet alleen uit publicaties en via reproducties, maar velen van hen hadden de vernieuwing in de Franse landschapskunst waargenomen op tentoonstellingen in Parijs, Brussel en – deels zelfs – in Nederlandse steden. Willem Roelofs, Jozef Israëls en Jacob Maris kenden Barbizon en omgeving uit eigen waarneming; later brachten ze hun tekeningen en schetsen mee terug uit Frankrijk. Datzelfde gold voor Belgische kunstenaars als Théodore Fourmois, Xavier de Cock, François Lamorinière, en Hippolyte Boulenger, om er maar enkele te noemen. Niet alleen de rotsformaties en de wouden van Fontainebleau inspireerden de noordelijke bezoekers, maar ook de rivierlandschappen ten zuiden en ten oosten van Fontainebleau, zoals bij Montigny-sur-Loing (afb. 1, 2) en Moret, met hun atmosfeer van zilvergrijs licht. Juist die verzadigde kleuren waarin steeds het grijs een rol speelde, oogstten de lof van de Haagse School-schilders.

1
*Ch. Daubigny*
*Zonsondergang bij Montigny-sur-Loing*
*National Galleries of Scotland, Edinburg*

2
*J. Maris*
*Montigny-sur-Loing, 1870*
*Museum Boymans-van Beuningen,*
*Rotterdam*

Gerard Bilders had al in 1860 in enthousiaste dagboeknotities gesproken van het 'sentiment van het grijze' in de werken van Corot, Diaz, Dupré en Troyon op de *Exposition générale des Beaux-Arts* in Brussel.

De navolging van het kleurgebruik van de School van Barbizon zou de Haagse School later de bijnaam van de 'grijze school' bezorgen. De studie naar de natuur, zoals die door Vincent van Gogh in de zojuist aangehaalde woorden werd aanbevolen, was al aan het eind van de 18de eeuw onderwerp van veel discussie geweest, ook binnen de kring van academistische kunstenaars. De schilder Henri de Valenciennes adviseerde zijn leerlingen om zich, als ze al voor het landschap als schilderkundig genre gekozen hadden, niet alleen op het historische landschap toe te leggen, maar ook het pastorale landschap te kiezen, en zelfs het *paysage-portrait* niet te schuwen, waarin ieder mythologisch of elegisch element ontbrak. De reis naar Italië als inspiratiebron voor de kunst van de oudheid kreeg een extra dimensie als tevens het Italiaanse landschap werd bestudeerd, niet alleen in tekeningen en schetsen, maar ook in volledig voltooide schilderijen (afb. 3). Maar de landschapsinspiratie behoefde zich niet tot Italië te beperken. Volgens Valenciennes konden zijn leerlingen evenveel profijt trekken van het zeer afwisselende landschap van Frankrijk; de schoonheid van de wouden rondom Parijs, zoals dat van Fontainebleau, leverde voldoende studiemateriaal op (afb. 4).

3
*L.A. Lapito*
*Italiaans berglandschap*
*Rijksdienst Beeldende Kunst, Den Haag*

De oriëntatie op Italië en het historische landschap bood als grote voorbeelden oude Franse meesters als Poussin en Claude Lorrain; voor het onopgesmukte landschap kon men verwijzen naar de oude Hollandse meesters, die in Frankrijk steeds meer in zwang raakten.

Voor de meer progressieve kunstenaars en kunstcritici was er zelfs een tegenstelling tussen de Italiaanse en Hollandse inspiratie. De schrijver Thoré, een vriend van Théodore Rousseau, met sterk republikeinse sympathieën, beschouwde de Italiaanse kunst als een slavernij aan het Christendom en aan de Grieks-Romeinse godenwereld, terwijl hij de Hollandse kunst zag als een teken van vrijheid van de menselijke geest. De kunst van de Hollandse 17de eeuw was voor hem de onverbloemde uitbeelding van het dagelijks leven, zonder mystieke bijbedoelingen en zonder mythologische ballast, een uiting van een democratische, protestante samenleving[2]. De hoge waardering in Frankrijk voor Rembrandt, maar vooral voor Vermeer is deels terug te voeren tot de publicaties van Thoré.

Sommige kunstenaars kenden het werk van de Hollandse 17de-eeuwse meesters vanuit een geheel andere invalshoek: Georges Michel (afb. 5) bijvoorbeeld was schilderijen-restaurateur, en kende de werken van Ruisdael, Karel Dujardin en Rembrandt in Frans bezit 'van binnen en van buiten'. De *clair-obscur* effecten die hij van hen overnam bezorgden hem de bijnaam 'le Ruisdael de Montmartre', en de postume bewondering van de schilders van Barbizon.

Naast de historische terugblik op Italiaanse en Hollandse voorbeelden kwam het contact met eigentijdse landschapskunstenaars uit Engeland, die in de jaren 'twintig

van de 19de eeuw nieuwe perspectieven boden door hun inzendingen naar de Parijse *Salons* en door hun deelname aan grote topografische series als de *Voyages pittoresques et romantiques dans l'Ancienne France.*
Tegen deze achtergrond voltrokken zich de vernieuwingen in de Franse landschapskunst, waarin wat wij nu gemakshalve aanduiden als 'De School van Barbizon' een beslissende rol speelde. Hoe graag we het ook zouden willen, heeft deze aanduiding niet betrekking op een scherp omlijnde kunstenaarsgroep. In een periode van meer dan vijftig jaar bezochten kunstenaars Barbizon en de daaraan grenzende wouden van Fontainebleau; sommigen vestigden zich er metterwoon, anderen waren jaarlijks vaste stamgasten in de herberg van Ganne, of ze verkozen een verblijf in Chailly of Marlotte.

Bij het samenstellen van een tentoonstelling, waarbij beperkingen gelden die bij het schrijven van een boek geen rol spelen, betekent dit dat in het geval van het zeer rekbare begrip 'Barbizon' een keus gemaakt moest worden. Daarbij moesten natuurlijk werken opgenomen worden van de kerngroep, die zo kan worden aangeduid door de veelvuldige persoonlijke en artistieke contacten; hierbij denken we dan aan schilders als Corot, Daubigny, Diaz, Dupré, Jacque, Millet, Rousseau en Troyon. Ook uit de voorlopers kon slechts een beperkte keus getoond worden. Traditioneel wordt steeds Georges Michel als één van de voorlopers van de School van Barbizon opgevoerd, maar zijn werk werd pas in de jaren 'veertig van de vorige eeuw ontdekt door een aantal schilders van Barbizon, en genoot daarna een zekere faam door toedoen van een artikel van Thoré. Veel rechtstreekser waren de banden met Caruelle d'Aligny, Cabat en Flers. Bij een keuze uit de nabloei is zelfs een zekere willekeur niet te vermijden. Appian is interessant om zijn rechtstreekse verbinding met Daubigny, maar omwille van de omvang is niet gekozen voor Delpy of Chintreuil, terwijl kleine meesters als Defaux en Trouillebert weer wel zijn opgenomen. Ze moeten gezien worden als vertegenwoordigers van een vrij grote groep kunstenaars die zich bij de landschaps-opvattingen van 'Barbizon' aansloten op een moment dat deze niet meer werkelijk omstreden waren, en er zelfs bij het publiek een grote vraag was ontstaan naar werken in de trant van de School van Barbizon.

In een aantal tentoonstellingen over of rondom de School van Barbizon zijn werken van Courbet opgenomen. In dit geval is de keus gemaakt dit niet te doen omdat de strijd van het Realisme en de ontwikkelingen vanuit Barbizon niet geheel en al samen-vallen, ook al zijn er vanzelfsprekend een aantal parallellen aan te wijzen. Courbet heeft zich bovendien steeds zorgvuldig op een afstand gehouden van de vriendenkring van Barbizon. De School van Barbizon wordt gepresenteerd als een Franse beweging in eerste instantie; de relatie met buitenlandse kunstenaars wordt herhaaldelijk vermeld, maar speelt geen rol in de samenstelling van de tentoonstelling. Veel aandacht is gegeven aan de rol van de kunstkritiek en de kunstverzamelaars in Nederland en België in de 19de eeuw, en de doorwerking van de School van Barbizon op de Nederlandse en Belgische kunst. Veel nieuwe gegevens zijn bij dit onderzoek aan het licht gebracht. Hoezeer er sprake was van een Nederlands-Franse dialoog op kunstgebied bewijst de bijdrage over de relatie tussen Millet en Jozef Israëls. Uit de verzameling van het Prentenkabinet van het Haags Gemeentemuseum is een serie prenten van Barbizon-kunstenaars gekozen, en uit de collectie van de Fondation Custodia zijn in de catalogus een aantal brieven opgenomen. De opzet is geweest om in beknopte vorm de betekenis van de School van Barbizon duidelijk te maken, met name in het licht van de artistieke relaties tussen Nederland, België en Frankrijk in de 19de eeuw.

**1.** Vincent van Gogh, *Verzamelde brieven,* dl. II, Amsterdam/ Antwerpen 1974[6], brief 339, p. 326.
**2.** zie W. Thoré-Bürger, *Musées de la Hollande: Amsterdam et La Haye – Etudes sur l'Ecole hollandaise,* Parijs 1858, p. IX.
F. Haskell, *Rediscoveries in art, some aspects of taste, fashion & col-lecting in England & France,* Ithaca, New York 1976, p. 86.

# Plein-air en het historische landschap

John Sillevis

De waardering voor het landschap als schilderkundig genre is niet het resultaat van de strijd om erkenning die de kunstenaars van de School van Barbizon in hun vroege jaren hebben moeten voeren. De veranderende houding ten opzichte van het landschap vond zijn oorsprong al in de 18de eeuw binnen de kring van docenten en theoretici van de Parijse *Académie royale*. De theorieën die door hen geformuleerd werden, zouden verstrekkende gevolgen hebben voor de waardering – of het totale gebrek aan waardering – die de schilders van de School van Barbizon in hun vroege loopbaan zouden ondervinden. De Franse kunst kon evenzeer als de Hollandse bogen op een eigen landschapstraditie uit de 17de eeuw. In tegenstelling tot de schilderijen uit de Hollandse Gouden Eeuw hadden de landschappen van Claude Lorrain en Nicolas Poussin een overwegend mythologisch of historisch karakter. Hierdoor konden ze vergeleken worden met de grote historische uitbeeldingen, die volgens de opvattingen van de Academie tot het hoogste genre van de schilderkunst behoorden.

Dat ook landschapschilderijen denkbaar waren zonder klassieke associaties was aan de Franse theoretici niet ontgaan. Al in 1708 maakte Roger de Piles in zijn *Cours de peinture par principes* onderscheid tussen twee soorten landschap: het *heroïsche* en het *pastorale* landschap[1]. Het heroïsche landschap was voorzien van nobele helden en tempelruïnes, terwijl het pastorale genre niet meer was dan een ideaal portret van het landleven, waarbij weinig anders te genieten viel dan een ongecompliceerde voorstelling.

Als voorbeeld van het pastorale noemde De Piles 'de schuilplaats van een heremiet', waarmee hij – bewust of onbewust – aangaf dat zelfs in de simpelste uitbeelding van de natuur het verhalende element niet mocht ontbreken.

De Piles was er echter geen voorstander van dat het verhalende element zou overheersen; hij raadde de aankomende landschapskunstenaars aan de figuren pas in het laatste stadium toe te voegen. Het landschap als zodanig mocht zonder meer een dominerende rol spelen. De status van de kunstenaar werd echter afgelezen aan de hand van zijn vertoon vertrouwd te zijn met de klassieke mythologie en met schrijvers als Homerus en Vergilius.

In 1791 stelde Quatremère de Quincy voor om academieleerlingen les te geven in land-schapskunst[2], en een *Prix de Rome* voor landschap toe te kennen. Zijn wens ging pas in vervulling in 1816. Vanaf dat jaar werd voor de leerlingen een *Concours du Prix de Rome en Paysage historique* ingesteld. De eerste prijswinnaar in 1817 was de twintigjarige Achille Etna Michallon, een leerling van Valenciennes en Bertin, met zijn 'Kastanjeboom getroffen door de bliksem'[3]. Vanaf 1822 was de opleiding gesplitst in twee fasen; het eerste semester werd afgesloten met het *concours de l'arbre,* het tweede met het *concours d'esquisse en paysage*[4].

6

*P.H. Valenciennes*
*Bij de Villa Borghese in Rome*
*Musée du Louvre, Parijs*

## De visie van Valenciennes

Een belangrijke bijdrage tot deze ontwikkelingen leverde Pierre Henri de Valenciennes (1750-1819) (afb. 6, 7), vanaf 1812 *Professeur de perspective* aan de *Ecole impériale des Beaux-Arts* te Parijs. Valenciennes was een zeer bereisd landschapschilder, niet alleen vertrouwd met het Franse en Italiaanse landschap, maar ook bekend met Turkije, Syrië, Egypte en het Heilige Land, wat voor een 18de-eeuwse kunstenaar bepaald uitzonderlijk genoemd mag worden.

In 1781 toonde hij enkele van zijn landschappen aan de beroemde Joseph Vernet, die tegen hem zei: "Ik zie wel dat U het perspectief geleerd heeft; maar ik zie ook wel dat U het nog niet beheerst ... Trekt U het zich niet aan, U weet er nu al zoveel van dat ik het U in één les wel kan bijbrengen"[5]. In 1787, twee jaar voor de Franse revolutie, had Valenciennes blijkbaar zoveel vorderingen gemaakt, dat hij werd voorgedragen en aangenomen als lid van de *Académie royale*, hetgeen hem een atelier in het Louvre opleverde. De grootste betekenis van Valenciennes lag echter in de publicatie van zijn leerboek *Elémens de Perspective pratique à l'usage des artistes, suivis de Reflexions et conseils à un Elève sur la Peinture, et particulièrement sur le genre du Paysage,* waarvan de eerste druk verscheen in Parijs in 1800; de tweede druk volgde postuum in 1820, een jaar na de dood van Valenciennes. Met zijn theorieën over het perspectief zullen wij ons in dit verband minder bezighouden; we zullen echter uitgebreid stilstaan bij wat Valenciennes over het landschap had te zeggen. Met zijn geschriften beïnvloedde hij in eerste instantie zijn directe leerlingen, zoals de al eerder genoemde Michallon en Jean-Victor Bertin (afb. 8), die beiden les zouden geven aan Corot, en Jean-Baptiste Deperthes, die op zijn beurt weer een studie over het landschap zou schrijven onder de

titel *Théorie de paysage* (Parijs 1818). Valenciennes' visie op de landschapskunst zou echter ook van grote betekenis zijn op schilders als Caruelle d'Aligny, Lapito (afb. 9), Cabat, Flers, en Harpignies die allen een rol zouden spelen in de ontwikkelingen rondom de School van Barbizon.

9
*L.A. Lapito*
*Het bos van Fontainebleau*
*Musée de Picardie, Amiens*

Valenciennes heeft weliswaar de verdediging van het landschaps-genre op zich genomen, maar hij heeft geen revolutionaire denkbeelden geformuleerd. Als lid van de Koninklijke Academie en later als professor aan de Ecole des Beaux-Arts had hij te maken met de geïnstitutionaliseerde kunstopvattingen van zijn collega's, die ervan uitgingen dat de historieschildering het hoogste genre was, waarvoor alleen kunstenaars met een veelheid aan talenten geschikt waren. Valenciennes bestreed die opvatting niet, maar hij maakte wel de voorzichtige kanttekening dat de beoefenaars van het historische genre welhaast onmogelijk ook nog alle andere genres konden beheersen, gezien de tijd en de inspanning die ze opeisten. In zijn inleiding zei Valenciennes dat er schilders waren die hun reputatie uitsluitend hadden opgebouwd als landschapskunstenaars, en als voorbeelden noemde hij onder anderen Claude Lorrain en Joseph Vernet, en de Hollandse 17de-eeuwse meesters Wouwermans, Van der Meulen, Paulus Potter (afb. 10) en Karel Dujardin[6]. De inleiding geeft enigszins de indruk van een zelfrechtvaardiging als landschapschilder, niet alleen door het opsommen van grote namen uit de kunstgeschiedenis, maar ook door het uitbreiden van het aantal categorieën in de landschapskunst. Valenciennes maakte een onderscheid in het *paysage historique* en het *paysage pastoral* (tot zover stemde hij overeen met Roger de Piles), en daarnaast het *paysage-portrait,* het zeegezicht, jachtscènes en veldslagen. Vooral die laatste twee categorieën zijn een wat oneigenlijke toevoeging, waarschijnlijk niet anders bedoeld dan om de landschapschilder meer aanzien te verschaffen door categorieën verbonden aan de historie-schilderkunst, zoals 'veldslagen', onder het hoofd 'landschap' onder te brengen.

Belangrijk is dat Valenciennes niet alleen de klassieken als inspiratiebron opvoert, maar ook de natuur zelf. "Voor de landschapschilder is het een noodzaak om de Natuur te gaan bestuderen in al haar schilderachtige verschijningsvormen, onder de meest uiteenlopende omstandigheden, en met haar rijke plantenwereld; dit alles roept in hem de smaak voor het landleven wakker, waar de zuivere lucht en de aanblik van die eenvoudige en toch edele natuur zijn gedachten verheffen en verrukkelijke gevoelens voortbrengen. Met die studies leert hij dan om een keus te maken uit datgene waaruit hij vervolgens schilderijen kan componeren die nog eens opnieuw de charme van landelijke woningen en romantische plekken oproepen . . ."[7]

Reislustig als hij zelf was, beval hij ook zijn leerlingen aan er op uit te trekken. Een vergelijkende studie van tuinaanleg in diverse landen leek hem daarbij zo belangrijk, dat hij er een heel hoofdstuk, getiteld 'Des Jardins' aan wijdde.

"Men moet Italië gezien hebben, Zwitserland, de Pyreneeën en andere romantische landstreken die het genie tot ontwikkeling brengen, die de smaak vormen en een grandioos en prettig aandoend karakter geven aan de voortbrengselen van een kunstenaar"[8]. Toch bleef ook bij Valenciennes het onderscheid bestaan tussen het landschap, getrouw weergegeven 'zoals het was', en het landschap zoals het zou kunnen zijn, verrijkt met de fantasie en de kennis van de kunstenaar die zijn reiservaringen, de lectuur van de klassieke dichters en zijn studies naar oude meesters goed heeft laten bezinken.

"Wat een verschil tussen een schilderij dat alleen maar een koe voorstelt en wat schapen die grazen in een weide, en een stuk dat de begrafenis van Phocion uitbeeldt; tussen een schilderij van de oevers van de Maas, en een landschap met herders in Arcadië, tussen een regenachtig stuk van Ruisdael (afb. 11) en de Zondvloed van

11

J. Ruisdael
Aan de rand van een bos
Musée du Louvre, Parijs

P. Potter
De Stier
Mauritshuis, Den Haag

Poussin! De eerste zijn geschilderd met gevoel voor kleur, de andere met de kleur van het gevoel"[9]. Naast theoretische uiteenzettingen gaf Valenciennes ook praktische adviezen voor het werken in de open lucht. Hij ontraadde zijn leerlingen te lang aan één onderwerp door te werken. De lichtval en de atmosfeer in een landschap veranderen te vaak om een uitvoerige detaillering te kunnen voltooien. "Men moet zich eerst beperken tot het zo goed mogelijk nabootsen van de belangrijke tonen van de natuur in het effect wat men kiest; begin de schets met de hemel die de toon van de achtergrond bepaalt; werk dan met de vlakken die daaraan raken naar voren toe tot aan de voorgrond, die natuurlijk altijd in harmonie moet zijn met de hemel die de algehele toon heeft bepaald. Als men die volgorde aanhoudt, valt het te begrijpen dat het onmogelijk is om ook maar iets te detailleren; want iedere studie naar de natuur moet af zijn binnen de twee uur op z'n hoogst; en als het gaat om het effect van een opkomende of ondergaande zon, moet men er niet meer dan een half uur aan besteden"[10]. Valenciennes raadde ook aan hetzelfde motief op verschillende uren van de dag te schilderen, om te zien hoe de lichteffecten de vormen doen veranderen en soms zelfs onherkenbaar maken. Dit is een procédé dat later door de Impressionisten herhaaldelijk in hun schilderijencycli is toegepast, zoals in de reeks gezichten op de kathedraal van Rouen door Monet.

Valenciennes vestigde ook de aandacht op de studie van bomen, rotsen en planten. Als we zijn aanwijzingen lezen, is het of we een schilderij van Théodore Rousseau voor ons zien. "Vergeet niet om wat geschilderde studies te maken van mooie, los-staande bomen of boomgroepen. Let op de details van het boomschors, het mos, de wortels, de vertakkingen en de klimop die er om heen groeit en er aan vast zit; kies vooral goed, en bestudeer de verscheidenheid van het bos, het schors en het gebladerte, want dat is heel belangrijk. Zoek mooie bladerbossen uit die u grote vlakken opleveren met licht-donker effecten. Kijk eens hoe de bladeren helder uitkomen tegen een vlak dat zwart lijkt. Dat zijn nu de studies die men naar de natuur moet schilderen om de waarheid te pakken te krijgen, iets waarom kunstenaars zich te weinig bekommeren. Natuurlijk komen deze studies nog niet in de plaats van schilderijen; maar men moet ze in portefeuille bewaren, om ze te raadplegen en er bij gelegenheid zijn voordeel mee te doen"[11]. (afb. 12)

Het is bijna ontroerend om te zien hoe Valenciennes zich door zijn enthousiasme voor het landschap laat meeslepen, maar in zijn conclusies steeds een stap terugdoet om vooral maar binnen de regels van de academistische kunstopvattingen te blijven.
Een van die regels was dat een studie, hoe fraai ook, nóóit kon doorgaan voor een voltooid schilderij. Aan de schilders van Barbizon werd vrijwel onafgebroken verweten dat ze hun studies presenteerden als volwaardige kunstwerken, waarin juist wel alle details moesten zijn uitgewerkt.
Belangrijk is nog om op te merken dat Valenciennes zijn leerlingen aanraadde om buiten te schilderen, en dus niet alleen getekende schetsen te maken. Hij schreef nadrukkelijk "études *peintes*", en even later: "Ce sont là les études qu'il faut *peindre* d'après Nature . . ." Valenciennes hechtte er duidelijk waarde aan dat zijn leerlingen buiten met verf op doek of paneel werkten, en niet slechts notities naar de natuur maakten met potlood of houtskool.
Vervolgens toonde Valenciennes ook de voor- en nadelen van de verschillende tijden van de dag aan. Hij beschouwde de middagzon als zeer ongeschikt, en noemde uitsluitend Albert Cuyp als zeldzaam voorbeeld van een kunstenaar die het licht midden op de dag op een aanvaardbare manier op het doek had weten te brengen. Voor nachtscènes was Aert van der Neer zijn grote voorbeeld. Ook de seizoenen becommentarieerde Valenciennes. In zijn beschrijving van de zomer kondigde hij een aantal thema's aan die favoriet zouden blijken bij Barbizon-schilders als Diaz de la Peña, Rousseau, Millet en Troyon.
"Er zijn ook perioden die horen bij dit seizoen [i.e. de zomer] waar de schilder in zijn composities van moet profiteren. Hij kan er tot zijn voordeel allerlei taferelen in afbeelden met voorstellingen van mensen en dieren die bij zonsondergang baden in zee of in rivieren, of wanneer ze tegen de middag hun toevlucht zoeken in dichte, rustige bossen om te schuilen tegen de verstikkende hitte. Hij kan het rijke schouwspel van de oogst benutten, van die gulden golven die de zuidenwind in beweging brengt; van de graanoogst, het kostbare voedsel van de mens, van de verschillende manieren van vergaren, schoven binden, dorsen of pletten door paarden, wannen enz. enz., kortom alle werkzaamheden die met de oogst te maken hebben. Hij kan daaraan ook de maaltijden op het veld toevoegen, het vermaak van de oogstende boeren, hun danspartijen en hun feesten; allerlei soorten jacht en visvangst; de terugkeer van de velden na zonsondergang, als het vee vredig terugkeert onder de hoede van een herder die

zijn doedelzak laat klinken of zijn fluit met scherpe klanken [. . .] Dat zijn nu echt voorstellingen die een gevoelig mens weten te boeien en die de kunstenaar moet weten vast te leggen, waarbij de aantrekkingskracht en de onschuld van het landleven wordt uitgebeeld"[12]. Opvallend is de verheerlijking van het landleven in de tekst van Valenciennes; hierin is hij nog een vertegenwoordiger van een 18de-eeuwse houding. Het harde werk op het land, de ontberingen en het afstompende bestaan van de boeren paste niet in het idyllische beeld. In de geschiedenis van de School van Barbizon zal duidelijk worden dat die schilders die dat idyllische beeld in hun werk bevestigden, veel minder problemen opriepen ten opzichte van kunstcritici en Salon-jury's dan diegenen die de minder vertederende kant van het boerenleven verkozen uit te beelden.

## Het paysage-portrait

Valenciennes liet er geen twijfel over bestaan dat het historische of heroïsche landschap om het meeste talent vroeg, maar toch was hij bereid ook die kunstenaars die zich met het simpelweg weergeven van de werkelijkheid wilden bezighouden, goede raad te geven.

"Het waarheidsgetrouw copiëren van een gezicht naar de natuur levert niet dezelfde moeilijkheden op als het samenstellen van een heroïsch of pastoraal landschap. Desnoods kan men het voor het genre van het *paysage-portrait* wel zonder al te veel talent stellen. Alleen de ogen en de handen hoeven maar te werken; de jeugd en de gewenning maken het gemakkelijk om schilderijen te maken die prettig aandoen door hun precisie, de kleur en de manier van uitvoering. Niettemin kan in dit genre *een bepaalde perfectie* worden bereikt; ik zal zo vrij zijn wat overwegingen mee te geven aan de kunstenaar die zich aan dit genre wil wijden. Aangezien het *paysage-portrait* de getrouwe weergave is van de natuur, valt het te begrijpen dat de mate van schoonheid van het origineel bepaalt hoe interessant de copie wordt. Volgens dit uitgangspunt heeft dit genre geen andere karakteristiek dan de gelijkenis, en die gelijkenis verandert alleen naarmate de kunstenaar van locatie verandert"[13]. Valenciennes waarschuwde wel voor het gevaar dat een schilderij volledig oninteressant zou kunnen worden als er niet een *objet de curiosité* zou zijn, dat de aandacht van de beschouwer zou weten te boeien.

13
*K. Dujardin*
*Landschap met vee*
*Musée du Louvre, Parijs*

Als voorbeeld van het *paysage-portrait* haalde Valenciennes de Hollandse 17de-eeuwse landschapschilders aan. Zijn gebrek aan belangstelling voor de juiste schrijfwijze van hun namen – iets waar vreemdelingen in Frankrijk nog steeds onder te lijden hebben – betekende niet dat hij hun werken niet goed zou hebben bestudeerd.

"De Vlaamse schilders [Valenciennes bedoelt de Hollandse] blonken uit in het *paysage-portrait,* en Carle du Jardin (afb. 13) [Karel Dujardin, 1622-1678] is één van diegenen die het met de meeste sierlijkheid en waarheid hebben geschilderd. Zijn schilderijen lijken wel vervaardigd met de *camera obscura.* Van-der-Heiden [Jan van der Heyden, 1637-1712] heeft, door de juiste tekening, de afwisseling in zijn kleurgebruik en het resultaat van zijn verbazende geduld, een ongewone perfectie bereikt in zijn gezichten van Holland. Men zou haast zeggen dat hij alle bakstenen van de huizen geteld heeft, en alle bladeren aan de bomen; en ondanks die minutieuze aandacht heeft hij, door alle onderdelen goed op elkaar af te stemmen, vermeden dat zijn stukken droog en vervelend werden, wat had kunnen gebeuren door de weergave van alle details.

Paul Potters [Paulus Potter, 1625-1654], Van-Weld [Adriaen van de Velde, 1636-1672], enz. hebben dierstukken gemaakt die onovertroffen zijn. De kunstenaars hoeven maar naar het *Muséum national de Paris* [het Louvre] te gaan om van de *Ecole Flamande* de meest perfecte voorbeelden van het *paysage-portrait* te zien"[14]. Inderdaad waren tot 1815 in het Louvre de topstukken uit Nederlands kunstbezit te zien, zoals de *Stier* van Potter, die door Napoleon als oorlogsbuit naar Frankrijk waren meegenomen. Ondanks verzet van koning Lodewijk XVIII, Talleyrand en Vivant Denon, de toenmalige directeur van het Louvre, werden de Nederlandse stukken na de Slag bij Waterloo in triomf naar het vaderland teruggevoerd[15].

Valenciennes gaf echter de voorkeur aan het pastorale landschap, een tussenvorm van het *paysage historique* en het *paysage-portrait*. Voor Valenciennes betekende dit het samenbrengen van de realistische waarneming die hoorde bij het *paysage-portrait* en de inbreng van de verbeeldingskracht van de kunstenaar, die naar een ideaalbeeld streefde. Het was beter de geschilderde landschappen te bevolken met figuren die men niet zomaar in het leven van alledag kon tegenkomen. Deze raad hebben kunstenaars als Diaz de la Peña en Corot – zeker niet tot hun nadeel – zeer letterlijk opgevolgd. Hun van nymfen en godinnen voorziene bosgezichten botsten alleen met de geldende kunstopvattingen, als ze te onzorgvuldig van uitwerking waren. Voor Valenciennes bleef Poussin het grote voorbeeld, die beter dan wie ook een filosofisch geluk wist uit te beelden. "Zijn herders zijn gelukkig; ze voelen dat ze gelukkig zijn; en toch is te zien dat ze nadenken over de gebeurtenissen die hun geluk zouden kunnen verstoren. Zijn schilderij van Arcadië is een complete cursus in filosofie"[16].

De tweeledigheid van de opvattingen van Valenciennes geeft aan dat hij op een breekpunt in de geschiedenis stond. Om wat voor reden dan ook was hij niet bereid de oude opvattingen te bestrijden, maar daarnaast spoorde hij zijn leerlingen aan in een richting die een vernieuwing in de landschapskunst zou betekenen. Ook binnen de School van Barbizon zou de breuk met de traditie niet abrupt zijn. Curieus is dat Valenciennes zijn raadgevingen beëindigde met het advies om vooral te denken aan de wouden van Frankrijk als goed studiemateriaal. Behalve de bossen van de Ardennen, Compiègne en Villers-Coterets raadde Valenciennes – met een onbedoeld profetische blik – zijn leerlingen aan de wouden van Fontainebleau niet over te slaan[17].

### Lecarpentier en Deperthes

Tussen de eerste en de tweede druk van Valenciennes' boek (1800 en 1820) nam de belangstelling voor de landschapskunst aanzienlijk toe. In 1817 verscheen *Essai sur le paysage* van C.J.F. Lecarpentier, een schilder en docent aan de *Ecole de Dessin et de Peinture* van Rouen. Lecarpentier was, evenals Valenciennes lid van de *Académie royale des Sciences, Arts et Belles Lettres.* (afb. 14)

In zijn inleiding prees Lecarpentier Valenciennes als de voorman van het historische landschap.

"Na zijn terugkeer uit Italië, waar hij zijn smaak had ontwikkeld door zijn studie van monumenten en fraaie plekken heeft hij talrijke leerlingen opgekweekt die zich naar zijn voorbeeld op het landschap gestort hebben, en hun studies hebben voortgezet in dit land, rijk aan grote herinneringen; hun schilderijen bepalen nu het aanzien van de Franse School in het landschapsgenre, dat zij tot een hoge rang hebben weten op te voeren"[18].

Onmiddellijk daarna verklaarde Lecarpentier het landschap als het meest aantrekkelijke genre in de schilderkunst. Hij beweerde zelfs dat sommige kunstenaars die aanvankelijk historieschilder wilden worden en zich in Italië bekwaamden voor deze moeilijke taak, meegesleept werden door de onweerstaanbare aantrekkingskracht die het landschap op hen uitoefende. Voor het overige volgde Lecarpentier in grote lijnen de opzet van Valenciennes. Ook hij onderscheidde: het heroïsche landschap, het pastorale genre, de simpele navolging van de natuur, en het zeestuk. Ook hij besprak de seizoenen en de tijden van de dag, de noodzaak van het reizen, en de betekenis van de studie van bomen, rotsen, de zee en wolkenluchten. Daarnaast bevat het boek korte notities over tweeënzeventig oude meesters van het landschap, waarvan achtendertig Hollandse en Vlaamse kunstenaars.

J.B. Deperthes, een leerling van Valenciennes, kwam een jaar na Lecarpentier, in 1818,

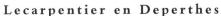

*L'Étude du Paysage*

14

C.J.F. Lecarpentier
"L'étude du paysage"
*frontispice van "Essai sur le paysage",*
1817

*Th. Caruelle d'Aligny*
*De rotsen van Fontainebleau: Gorge-aux-*
*loups en Long-rocher (cat.no. 1)*

*Th. Rousseau*
*Landschap (cat.no. 79)*

*C. Corot*
*Villeneuve-les-Avignon (cat.no. 11)*

met zijn *Théorie de paysage* naar voren. Deperthes beschouwde het schilderen van landschappen niet als een inferieure bezigheid ten opzichte van het schilderen van historiestukken. De historieschilder kon, om begrepen te worden, maar op een beperkt, erudiet publiek rekenen, terwijl naar zijn inzicht de schilder van landschappen op een veel bredere laag van de bevolking kon terugvallen. Deperthes voelde ook niet voor een verschil in waardering tussen het historische landschap en het *paysage champêtre*. In meer expliciete vorm herhaalde hij de uitspraak van Valenciennes, die had gezegd dat men een mensenleven kon wijden aan de studie van de natuur om daarmee een goed landschapschilder te worden, terwijl van een historieschilder verwacht werd dat hij *alle* genres beheerste. Dat laatste leek Deperthes een onmogelijkheid.

Een historieschilder kon nooit een beter landschapschilder zijn dan iemand die zijn hele leven aan het landschap had gewijd; bovendien gebruikte de historieschilder het landschap uitsluitend als een decor. Daarmee bestreed Deperthes de ongelijkheid van de landschapskunstenaar ten opzichte van de historieschilder zoals die altijd had gegolden binnen de academistische opvattingen. Hij bepleitte een zelfstandige positie voor de landschapskunstenaar, onverschillig of die zich met het historische, pastorale of *paysage-portrait* genre bezig hield.

De instelling van de *Prix de Rome en Paysage historique* in 1816 had de discussie actueel gemaakt. Enkele kunstenaars van de School van Barbizon hebben in hun jonge jaren meegedongen naar deze *Prix de Rome*. Philippe Burty schreef over Théodore Rousseau, dat hij zich als leerling van Guillon-Lethière, een neo-classicist van het zuiverste water, had voorbereid op het *Concours* voor de *Prix de Rome* van 1829. Het thema van de eerste ronde was: *Rhadamiste poignarde sa femme Zénobie pour la soustraire à l'esclavage* (Radames doodt zijn vrouw Zenobia om haar aan de slavernij te ontrukken). In de lijst van 11 april 1829 van leerlingen voor de eerste ronde komt echter Rousseau niet voor[19]. Een andere leerling van Lethière, Jean-Baptiste Gilbert, ging met de *Prix de Rome* strijken. Voor Rousseau die waarschijnlijk zelfs de voorselectie voor de eerste ronde niet gehaald had, betekende deze ervaring een keerpunt. Hij vertrok naar Auvergne om zijn eerste landschappen te schilderen. Daubigny haalde wel tweemaal de deelname aan het *premier essai* van het *concours,* in 1837 en 1841, eerst als leerling van Senties, vervolgens als leerling van Delaroche. Beide pogingen leidden ook voor Daubigny niet tot de felbegeerde *Prix de Rome*[20]. In hetzelfde jaar 1841 dong ook ene Laroque mee naar de *Prix de Rome;* hij was een leerling van Corot.

In 1863 werd bij decreet de *Prix de Rome* voor het historische landschap afgeschaft door toedoen van de Comte de Nieuwerkerke in zijn functie als *Surintendant des Beaux-Arts*[21].

Zes jaar later werd door de moeder van Troyon aan de Parijse Academie een fonds ter beschikking gesteld dat eens in de twee jaar moest voorzien in de *Prix Troyon,* bedoeld als aanmoedigingsprijs voor landschapschilders. Het mag wel gezien worden als een curieuze wending van het lot, dat het kapitaal vergaard door een Barbizon-schilder garant moest staan voor de continuïteit van de belangstelling voor het landschap binnen het kader van het Academie-onderwijs.

**1.** zie: A. Boime, *The Academy & French Painting in the Nineteenth Century,* Londen 1971, p. 136.
vgl. E. Bergvelt, "J.A. Knip (1777-1847). De werkwijze van een 19de-eeuwse landschapschilder in relatie tot de kunsttheorie in Holland en Frankrijk omstreeks 1800", *Nederlands Kunsthistorisch Jaarboek* 27 (1976), p. 11-71;
zie ook: cat.tent. *Reizen naar Rome, Italië als leerschool voor Nederlandse kunstenaars omstreeks 1800,* Teylers Museum, Haarlem / Istituto Olandese, Rome 1984; vgl. cat.tent. *Heroismus und Idylle, Formen der Landschaft um 1800,* Wallraf-Richartz-Museum, Keulen 1984
**2.** Quatremère de Quincy, *Suite aux considérations sur les arts du dessin en France,* Parijs 1791, p. 45.
**3.** Dit schilderij maakt nu deel uit van de verzameling van het Louvre, als titel *La femme foudroyée;* afkomstig van de veiling na de dood van Michallon in 1822.
**4.** zie: P. Grunchec, *Le grand prix de peinture; les concours des Prix de Rome de 1797 à 1863,* Parijs 1983, p. 98.
De *Prix de Rome* voor het historische landschap werd in tegenstelling tot de overige jaarlijkse prijzen, maar ééns in de vier jaar toegekend. De prijs voor het landschap werd in 1863 afgeschaft.
**5.** zie cat.tent. *Pierre Henri de Valenciennes,* Musée Paul-Dupuy, Toulouse 1956-1957, p. 9, 10.
**6.** zie: P.H. Valenciennes, *Elémens de Perspective pratique à l'usage des artistes, suivis de Reflexions et conseils à un Elève sur la peinture, et particulièrement sur le genre du Paysage,* Parijs 1820², p. XIX.

**7.** P.H. Valenciennes, *op.cit.,* p. XVI.
**8.** P.H. Valenciennes, *op.cit,* p. 280.
**9.** P.H. Valenciennes, *op.cit.,* p. 308, 309.
**10.** P.H. Valenciennes, *op.cit.,* p. 338.
**11.** P.H. Valenciennes, *op.cit.,* p. 340.
**12.** P.H. Valenciennes, *op.cit.,* p. 384, 385.
**13.** P.H. Valenciennes, *op.cit.,* p. 395, 396.
**14.** P.H. Valenciennes, *op.cit.,* p. 398.
**15.** Achtenzestig werken van Hollandse meesters bleven achter, en bevinden zich thans nog in Franse musea.
Zie: *Catalogue raisonné des tableaux et des sculptures, Musée Royal de la Haye (Mauritshuis),* Den Haag 1914, p. XVII, XVIII.
**16.** P.H. Valenciennes, *op.cit.,* p. 400.
**17.** P.H. Valenciennes, *op.cit.,* p. 512.
**18.** C.J.F. Lecarpentier, *Essai sur le paysage, dans lequel on traite des diverses méthodes pour se conduire dans l'étude du paysage, suivi de courtes notices sur les plus habiles peintres en ce genre,* Parijs 1817, p. 23, 24.
**19.** zie: Boime, *op.cit.,* p. 133; vgl. Ph. Burty, "Theodore Rousseau", *Gazette des Beaux-Arts,* XXIV (1868) p. 307; zie ook: P. Grunchec, *op.cit.,* p. 197-199.
**20.** zie: Boime, *op.cit.,* p. 212, noot 2; vgl. P. Grunchec, *op.cit.,* p. 223, 235.
**21.** zie: Boime, *op.cit.,* p. 181, 182; vgl. P. de Chennevières, *Souvenirs d'un directeur des Beaux-Arts,* Parijs 1979, p. 95-100.

# De Hollandse inspiratie

Jacques Foucart

Het gangbare idee, dat de Franse 19de-eeuwse landschapskunst zonder meer te verklaren valt uit de kennis van en bewondering voor de grote voorgangers van de Hollandse 17de eeuw, is niet zo voor de hand liggend als het lijkt.

Deze Oude Meesters waren immers net zo geliefd en bekend in de tijd van obscure 18de-eeuwse kunstenaars als Desfriches en Weirotter, Lantara en Boissieu, maar toen hadden ze niet de doorwerking die ze in de 19de eeuw bewerkstelligden.

De School van Barbizon met zijn sterke voorliefde voor de natuur kwam pas tot bloei na 1830; bovendien had de Hollandse School evenveel glans en waardering in Engeland en in Duitsland in de 19de eeuw, terwijl de triomf van het landschap dat Dupré, Rousseau en Troyon dierbaar was een typisch Franse zaak is gebleven. De Belgische variant met voortreffelijke kunstenaars zoals Dubois en Boulenger met hun Franse inspiratie, of Rops – maar dan als landschapschilder – bevestigt de indruk dat Brussel toen dichter bij Frankrijk was dan ooit.

Het kan op zich nooit kwaad een bepaalde voorliefde of een schoonheidsgevoel, of een voorkeur voor een bepaald onderdeel van het verleden naar voren te brengen en af te bakenen. Bovendien, hoe banaal het ook moge klinken, originaliteit komt nooit uit het niets voort; er moet ten eerste een goede voedingsbodem voor zijn, en er moet bovendien een tegenstroom tegen het gangbare aanwezig zijn. Het onderzoek naar invloeden en verwantschappen, het in kaart brengen van ontleningen, dit alles behoort tot de onvermijdelijke taak van de kunstgeschiedenis.

Het naspeuren van invloeden is niet iets mechanisch en vanzelfsprekends – het verleden van de ene generatie wordt door een andere generatie weer heel anders gewaardeerd. De Hollandse kunst in de trant van Ruisdeal, die de inspiratie vormde voor het schilderij *La forêt* van Boucher (Louvre), een wat toverachtig en theatraal bos, heeft niets van doen met de zware, haast grafische takken in de landschappen van Rousseau, die op zijn beurt even goed een fervent bewonderaar van de prentkunst van de grote Haarlemse landschapschilder was.

Het heeft dus toch zin om het spoor te volgen van de Hollandse inspiratie die gewerkt heeft op de Franse landschapschool van de jaren 'dertig, die later beroemd is geworden onder de naam 'De School van Barbizon'.

Er is gelukkig geen gebrek aan literatuur over dit onderwerp. De uitstekende studies van Van der Tuin, van Gerson, en recent nog van Petra ten Doesschate Chu hebben essentiële gegevens over de smaak voor Nederland in Frankrijk aan het licht gebracht[1]. Het is misschien goed er toch nog nader op in te gaan.

Een van de eerste uitgangspunten is het beroemde *Musée Napoléon,* ooit het rijkste schilderijenmuseum ter wereld, een geheel dat nooit meer te reconstrueren valt.

De 19de eeuw was trouwens de eeuw van de musea *par excellence.* Heel wat Barbizon-schilders waren kind aan huis in het Louvre. Ze kwamen er al van jongs af aan, ze keerden er terug als jonge kunstenaars om er te copiëren, ook al hadden ze niet allemaal de herinneringen aan het schitterende geheel van voor Napoleons nederlaag in de Slag bij Waterloo. Misschien hebben Corot en Huet het allemaal nog met eigen ogen gezien – de één was 19 jaar oud, de ander 12 bij de val van Napoleons keizerrijk. We mogen wel veronderstellen dat een dergelijke herinnering voor een aankomend landschapschilder – er waren in Parijs werken van Rembrandt (het *Winterlandschap,* nu in Kassel), van Van der Hagen, Van der Neer, Potter (elf schilderijen waaronder de beroemde *Stier* uit Den Haag) en zelfs Saenredam – bepalend moet zijn geweest voor de generatie van 1830.

Na 1815 bleef in het Louvre een schitterende serie Hollandse Italianisanten te zien, afkomstig uit het bezit van de voormalige Franse koningen (bijvoorbeeld Dujardin, Berchem, Adriaen van de Velde, Wijnants) en verder Ruisdael, Van Goyen en Cuyp. Bovendien was er een groot aantal privé-collecties in Parijs dat voor kunstenaars op verzoek opengesteld werd – dit was zeer gebruikelijk, alle reisgidsen uit die tijd verwijzen ernaar – en al deze privé-collecties waren overvloedig voorzien van Hollandse meesters. Zo bevonden zich in de schilderijencollectie van de Duc de Berry twee schitterende werken van Hackaert – het Louvre bezit nog steeds geen werk van hem – en daarnaast vier Ruisdaels, drie Wijnants, twee Potters, twee Backhuyzens en één Van der Neer. Dat gold evenzeer voor het *Cabinet* Delessert (drie Van de Veldes, drie prachtige Wijnants enz.), voor de collectie van Baron Massias, enzovoort.

*G. Michel*
*Landschap met onweerslucht in de*
*omgeving van Parijs (cat.no. 68)*

*Th. Rousseau*
*Studie van een liggende boomtak*
*(cat.no. 81)*

*A. - G. Decamps*
*De jager (cat.no. 34)*

Kortom, overal in Parijs waren de beste stukken van oude Hollandse meesters te vinden; het rijk gedokumenteerde overzicht van privé-collecties in Parijs dat Thoré bood in 1867, aan het einde van de roemrijke periode van de School van Barbizon, geeft blijk van dezelfde gunstige omstandigheden, en toont aan dat het om een algemene smaak ging, niet alleen van liefhebbers, maar ook van handelaars en cliënten, en van kunstcritici, die allen tijdgenoten van de School van Barbizon waren.

In het Louvre maakte men copieën om rechtstreeks van de grote meesters te leren. De lijsten van copiïsten zijn pas bewaard vanaf 1851; ze ontbreken dus voor de vormingsjaren van de School van landschapschilders van 1830. Maar uit hun eigen copieën, die hier en daar bewaard bleven of beschreven werden, weten we dat de schilders uit die tijd de Hollandse meesters met veel aandacht bestudeerden. Ruisdael is het voorbeeld dat het meest wordt aangehaald in de 19de eeuw als tegenstelling tot het klassieke landschap van Poussin en Claude Lorrain, als de tegenpool van de landschapskunst, die de natuur en het gevoel met elkaar in overeenstemming brengt. Schrijvers en theoretici waren evenzeer verrukt van Ruisdael; de publicist Arsène Houssaye van het *Magasin pittoresque* uit de tijd van de Juli-monarchie net zo goed als serieuze auteurs als Deperthes of Valenciennes aan het begin van de eeuw.

Verder geven de veilingcatalogi van kunstenaarsateliers een treffend beeld van de smaak van de tijd. De landschapschilder Jolivard – een kleine meester in de schaduw van Théodore Rousseau – bezat volgens de veiling van zijn atelier in januari 1852 meer dan dertig copieën, waarschijnlijk door hemzelf vervaardigd, meestal naar Hollandse voorbeelden: niet minder dan vier copieën naar *Le coup de vent* (De windstoot) van Ruisdael – het beroemde meesterwerk uit het Louvre, dat toen nog *Le buisson* (Het bosje) heette (afb. 15 en 16). Michel en Dupré, Calame en Cabat, kortom iedereen

15
J. Ruisdael
Het bosje
Musée du Louvre, Parijs

16
Ch. Daubigny
Het bosje
ets naar J. Ruisdael, 1855

bewonderde dit schilderij met de knoestige, losstaande boom, de weg naar het verschiet en het contrast van de kleine figuur van de voorbijganger tegenover de geweldige, alles overheersende natuur (afb. 17).

Jolivard bezat nog drie copieën naar Hobbema, ook al zo'n afgod voor de Barbizon-schilders, die vooral zijn uiterst gedetailleerde werkwijze bewonderden. Het Louvre kocht het fraaie *Forêt de chênes* pas in 1850, de *Moulin* pas in 1861, op zich significante aankopen, die zelfs aan een inhaalmanoeuvre doen denken. Men zou in dit verband de venijnige tirade eens moeten herlezen in het *Journal des Beaux-Arts* uit 1837 tegen Monsieur de Cailleux, de toenmalige directeur van het Louvre, die een Hobbema voor zijn neus had laten wegkopen op de veiling van de Duchesse de Berry. Maar de copieën van Jolivard zijn – dit wordt nadrukkelijk vermeld – gemaakt naar een Hobbema uit de collectie Delessert, nogmaals een bewijs voor het feit dat kunstenaars zonder meer de weg wisten in privé-collecties. Verder waren er nog drie copieën naar Wijnants, drie naar Ruisdael, met daarentegen maar één naar Claude Lorrain, twee naar Poussin en één naar Constable.

Het is duidelijk waar de voorkeur lag; zelfs in het geval van de leermeester van Théodore Rousseau, de oude Charles Rémond (1795-1875) die in 1872 een verkoop van copieën organiseerde. Deze schilder, die bekend stond als een voorvechter van de

historiserende en academistische landschapskunst, was dol op schilderijen uit het Noorden: hij had zeven copieën naar Berchem, twee naar Ruisdael (onder andere *Le buisson*), twee naar Hobbema (uit het Louvre) en verder naar Van der Neer, Pynacker, Cuyp en Both.

Behalve de bezoeken aan het Louvre (het museum bij uitstek voor de Franse kunstenaars van de 19de eeuw, maar in de Franse provinciesteden waren ook veel goede – en slechte – Hollandse landschappen te zien zoals in Lyon, Montpellier, Bordeaux en Nantes, – waar bijvoorbeeld de schilder Charles Leroux, een typische landschapskunstenaar uit 1830 drie "Ruisdaels" zag, die waarschijnlijk niet deugden ... ), maakte men ook reizen naar Holland, een nieuw doel voor een kunstzinnige pelgrimstocht. Hierover zijn allerlei gegevens beschikbaar bij Van der Tuin, Ten Doesschate Chu en Kraan (zie p. 89-104).

Schrijvers en critici leken in eerste instantie het meest te profiteren van hun reizen naar Holland, zoals Maxime Du Camp en Thoré. De grootste schilders van Barbizon, Dupré en Rousseau, kwamen nooit in Holland, en Huet ging pas op latere leeftijd, in 1864; Corot ging naar Nederland in 1854, Decamps in 1856 en Daubigny in 1871.

In het geval van Isabey (in 1845 en 1865) en Courbet (in 1847) hadden deze reizen duidelijk invloed op hun werk, maar zij waren dan ook vooral op zoek naar nieuwe motieven en hadden misschien al een ideaalbeeld van Holland voor de geest alvorens ze vertrokken. Noemen we verder nog Anastasi, Ouvrié, Brascassat, Deshayes, Lambinet, Jules Michelin, Garneray, Gudin, en Roqueplan, die onder meer in Scheveningen werkte.

Zeldzamer zijn echter de geschreven bronnen van kunstenaars zelf, zoals van Hector Allemand met zijn *Causeries sur le paysage* uit 1877 en Alexandre Calame met zijn *Voyage de* 1838; beiden genoten duidelijk van Nederland met zijn talrijke musea en privé-collecties. Ook dient Troyon vermeld te worden, die in 1847 Holland bezocht; voor hem was het werk van Cuyp een openbaring – Potter trok hem minder – en het deed hem zelfs besluiten om veeschilder te worden; de gegevens hierover zijn te vinden bij zijn biograaf Dumesnil die zijn boek heeft gebaseerd op gesprekken met Troyon zelf.

### De rol van de prentkunst

Merkwaardig genoeg hebben auteurs, die zich met de Hollandse invloeden hebben beziggehouden, weinig gezegd over de rol van de prentkunst. Net als in voorgaande eeuwen heeft de prentkunst de verbindingen tussen scholen en kunstenaars onderhouden, waarbij zelfs de eeuwen werden overbrugd.

De betekenis van de musea is pas ten volle te begrijpen in relatie met de prentkunst; juist in de 19de eeuw verschijnen reeksen prenten, gewijd aan de meesterwerken van bepaalde musea, onder andere het *Musée Napoléon.* Er kwamen series van Landon,

*Th. Rousseau*
*Rotslandschap (cat.no. 83)*

*Th. Rousseau*
*Schets voor 'De afdaling van de koeien in*
*de Jura' (cat.no. 85)*

Toulongeon, Laurent en Filhol uit, waarin het Hollandse landschap – met Ruisdael aan de top – zonder problemen werd geplaatst naast het academische en italianiserende landschap, als bewijs dat er allerlei verschillende schoonheidsidealen naast elkaar konden bestaan.

Voor de 18de eeuw kunnen we verwijzen naar de overheersende rol van de Hollandse kunst in de beroemde serie *La Galerie des peintres flamands,* uitgegeven door de onvermoeibare Basan en de schilder-koopman Lebrun, die verscheen vanaf 1792. Ook hier konden de toekomstige schilders van de School van Barbizon op terugvallen. Er is blijkbaar een duidelijke chronologische samenhang, door middel van de prentkunst, tussen de werkelijk roemrijke jaren van het Louvre (1796-1815) en de ontplooiing van de landschapskunst van Barbizon in de jaren tussen 1830 en 1840.

De bemiddelende rol van de prentkunst tussen de Hollandse en Franse landschapschilders is belangrijker dan men wel zou denken. Immers de prentkunst neemt in de Hollandse kunst uit de Gouden Eeuw een centrale plaats in; in navolging van Rembrandt of Hercules Seghers zijn kunstenaars uit de 17de eeuw zoals Waterloo, Dujardin, Roghman of Van Ostade in de juiste zin van het woord *peintres-graveurs.* De effecten, bereikt in de techniek van de Hollandse prentkunst – gevoel voor toonwaarden, weergave van het licht, een fluwelige schaduwwerking – zijn nauw verweven met de schilderkunst, en er is niet zo'n huizenhoog verschil in kwaliteit tussen de schilders zelf en de graveurs, die naar hen werkten, zoals het geval is bij Poussin of Rubens.

Trouwens, de Parijse kunsthandel had al in de 18de eeuw enorme voorraden ingeslagen van originele koperplaten, waarmee in grote oplagen herdrukken konden worden uitgegeven. Men moet zich eens indenken dat er in het midden van de 19de eeuw bij de weduwe Jean meer dan 10.000 koperplaten voorhanden waren. We vernemen dit uit *Le cabinet de l'amateur et de l'antiquaire,* dat tevens meldt dat het niet moeilijk was om volledige series Rembrandt-etsen (120 prenten) te verkrijgen, of van Berchem (28 stuks), of van Marck de Bie (98 stuks), bijna het gehele oeuvre van Potter, van Dirk Stoop (12 stuks), van Waterloo (88 stuks), van Swanevelt (58 stuks), alles van Van Ostade, zelfs van 18de-eeuwse navolgers, zoals Weirotter (216 prenten) en Pérignon (36 prenten). Dit waren allemaal zeer verzorgde oplagen, de al te goedkope edities daargelaten. Wat een overvloed echter aan voorbeelden, die zonder enige moeite voor kunstenaars ter beschikking kwamen!

De kunstenaars hebben hiervan ten volle geprofiteerd, zoals men rechtstreeks kan aantonen. Men hoeft slechts te denken aan Théodore Rousseau, de meest uitgesproken Barbizon-schilder; hij was een fervent verzamelaar van oude gravures. De veiling van zijn bezit na zijn overlijden toont aan dat hij Dürer-prenten had, Lucas van Leyden, maar – en dat was veel belangrijker voor een landschapskunstenaar – ook Claude Lorrain en een belangrijke serie Hollanders, zoals prenten van Ruisdael, Van Ostade, Van de Velde, en vijf Rembrandt-etsen, waaronder een zeldzame druk van de *Drie bomen* (afb. 18) Hij heeft ze waarschijnlijk pas op latere leeftijd gekocht, toen hij een succesvol kunstenaar was geworden, maar zijn enthousiasme blijkt duidelijk uit zijn intense speurtocht naar Hollandse kunst.

Over de *Honderdguldenprent* van Rembrandt sprak hij als een echte landschapschilder, zoals zijn vriend Sensier vermeldde in 1872: "... de schaduw is dampig als op een herfstdag en de figuren worden door een vleugje wind omgeven ... Alles zit erin: een gevoel van orde, van moraal, van licht en van schilderkunst. Als ik er een hele dag naar zou kijken, zou ik duizelig worden van het genie van Rembrandt".

Men zou zich haast kunnen voorstellen dat Rousseau probeerde Rembrandt te evenaren, zoals hij – op het gevaar af te zwaar in uitvoering te worden – als een schilderkundige alchemist zijn bosgezichten bleef bewerken, totdat ze bijna té perfect werden.

Dan is er nog de onthullende uitspraak van Paul Huet, één van de beste landschaps-kunstenaars van de School van 1830: zijn hele leven, zo vertelde hij aan Philippe Burty, was hij gefrappeerd door een fac-simile naar een tekening van een panoramisch landschap van "Rembrandt", waarop hij de spreuk *Tacet et loquitur* had ontcijferd. Op hoge leeftijd beweerde hij dat hij dit voorbeeld nog zonder meer uit zijn hoofd zou kunnen naschilderen. De zogenaamde Rembrandt was in werkelijkheid een mooie Johannes Ruyscher, gegraveerd door Willem Baillie in 1760. Burty herinnerde zich bovendien dat Paul Huet als jonge man op zijn vrije dagen ging snuffelen bij de *bouquinistes* langs de Quai du Louvre in de prentenmappen die tot in de tijd van het *Second Empire* het "prentenkabinet voor kunstenaars en dromers" waren.

Ook bij andere veilingen van kunstenaarsinventarissen uit die tijd zijn series prenten zoals in de verzameling van Rousseau geen uitzondering. Zo waren er vergelijkbare veilingen na de dood van Michallon in 1822, van Georges Michel in 1842, en van Bidault in 1847. De produktieve schilder Demarne, een steunpilaar van het *hollandisme* op het breekpunt van de 18de en 19de eeuw had een heel repertoire van voorbeelden en motieven die hij direct in zijn eigen landschappen overnam, hetzij naar de 56 Berchems die hij bezat, de 113 Van Everdingens, de 233 dierstukken, de Dujardins, de Potters, de Van de Veldes en zo voort.

Hector Allemand, een bescheiden landschapskunstenaar uit Lyon, die de lessen uit Holland goed in zich had opgenomen, bezat duizenden prenten (naar blijkt uit de veiling na zijn dood in 1887 in Lyon), zoals van Berchem, Ruisdael, Van der Cabel, Waterloo en Rembrandt (92 stuks), waaronder weer de beroemde *Drie bomen.* (afb. 18).

18
*Rembrandt*
*Drie bomen*
*ets*

Wat is nu het verband tussen deze belangstelling van de schilders en de toepassing in de dagelijkse praktijk van het schilderen? Hiermee belandt men op een moeilijk terrein, juist omdat de schilders van Barbizon soms zeer spontaan reageerden op een plek die ze in het landschap aantroffen, en zich niet alleen maar letterlijk naar hun Hollandse voorbeelden richtten.

De smaak voor Holland was een deel van hunzelf geworden, en werd vervolgens zichtbaar in motieven, compositieschema's en voorkeuren voor bepaalde schoonheidsidealen.

### De landschapscursus

Hier komen we op een punt, waar ook het kunstonderwijs een rol speelt. Nooit zijn er zoveel cursussen in het schilderen van landschappen opgezet als in de eerste helft van de 19de eeuw, vooral in de jaren tussen 1800 en 1830, en juist in die periode stond het kunstonderwijs in zijn werkwijze onder invloed van de Hollandse kunst. Dit terrein is nog niet voldoende bestudeerd; de documentaire waarde van onderwijsmethodes is echter uitzonderlijk groot. De typische eigenschap van een schoolboek is niet om te vernieuwen, maar het laat precies zien, welke ideeën er in omloop zijn.

De grote hoeveelheid van onderwijsmethodes bewijst dat er een duidelijke behoefte aan bestond – misschien niet zozeer bij de allergrootste kunstenaars, maar dat blijft moeilijk te beoordelen – en dat er echt daadwerkelijk gebruik van werd gemaakt.

Het lijkt haast wel of al deze *Méthodes de paysage,* die in de 18de eeuw nog nauwelijks bestonden, tot stand kwamen om de smaak voor de Hollandse kunst te propageren. Al in 1810 verscheen van Jacques Couché, de graveur van de beroemde *Galerie du Palais-Royal,* een *Recueil d'études choisies . . . d'après les meilleurs maîtres tels que Waterloo, Paul Potter et autres.* De 'études d'arbres' – een specialiteit van de *Manuels de paysage,* waar Wijnants en Ruisdael broederlijk naast onbekende figuren als Mandevare en Bléry

C. Corot
*Gezicht op Soissons (cat.no. 9)*

C. Corot
Molen (cat.no. 12)

C. Corot
Steengroeve te Fontainebleau bij Chaise-à-
Marie (cat.no. 13)

prijken, hebben een rechtstreeks verband met de School van Barbizon (vgl. cat. no. 81). Couché heeft in zijn serie een aantal *Vues de Hollande* naast zijn monumenten van Italië, en dierstudies waarbij men via Berchem, Dujardin, Potter en Adriaen van de Velde kennis maakte met de Italianisanten van de Hollandse School. Van deze *Vues de Hollande* zijn er twaalf rechtstreeks overgenomen uit de serie van tachtig werken van Waterloo die in 1788 door Basan opnieuw waren uitgegeven. Als men naar no. 16 uit deze serie kijkt, waarop een man op een landweg aan de rand van een bos wandelt, krijgt men toch de indruk dat Georges Michel niet zo uitzonderlijk en profetisch was als wel eens gezegd is.

De *Cours d'etudes* van Coste en Marchand die nog tijdens het keizerschap van Napoleon uitkwam, eindigt met vier complete landschappen, die precies laten zien waar het om ging: een *Berglandschap* (met de pre-romantische voorliefde voor Zwitserland), een *Historisch landschap met de fraaiste monumenten uit de Oudheid* (een hommage aan de traditie van Poussin en Dughet), vervolgens een *Windstoot in een woud* met invloed van Ruisdael en Hobbema, en een *Regenbui* met als niet mis te verstane ondertitel: *Gehucht in Vlaamse trant.*

Naast de Italiaanse monumenten zien we knoestige boomstronken, rustieke hoeven, en studies van landerijen. Het krachtige *paysage-historique* van Bertin en Michallon houdt, merkwaardig genoeg, gelijke tred met de nog prille natuurlyriek van de School van Barbizon. Marchand beveelt in 1813 de toekomstige landschapschilders aan om in de voorsteden van Parijs te gaan werken, maar eigenlijk zijn het nauwelijks verhulde landschappen op z'n Hollands, die worden aanbevolen: *De molens* (à la Hobbema) *van Charentonneau*, de *Hutten bij het Champs de Mars*, de *Twee molens bij Saint-Denis*, die fungeerden als een weldoordachte formule om de studie naar de natuur en de navolging van de oude meesters met elkaar te verenigen.

Uit Engeland kwamen dezelfde adviezen. Het pedagogische album van David Cox, *Young Artists' Companion* uit 1825 vertoont een duidelijk Hollandse smaak: duinen beschenen door fel zonlicht à la Wijnants, een *Windmill* die zich scherp tegen de lucht aftekent, een bosrand à la Ruisdael, en daarnaast een *Album* van de Londense Jean Burton, uitgegeven in het Frans, 'dédié aux dames et à la jeunesse' met typische boerenhoeven omgeven door bomen en omzoomd door zandwegjes.

De navolging van de Hollandse meesters ging het beeld bepalen van de landschapscursussen. Naarmate de herinnering aan het *Musée Napoléon* vervaagde, werd de aanbeveling om naar de natuur te werken, sterker. De 'hollandomanie' werd subtieler, de imitaties werden geraffineerder en minder in het oog springend. Langzamerhand wordt het ongebruikelijk om nog naar *Vues de Hollande* te werken. Een bundel uit 1844 waarin wordt aanbevolen om naar prenten van Waterloo te werken is een uitzondering, terwijl dit in 1822 nog zeer gangbaar was.

Maar de Hollandse thema's bleven: het volledige repertoire van molens, slingerende landwegen en boerenhoeven, omgeven door bomen. Het hoogtepunt werd bereikt in de *Cours* van Henry Boisseau die uitkwamen in 1828, 1831 en 1843 met reeksen bomen en schorsen, in grillige vormen, die duidelijk verwijzen naar de talrijke boomstudies van Diaz, Dupré, Troyon en Rousseau (zie cat. no. 80, 81).

De studie naar de natuur werd in de handboeken steeds meer aanbevolen, maar wel op juist die plekken, die aan het Hollandse landschap deden denken, zoals *Hameau de Verrières près Paris,* uit de *Guide du paysagiste amateur* van Champin, of *Etude prise à Evreux* in *Etudes de paysage* van Lefranc (1840), of *Chaumière à Lagny* – net Hobbema – in een bundel van Boisseau. Of het nu Normandië is, of de omgeving van Parijs, of de streek rondom Lyon, de jonge landschapschilder wordt er steeds op gericht de natuur te leren ontdekken zoals de Hollanders, met een oog voor het ware en het schilderachtige.

De lessen die uit de Hollandse kunst te putten vielen, gingen zover dat na 1830 de Italiaanse schoonheidsidealen met klassieke monumenten vrijwel volledig uit de bundels voor het kunstonderwijs waren verdwenen. Dit betekende een overwinning van het *paysage portrait* en het *paysage-champêtre;* dit geeft ook aan dat men aan de Hollandse School een hoog waarheidsgehalte toedichtte, zelfs al in de tijd van de Napoleontische handleidingen van Couché en Marchand. Al deze cursussen en uiteenzettingen over het landschap zijn in die tijd meer geraadpleegd dan we nu wel denken. Als we ze nu doorbladeren, treft het ons dat alles zo tot in het kleinste detail is uitgewerkt: twijgen, stenen, hagen en gebladerte, waarin elke plant afzonderlijk zichtbaar is (afb. 19).

Ditzelfde geldt voor de compositie: hier een weg die het vlak diagonaal doorsnijdt, of die afbuigt, daar in het centrum van de compositie een boommotief, nu eens een watertje aan de ene kant, waarmee dan weer een heuvel of een beuk correspondeert.

Het gaat allemaal terug op het schema van de *Buisson* van Ruisdael, die een sentimentele geladenheid kreeg, waar de School van Barbizon met zijn lyrische, romantische en pantheïstische benaderingswijze van de natuur behoefte aan had.

De relatie tussen de handleidingen en de schilderijen uit die tijd is frappant. Met zijn leermeester Rémond als uitgangspunt worden de stappen die Rousseau neemt, veel begrijpelijker. Ze verwijzen niet alleen naar de ideeën die toen in omloop waren, maar ook naar de visie van de fotografie, die niet geheel bij toeval in diezelfde tijd werd uitgevonden.

19
F. Villeneuve
"Croquis d'après nature"
litho, 1833

Musea, reizen, veilingen, reproducties, copieën, collecties, de reactie van kunstcritici op de Salons, de liefde voor prenten, de indirecte bijdrage van de handleidingen voor de landschapskunst, dit alles geeft ons een beeld van de favoriete rol die de Hollandse meesters uit de Gouden Eeuw in Frankrijk speelden in de jaren tussen 1800 en 1850. Het zou prettig zijn geweest als de kunstenaars zelf er meer over hadden gezegd. Hoe zagen zij het landschap zoals het was uitgevoerd door hun Nederlandse voorgangers van twee eeuwen her? Viel er voor hun iets goeds te leren? Men kan zich afvragen of hun werk er anders zou hebben uitgezien zonder de Hollandse kunst, zonder herinneringen aan de Gouden Eeuw, en zonder de naturalistische voorbeelden uit de Engelse romantiek.

De persoonlijke reacties van kunstenaars zijn echter zeldzaam. Het is verbazingwekkend dat er in dit opzicht zo weinig te vinden valt over een tijdperk dat nog niet zo veraf is, en zo rijk was aan schrijvers en critici.

De reportages van atelierbezoeken van Baudelaire en Burty aan Delacroix en vooral van Théophile Silvestre dateren pas van omstreeks het midden van de vorige eeuw. Charles Blanc die onder andere over Ruisdael schreef, maakte zich zorgen over de kunstenaars van zijn tijd, en hoopte dat er een nieuwe Vasari op zou staan. Aan het eind van zijn dagen schreef Hector Allemand in zijn fraaie *Causeries sur le paysage* (Lyon 1877): "... wat zou het niet betekenen voor kunstenaars van vandaag om enkele bladzijden te hebben, zelfs al klopte niet alles, van Rembrandt, van Claude Lorrain, van Ruisdael, waarbij we een glimp van hun atelier konden opvangen, en iets zouden vernemen van hun manier van denken en voelen ..."

We kunnen hier slechts enkele feiten aanstippen, maar die spreken voor zichzelf. In eerste instantie verdient Georges Michel enige aandacht, omdat hij gold als een soort nestor voor de landschapschilders van de generatie van 1830.

Sensier wijdde zelfs een monografie aan hem, gebaseerd op de verhalen van Michels weduwe. Michel verklaarde dat hij de Hollandse meesters ronduit vereerde, en dat hij steeds terugkeerde naar het Louvre om naar de 'Flamands' te gaan kijken.

Hij beschouwde Rembrandt als een "grote tovenaar, een schilder, waarvan er maar één bestond". Sensier haalde ook nog zijn gesprekken met de Baron d'Ivry aan, die hem, naar zijn zeggen: "... betoverde, doordat hij het altijd had over Ruisdael, over Hobbema, over de halftinten en de mooie toon, over het zilvergrijs, het licht en de harmonie van de oude meesters".

Daar voegde de brave Michel dan aan toe: "... Ik dronk zijn woorden in als goede wijn ... ik danste een sarabande met de Oude Meesters tot ik ervan duizelde". "Ach, de schilderkunst, dat is iets geweldigs", zei d'Ivry eens tegen Dupré, "wat een genot als je in je ene hand een palet vasthoudt, en je vindt niets dan schatten bij de Oude Meesters met hun fluwelige tonen ... Ik zoek die mooie melkwitte grijstonen van Van Ostade, dat krachtige groen van Hobbema, die gouden luchten van Cuyp en de zoete verrukking van Rembrandt ..."

Het lijkt een manier van praten over schilderkunst in de trant van de 18de eeuw, maar er schuilt ook al iets in van de reactie van de School van Barbizon en het plezier van deze kunstenaars in de schilderkunst. De kunstenaars van 1830 voegden aan de oude Hollandse kunst een element van gevoel en affectie toe dat zich weerspiegelt in hun eigen werk.

De Zwitserse landschapschilder Calame geeft ons een duidelijk beeld van zijn tweeledige belangstelling voor de natuur en voor de Hollandse schilderkunst. Zijn benaderingswijze stond dicht bij die van zijn Franse tijdgenoten; in 1838 maakte hij een reis naar Holland. Zijn biografie door Rambert uit 1884 bevat een schat aan persoonlijke gegevens en opvattingen van de kunstenaar. Hij bewonderde Hobbema's eerlijkheid, de moed om de natuur te durven schilderen zoals ze was. Als hij het over de grote Ruisdael heeft, dan zegt hij: "Een doornstruik, een arme hut, een boerenweg die verdwijnt in de nevel waren voldoende voor Ruisdael om prachtige schilderijen te maken, vol poëzie en melancholie".
Het lijkt wel of Calame voor het beroemde stuk *Le buisson* in het Louvre stond, een schilderij dat alle landschapskunstenaars na aan het hart lag.
Paul Huet drukte zich op vergelijkbare wijze uit. Hij had ook bewondering voor Claude Lorrain, Poussin, Rubens en de Engelse kunstenaars, maar Ruisdael vermocht hem werkelijk te ontroeren; opnieuw komt de bewondering voor *Le buisson* naar voren: "De indringende poëzie van deze schilder is intiem van karakter; hij weet de ziel te raken met niets anders dan een zeegezicht of een voorstelling van kreupelhout. Hij laat ons zien hoe groot en krachtig de natuur is, zelfs in het kleinste detail". Is dit geen commentaar op de wouden van Rousseau, de zwaar aangezette landwegen van Dupré, en het forse gebladerte van Diaz? Graag roept hij een parallel op tussen Rembrandt en Ruisdael: "Rembrandt doet je versteld staan, hij weet je aan te grijpen, maar Ruisdael betovert je en sleept je mee in zoete dromerijen; de één zowel als de ander bieden een weerklank voor onze onlustgevoelens van dit moment".

Tenslotte nog een woord over Hector Allemand en zijn *Causeries sur le paysage* waarvan al eerder sprake was. In die tijd was het uitzonderlijk dat een kunstenaar zo uitvoerig was in zijn uitspraken over zijn eigen voorkeur en over kunst in het algemeen. Maar we wisten al van zijn schitterende verzameling oude prenten en schilderijen dat deze landschapschilder uit de realistische hoek een ware verering koesterde voor de oude Hollandse meesters. Ruisdael was zijn favoriet, "deze grote melancholieke landschapskunstenaar" – let op de typische kwalificatie – "die zoveel aandacht gaf aan zijn luchten, die bijna altijd gevuld zijn met zware onweerswolken". Ook hij bewonderde *Le buisson* in het Louvre, en hij had een speciaal oog voor de figuren in het landschap: "Dat mannetje met zijn hond zijn samen precies genoeg, ze zijn er om het idee van de schilder in dit melancholieke landschap over te brengen; hun toonwaarde is goed in harmonie met het bedoelde effect".
Hector Allemand werd afgeschrikt door het alledaagse van de Engelse landschaps-kunst, maar hij bewonderde de artistieke vrijheid en de behoefte aan sentiment van de Holland kunstenaars, met Ruisdael als belangrijkste leermeester. Als de nieuwe landschapskunstenaars van de generatie van 1830 en van Barbizon niet volop van de Hollandse schilderkunst hadden gehouden, zouden ze dan wel in staat zijn geweest om een synthese te vormen tussen de traditie en de vernieuwing?
De School van Barbizon heeft zijn grote glans waarschijnlijk te danken aan het feit dat de doorwerking van de losse trant van de Engelse kunst steeds in bedwang werd gehouden door een liefde voor de Hollandse kunst, die krachtiger en frisser was, en waarmee men bovendien al veel langer vertrouwd was.
Zelfs in de tijd van de strenge opvattingen van het neo-classisme was die liefde voor Holland niet verbleekt, en op den duur wist ze zelfs de strenge regels van het academisme van alle betekenis te ontdoen.
De Hollandse School van de Gouden Eeuw was in Frankrijk de school van de vrijheid en het gezonde verstand, waarin de werkelijkheid gezien en bemind mocht worden op een wijze die misschien wel uniek is in de gehele kunstgeschiedenis.

**1.** H. van der Tuin, *Les vieux peintres des Pays-Bas et la critique en France de la première moitié du XIXe siècle*, Parijs 1953; idem, *Les vieux peintres des Pays-Bas et la littérature en France dans la première moitié du XIXe siècle*, Parijs z.j.
H. Gerson, *Ausbreitung und Nachwirkung der holländischen Malerei des 17. Jahrhunderts*, Haarlem 1942; heruitgave Amsterdam 1984.
P. ten Doesschate Chu, *French realism and the Dutch masters*, Utrecht 1974.

# Constable en de Engelse landschapskunst

Robert Hoozee

De Engelse kunst heeft in de loop van de 19de eeuw meer dan eens stimulerend gewerkt op de ontwikkeling van de kunst in Frankrijk en de rest van het continent. Tot de ontwikkeling van de landschapschilderkunst en meer bepaald de School van Barbizon heeft de Engelse invloed vooral op twee manieren bijgedragen[1]. Een eerste, indirecte stimulans ging uit van de in Engeland reeds in de 18de eeuw tot ontwikkeling gekomen aquareltraditie; een tweede, meer dramatische confrontatie van Engelse en Franse kunst vond plaats rond het werk van de Engelse landschapschilder John Constable in de jaren 'twintig van de 19de eeuw.

### De Engelse aquarel

In Engeland was het tekenen en schilderen naar de natuur rond 1800 een zelfstandige specialiteit geworden[2]. De kunstenaars maakten bescheiden, topografisch exacte aquarellen naar historische bezienswaardigheden of bij de toerist geliefde landschappen, en dit niet alleen als basis voor illustraties maar ook als zelfstandige *vedute*. Kunstenaars als Thomas Girtin (1775-1802), Francis Towne (1740-1816), John Sell Cotman (1782-1842), John Varley (1778-1842) en de jonge William Turner (1775-1851) startten hun loopbaan in deze traditie en bereikten met aquarelleren buitengewone resultaten. De techniek was door hun vele voorgangers in de 18de eeuw zowel praktisch als theoretisch uitgewerkt, en rond 1800 richtten talentvolle jongelingen als Girtin en Turner zich op de natuur met een vlotte, picturale taal om hun indrukken direct weer te geven. Lang voor op het continent vergelijkbare verenigingen werden opgericht, bestond in Engeland vanaf 1804 reeds de *Society of Painters in Water-Colours* waarin de beoefenaars van het medium gegroepeerd waren.

De aquarel bood voor de natuurweergave enkele nieuwe perspectieven ten opzichte van de olieverftechniek. Het medium was zeer geschikt voor het weergeven van atmosferische effecten en voor het vlotte noteren van een vluchtig natuurverschijnsel – precies dié eigenschappen van de natuur die vele landschapschilders in de loop van de 19de eeuw zouden boeien. De bescheidenheid van het medium zorgde ervoor dat een alternatieve vorm van landschapschilderen mogelijk werd náást het componeren van grote, in olieverf uitgevoerde landschappen en dat het landschapschilderen een intieme, studieuze bezigheid op klein formaat werd, waarin de subtiele observatie meer belang kreeg dan de compositie of het verheven onderwerp. Men hoeft slechts Girtins beste werken te bekijken om te beseffen welke een rake en (in onze ogen) moderne natuurweergave dáár reeds werd bereikt.

Het was de verdienste van deze jonggestorven kunstenaar de landschapsaquarel geheel van het juk van de klassieke compositie te bevrijden, de kleur op te voeren en zijn natuurervaring onomwonden uit te drukken in een schetsmatige techniek.

Een van zijn mooiste aquarellen, *A View on the Wharfe, near Farnley, Yorkshire* (afb. 20)

20
*Th. Girtin*
*De Wharfe bij Farnley, Yorkshire*
aquarel, particuliere collectie

toont een brede, onbegrensde vallei onder een nauwkeurig geobserveerde wolkenlucht. De aquarel is een studie van de lumineuze wisselwerking tussen de lucht, de
aarde en het water. Binnen deze atmosferische openheid werden de stofferende details
als accent neergezet waar ze in werkelijkheid aangetroffen werden, zonder opvallende
bekommernis om hun compositorische functie. Deze vrijheid van waarneming en
expressie zou na 1800 door verschillende kunstenaars verder uitgewerkt worden, onder
meer door de reeds genoemde Cotman en Turner maar ook door Richard Parkes
Bonington (1802-1828) (afb. 21) en John Constable (1776-1837) die een belangrijke rol
zouden spelen in het kunstleven van Parijs.

21

*R.P. Bonington*

*Strand in Picardië*

*Haags Gemeentemuseum, Den Haag*

Langs verschillende wegen leerden de Franse kunstenaars de mogelijkheden van de
Engelse aquarel kennen. Zodra de vijandelijkheden tussen Engeland en Frankrijk in
1802 door het verdrag van Amiens tijdelijk werden stopgezet, trokken Engelse
kunstenaars naar het vasteland, met dezelfde topografische belangstelling die hen
eerder reeds de landschappen van Groot-Brittannië had doen verkennen. Thomas
Girtin verbleef in 1801 en 1802 in Parijs, waar hij enkele stadsgezichten schilderde, en
de etsen voorbereidde die na zijn dood in aquatint werden uitgegeven onder de titel
*A Selection of Twenty of the most Picturesque Views in Paris, and its environs*[3].
Anderen, zoals Turner, trokken ook naar het vasteland en reisden meteen door naar de
Alpen op zoek naar grootse motieven, hierbij aansluitend bij de 18de-eeuwse traditie
van de *Grand Tour*. Het is niet bekend of die eerste kortstondige aanwezigheid van
Engelse aquarellisten in Frankrijk door de Franse kunstenaars werd opgemerkt. In elk
geval gaf zij geen aanleiding tot een "Engelse mode" zoals dat vijftien jaar later het
geval was.
Vanaf 1815, de val van Napoleon, was er vrij verkeer mogelijk tussen Engeland en
Frankrijk en kwam er een wederzijds toerisme op gang waar kunstenaars en critici deel
aan hadden. Bij de import in Frankrijk van de inmiddels tot volle ontplooiing gekomen
aquareltraditie waren verscheidene Engelse kunstenaars betrokken die zich in
Frankrijk vestigden, met name Bonington en de gebroeders Fielding.
Bonington leerde het vak van Louis Francia (1772-1839), een Franse émigré, die in 1814
was teruggekeerd naar Calais, nadat hij in Londen in de directe omgeving had gewerkt
van Thomas Girtin. Bonington was in 1817 met zijn ouders voor zaken uitgeweken van
Nottingham naar Calais. In 1818 arriveerde hij te Parijs en studeerde er aan de *Ecole des
Beaux-Arts* en in het atelier van Baron Gros. Bonington was intussen een meester
geworden in het vervaardigen van rake en kleurrijke aquarellen, waarin hij schijnbaar
moeiteloos een ruimtelijk effect kon bereiken – een stijl die hij ook in zijn
olieverfschilderijen toepaste. Zijn charmante kunst maakte indruk op vele Franse
collega's[4].
Eugène Delacroix getuigde in 1861 in een brief aan Théophile Thoré: "Niemand van de

moderne school, noch wellicht van de oudere, bezat die vlotheid in de uitvoering, waardoor zijn werk en zijn aquarellen vooral, er uitzien als een soort diamanten die het oog bekoren en verrukken, los van elk onderwerp of van elke natuurimitatie"[5].

In de onmiddellijke omgeving van Delacroix vinden we ook de gebroeders Thales (1793-1837) en Copley (1799-1856) Fielding die in Parijs een zekere reputatie genoten als onderwijzers in de aquareltechniek. Thales Fielding was goed bevriend met Delacroix en deelde in 1825 zijn atelier. Het is bekend dat hij Delacroix behulpzaam was bij de realisatie van *Les Massacres de Scio*[6].

In deze context is het van belang erop te wijzen dat de Engelse aquarellisten Delacroix onder meer stimuleerden tot de landschapskunst en tot een zuiver kleurgebruik, gesteund op de waarneming van de natuur. Van de gespecialiseerde landschapschilders werden vooral Paul Huet en Eugène Isabey door de Engelse aquarel beïnvloed[7]. Bonington paste zijn vlotte techniek ook toe in olieverf en hiermee oefende hij invloed uit op vrijwel alle Franse landschapschilders die zich in de jaren 'dertig op een meer directe weergave van de natuur begonnen toe te leggen.

### John Constable en de Salon van 1824

De Parijse *Salon* van 1824 is van centrale betekenis in de artistieke relaties tussen Engeland en Frankrijk omdat die de aanwezigheid van een Engelse artistieke kolonie in Frankrijk demonstreerde. Op deze *Salon,* waar Géricault postuum vertegenwoordigd was, en waarop de jonge Delacroix doorbrak, werd de breuk tussen de klassieke traditie en de modernen onherroepelijk.

Een tiental Engelsen waren er vertegenwoordigd, waaronder acht landschapschilders: Bonington, Copley en Thales Fielding, James Harding, James Roberts, John Varley, William Wyld en John Constable. Deze laatste was present met drie olieverf-schilderijen en trok de meeste aandacht[8]. De aanwezigheid van de Engelse aquarel-listen, ook zij die niet in Parijs woonden, was het gevolg van de contacten tussen Engelse en Franse kunstenaars in de voorafgaande jaren[9]. Constables aanwezigheid had andere redenen. Hij was in England zelf, waar hij eerder een gering succes kende, ontdekt door de Fransen, onder meer door de Parijse kunsthandelaars John Arrowsmith en Claude Schroth, die vanaf 1824 systematisch werken van hem in Frankrijk importeerden. Een der eerste Franse kunstenaars die naar Engeland was gereisd, was Géricault, en deze was volgens Delacroix zeer onder de indruk van Constable teruggekeerd[10]. Charles Nodier publiceerde in zijn reisverhaal *Promenade de Dieppe aux montagnes d'Ecosse* enthousiaste beschouwingen over zijn werken die hij had gezien op de tentoonstelling van de Royal Academy in 1821[11].

In 1824, het jaar van zijn doorbraak in Parijs, had Constable in zijn Engelse isolement de landschapschilderkunst al fundamenteel vernieuwd, zodat het niet hoeft te verwonderen dat zijn werk in Parijs tumult veroorzaakte. In recente studies heeft men aangetoond dat het schilderen in olieverf naar de natuur reeds in het begin van de 19de eeuw een normale kunstenaarspraktijk was[12]. Er is echter een verschil tussen de occasionele studie naar de natuur zoals van een Thomas Jones of een Pierre Henri Valenciennes, en zelfs een Turner in de prachtige reeks olieverfstudies die hij ca. 1807 aan de Theems maakte, en, aan de andere kant, de gedreven en geconcentreerde natuurstudie waar Constable zich omstreeks 1810 aan begon te wijden. Constable was zijn loopbaan als landschapschilder begonnen met een beginselverklaring die hij in 1802 in een beroemd geworden brief[13] neerschreef, en waarin hij zich afzette tegen de academische traditie om zich met een *tabula rasa* te richten op de studie van de natuur. Een afwijzing dus van het overgeleverd idealisme en een verlangen naar een nieuwe waarheid, feitelijk de twee belangrijkste drijfveren in de hele ontwikkeling van de 19de-eeuwse kunst.

Vanaf omstreeks 1808 verblijft Constable elke zomer in zijn geboortedorp East Bergholt in Suffolk; hij werkt daar heel systematisch naar een beperkt aantal motieven. Naast enkele studies beperkt hij zich tot vergezichten en taferelen langs de rivier de Stour. Vooral rond de molen van Flatford, die eigendom is van zijn vader, zit hij heel oplettend, in tekeningen en olieverfstudies, de elementen van het landschap te observeren: de rivier, de gebouwen erlangs, de boten, de bedrijvigheid van mens en dier, de bomen die deze bedrijvigheid omsluiten, en boven en achter dat alles de bewogen wolkenlucht die het licht-donker van het landschap steeds wisselend beïnvloedt. In deze jaren van uiterste concentratie en verbondenheid met de natuur ontstaan reeksen studies die men moet beschouwen als de resultaten van een methodische ontdekkingstocht, die een prachtig evenwicht bezitten van zakelijke registratie én emotionele respons op de stemming van het landschap.

Constable preludeert hier werkelijk op de geïsoleerde natuurexploratie van Corot in Ville d'Avray, van Huet op het Ile Séguin, en van de vele lokale scholen, te beginnen met die van Barbizon.

Met zijn thematische beperking tot de eigen Engelse natuur en taferelen van land-arbeid was Constable in Engeland anderzijds géén geïsoleerd fenomeen. In dergelijke taferelen waren heel wat, thans minder bekende landschapschilders gespecialiseerd, zoals John Linnell (1792-1882) George Robert Lewis (1782-1871) en David Cox (1783-1859), en ook de leden van de Norwich School, zoals James Stark (1794-1859), John Crome (1768-1821) en de reeds vermelde aquarellist John Sell Cotman.

Elk jaar poogde Constable zijn natuurervaring uit te voeren op groot formaat in schilderijen die hij kon tentoonstellen. Enkele hiervan schilderde hij bijna uitsluitend in de open lucht, totdat hij met werken als *The White Horse* (1819, New York, Frick Collection), *Stratford Mill* (1820, privé-verzameling) en *The Hay Wain* (1821, Londen, National Gallery), een formule vond om de directheid van de natuurstudies en het werken in het atelier te combineren tot een voldragen compositie. *The Hay Wain* (afb. 22), waarmee hij in 1824 in Parijs succes oogstte, is het hoogtepunt en meteen ook het eindpunt van dit streven. Nà *The Hay Wain* schilderde hij nooit meer met dezelfde sobere directheid, maar kwam hij met werken als *The Leaping Horse* (1825, Londen, Royal Academy) en *The Lock* (1824, Winchcombe, Sudely Castle) tot veeleer dramatische composities. Intussen was hij in Hampstead, ten noorden van Londen aan een tweede periode van intense natuurstudie begonnen. Hij schetste nu nog haast uitsluitend het landschap van Hampstead Heath en begon er met een ware pre-impressionistische techniek het wisselend aspect van de lucht en het landschap vast te leggen. Dit culmineerde in de bekende, zuivere wolkenstudies van 1821 en 1822, die door hun aantal alleen reeds méér betekenis hebben dan de sporadische wolkenstudies die men in het werk van menige landschapschilder uit de 19de eeuw aantreft. Ook de ervaringen in Hampstead leidden tot afgewerkte producten; het waren precies deze werken die, samen met enkele zeegezichten, door de Franse handelaars werden uitgekozen voor import in Frankrijk.

22
*J. Constable*
*The Hay Wain, 1821*
*National Gallery, Londen*

Slechts enkele Franse kunstenaars van zijn generatie, en van de generatie van de School van Barbizon kunnen het werk van Constable in zijn volle betekenis gekend hebben. Heel wat tekeningen en studies, maar ook schilderijen bleven immers verborgen in zijn atelier en kwamen pas jaren na zijn dood in musea en grote verzamelingen terecht. Anderzijds bevatten de werken die wèl gezien konden worden een voldoende overtuigende synthese van al het voorbereidende werk, dat de kunstenaars er direct het nieuwe in konden ontdekken. Men heeft berekend dat zich minstens een twintigtal werken van Constable in de jaren 'twintig in Parijs bevond[14]. Dat waren naast *The Hay Wain* en *View on the Stour* vooral gezichten op Hampstead Heath en marines. In de herfst van 1823 zag Delacroix in de verzameling van de landschapschilder Jacques-Auguste Régnier een *"esquisse de Constable: admirable chose et incroyable"*[15]. De handelaars die werk van Constable te koop hadden waren John Arrowsmith, Claude Schroth, Susse en Mme Hulin. De twee eersten bezochten Constable in Londen en waren vermoedelijk met alle aspecten van zijn werk vertrouwd. Met een brief van Arrowsmith kwam Delacroix zich in 1825 aanmelden bij Constable maar over hun persoonlijk contact is nauwelijks iets bekend[16]. Delacroix verwijst wellicht naar een gesprek met Constable wanneer hij later in zijn dagboek schrijft: "Constable zegt dat het groen in zijn velden zoveel krachtiger is doordat het is samengesteld uit een veelheid van verschillende groenen. Het gemis aan intensiteit en leven in het groen van de meeste landschapschilders komt door het feit dat zij het als een uniforme tint weergeven. Wat hij zegt van het groen in zijn velden kan men ook toepassen op alle andere tinten"[17].

Op een bepaald ogenblik vatte Arrowsmith het plan op een reeks gravures te verspreiden naar tekeningen van Constable. De man die dit zou uitvoeren was de befaamde graveur en bewonderaar van Constable, Samuel Reynolds (1773-1835). Deze was regelmatig in Parijs waar hij vele contacten had met Franse kunstenaars, onder meer met Delacroix en Huet. Hij werd erg door de Fransen gewaardeerd en kan indirect invloed van Constable overgebracht hebben.

Hoewel Constable zelf nooit in Frankrijk verbleef, mag men aannemen dat zijn werk er vrij goed bekend was, enerzijds door de aanwezigheid van zijn schilderijen zelf, anderzijds door de kunstenaars die zijn werk in Londen waren komen bekijken en in Parijs hiervan verslag uitbrachten[18]. De omvang van de uitstraling van Constable kunnen we uit verschillende getuigenissen afleiden. Reeds vóór de *Salon* van 1824 schijnt hij een zekere reputatie genoten te hebben in Parijs en werden de galeries van Arrowsmith en Schroth veelvuldig door kunstenaars bezocht. Op de *Salon* zelf kreeg Constable een gouden medaille van de koning en werd zijn werk, dat mét *Les Massacres de Scio* van Delacroix één der bezienswaardigheden was, na enkele weken op een ereplaats gehangen. Constable schrijft hierover aan zijn vriend John Fisher: "Mijn zaken in Parijs gaan opperbest. De schilderijen in het Louvre hebben het terrein verlaten dat zij eerst hadden ingenomen – hoewel de directeur (de graaf Forbin) hen aanvankelijk ook zeer respectabele plaatsen had toegewezen – nochtans was hun reputatie na enkele weken zozeer toegenomen dat ze van hun oorspronkelijke plaats werden verhangen naar een ereplaats – de twee plaatsen naast de haard in de hoofdzaal. Ik ben de kunstenaars ten zeerste verplicht voor deze beroering in mijn voordeel maar ik zal mijn erkentelijkheid betuigen aan de graaf. Hij is geen kunstenaar (geloof ik) en hij dacht dat de werken van een afstand gezien moesten worden omdat de kleuren zo grof zijn. Ze hebben hun fout echter ingezien, aangezien ze achteraf de rijkdom van de textuur zijn gaan waarderen, en de aandacht die in deze werken wordt besteed aan de buitenkant van de dingen, iets wat in hun eigen werk onbekend is"[19].

William Brockedon, een Engelse kunstenaar die veel op het vasteland vertoefde, keerde in 1824 via Parijs naar Londen terug. Hij schreef aan Constable dat de Fransen sterk onder de indruk waren van zijn schilderijen dat zij een caesuur teweeg hadden gebracht tussen de Franse landschapschilders. De volgende *Salon* zou volgens hem uitpuilen van de Constable-imitaties[20]. Dergelijke getuigenissen bereikten Constable van verschillende zijden in 1824 en het jaar daarop, toen hij druk in de weer was met de uitvoering van bestellingen van Arrowsmith en Schroth. Hij speelde wel eens met de gedachte in te gaan op hun uitnodigingen maar zag uiteindelijk af van een reis naar Frankrijk. De mate waarin Constable indruk maakte op de jonge kunstenaars blijkt wel het meest uit de ijver waarmee de *salonniers* zijn kunst verdedigden en bekritiseerden. Zij meenden immers te moeten optreden als het geweten voor de vele jonge kunstenaars die de *Salons* bezochten.

Stendhal schreef een interessante beoordeling: "De Engelsen hebben ons dit jaar prachtige landschappen gestuurd van Constable. Ik weet niet of wij daar iets tegenover kunnen stellen. De waarachtigheid is het eerste wat treft en aantrekt in deze charmante doeken. De slordigheid waarmee Constable schildert is overdreven, en de ruimtelijke indeling is niet goed bestudeerd. Hij heeft overigens geen enkel ideaal; maar zijn heerlijk landschap (no 359) met een hond links, is de spiegel van de natuur en laat het grote landschap van Watelet (no 1743) dat er vlak bij hangt in de grote *Salon* helemaal in het niet verdwijnen"[21].

De aarzeling waarmee het nieuwe van Constable erkend werd, blijkt het best uit de kritiek van Delécluze: "We moeten erkennen dat zijn werk een levendigheid bezit, een directheid en een waarachtigheid van kleur die men niet genoeg kan loven (...). Het is waar dat Constable een genre-schilder is maar dat belet niet dat men de precieze vorm van de dingen weergeeft; welnu in de werken waarover ik het heb, herkent men de dingen enkel aan hun kleur. Hoe handig een componist ook in de harmonie moge zijn, nooit zal hij iets meer dan verwarde sensaties kunnen produceren, wanneer hij de opeenvolging van zijn akkoorden niet koppelt aan een melodisch en goed gefrazeerd thema, waarin een sentiment wordt ontwikkeld en soms een idee. De schilderijen van Constable, die niets meer zijn dan een palet dat op briljante wijze gearrangeerd werd, doen mij denken aan de vindingrijke, maar eeuwige preludes van onze pianisten, die pronken met een vaardigheid die op zichzelf wel aanbevelens-waardig is, maar die tot niets leidt. De zinnen worden hevig geprikkeld maar de algemene indruk die men krijgt is niet veel zaaks"[22].

## Constable en het Franse landschap

Een blik op de geboortedata van de schilders van de School van Barbizon leert dat de meesten te jong waren om de opschudding op de *Salon* van 1824 te hebben mee-gemaakt. Paul Huet was echter 21 jaar oud en wist zich later de gebeurtenissen heel duidelijk in herinnering te brengen: "In de geschiedenis van de moderne schilderkunst was de verschijning van de werken van Constable een evenement. Géricault had deze doeken in Londen gezien en hij had ze aangekondigd als meesterwerken: ze deelden te Parijs het lot van de mooie vrouwen en de nieuwigheden, enthousiasme aan de ene en misprijzen aan de andere kant. Men ging toen trouwens de koortsige periode in van de Romantiek; het slagveld lag open. De bewondering van de jonge school, weliswaar nog weinig talrijk, was grenzeloos; men moest terugkeren tot Rembrandt om zo'n gedurfde uitvoering te vinden, zo'n immens meesterschap over het palet, tot Cuyp om zoveel luminositeit te vinden; waar men daags tevoren nog van gedroomd had, dat kreeg men van de ene dag op de andere in werkelijkheid voor ogen in optima forma. Door een moeiteloos bereikte originaliteit, gedragen door waarachtigheid en kracht, blonken de twee doeken van Constable vooral uit. Op de tentoonstelling van 1824 zag men voor het eerst een weelderige groene natuur, zonder zwart, zonder hardheid, zonder maniërisme"[23].

De naam van Constable bleef een begrip tot in de jaren 'dertig. Hij nam deel aan de *Salon* van Lille in 1825 en de *Salon* van Parijs in 1827[24]. Daar waren inmiddels heel wat navolgers van Constable te bespeuren, wat aan de criticus Delécluze het volgende commentaar ontlokte: "Op de *Salon* van 1824 zag men twee schilderijen van een Engelsman, Constable. In deze landschappen was de transparantheid van de kleuren tot het uiterste doorgevoerd, en ze hadden in elk geval dit goede effect op onze Franse landschapschilders, dat zij hen deden beseffen hoe zwaar, dof en onecht hun koloriet tot dan toe was geweest. De drassige landschappen van Constable werden een mode-rage; men imiteerde hem en men imiteert hem nog steeds"[25].

In 1833 stelde Constable voor de laatste keer tentoon op het vasteland, en wel op de *Salon* van Brussel, waar toen voor de eerste keer buitenlanders werden uitgenodigd[26]. In 1835 kreeg hij nog te horen dat géén Engelsman in Frankrijk zo bekend was als hijzelf[27]. Dat neemt niet weg dat vanaf 1826 géén werk meer vanuit Frankrijk werd besteld. Arrowsmith kwam in financiële moeilijkheden en moest in 1826 zijn zaak sluiten. Hij bleef echter actief in de artistieke milieus, onder meer tot in de jaren 'veertig als raadgever en kunsthandelaar van Decamps[28], en ook als vriend en verdediger van Théodore Rousseau[29]. Schroth voorkwam zijn faillissement en schakelde in 1826 over op een meer bescheiden handel in prenten. Hij schreef in juli van dat jaar aan Constable dat hij de werken die hij van hem in voorraad had niet via liquidatie wilde verliezen[30]. Ze bleven dus in zijn verzameling, wat interessant is als men bedenkt dat hij nog jaren lang contacten onderhield met verscheidene kunstenaars[31]. In welke Franse collecties het werk van Constable intussen terecht gekomen was, is niet goed bekend. Naast de schilder Régnier kunnen de Vicomte de Thullusson en de drukker Firmin Didot werk van hem hebben gehad[32]. Wij weten voorts dat Constable in 1827 het voornemen had aan Comte Forbin een klein werkje te schenken[33]. De twee grote schilderijen die op de Salon van 1824 zo'n succes hadden gekend bleven een tijdlang in Frankrijk. De *View on the Stour* kwam terecht in de verzameling van de historieschilder Amable-Pierre Coutan, uit wiens collectie het reeds in 1830 werd geveild[34]. *The Hay Wain* was vanaf 1828 in handen van J.F. Boursault, een populaire Parijzenaar bij wie het zeker door iedere belangstellende kon worden gezien[35].

De specifieke invloed van John Constable op de Franse landschapschilders, meer bepaald op de schilders van de School van Barbizon, is nog onvoldoende bestudeerd. Voorlopig moeten wij volstaan met het aanwijzen van enkele schaarse getuigenissen

23
*naar J. Constable*
*Hampstead Heath*
*mezzotint*

24
*G. Michel*
*De kalkoven*
*National Galleries of Scotland, Edinburg*

25
*C. Corot*
*La Cervara, 1831*
*Kunsthaus, Zürich*

26
*C. Corot*
*Fontainebleau*
*verblijfplaats onbekend*

van kunstenaars zélf of van stilistische parallellen die op beïnvloeding kunnen wijzen. Eén terrein waarin wellicht nooit klaarheid zal komen, is dat van de vele anonieme copieën en imitaties die niet alleen in Engeland, maar ook en vooral op het vasteland ontstonden. Vele daarvan zijn gebaseerd op de mezzotinten die Constable in de jaren 'dertig naar zijn werk liet uitvoeren en verspreiden. Wij weten dat Jules-Robert Auguste[36] een copie maakte van de *View on the Stour,* en ook van Paul Huet zijn enkele copieën naar Constable bekend. Het copiëren was nog tot in de 19de eeuw voor de kunstenaars het middel bij uitstek om zich met het werk van anderen vertrouwd te maken. Vandaar dat we rustig kunnen veronderstellen dat vele copieën en imitaties in of afkomstig uit Franse verzamelingen geen vervalsingen zijn, maar goed bedoelde oefeningen van anoniem gebleven kunstenaars. Als we nu de kunstenaars één voor één bekijken moeten we al meteen Géricault vermelden die in zijn *Derby te Epsom* (Parijs, Louvre) verschillende Engelse invloeden, waaronder die van Constable, verwerkte. Eugène Delacroix werd in zijn techniek beïnvloed bij de uitvoering van zijn *Massacres de Scio*[37]. Het *Stilleven met kreeften* (Parijs, Louvre) met een voor Delacroix zeldzame landschappelijke achtergrond, is niet denkbaar zonder Constable. Het gebruik van horizontale gele en blauwe strepen dikke verf in de achtergrond en in de zware wolkenlucht wijzen hierop.
Eén van Constable's meest geliefde composities, *Gezicht op Hampstead Heath* (afb. 23), werd zowel in de vorm van replieken voor de Franse markt, als in de vorm van een mezzotint verspreid. Uitgaande van deze compositie kan men een merkwaardige visuele relatie aantonen met werken van Georges Michel (afb. 24)en Camille Corot

(afb. 25). Deze landschappen verwijzen duidelijk naar het atmosferische licht-donker effect bij Constable, waarbij de kunstenaar zijn standpunt zo gekozen heeft dat het panorama zich ontplooit via elkaar overlappende, stompe heuvels, beurtelings wel en niet belicht. Het gebouwtje op het werk van Michel herinnert zelfs aan *The salt box,* een huis met witte rookpluim dat in veel van Constable gezichten op Hampstead Heath een opvallend herkenningspunt vormt.

Michel was een ware voorloper van de School van Barbizon, een tamelijk geïsoleerde figuur die bewust aansloot bij de 17de-eeuwse Hollandse landschapschilderkunst. Het is echter goed mogelijk dat ook Constable in zijn belangstelling voor de natuur een rol speelde.

Van Camille Corot wordt gezegd dat hij door een aquarel van Bonington gestimuleerd werd[38] en dat hij ooit eens verklaarde dat de schilderijen van een Engelsman hem geholpen hadden: "Constable, een man die voelde net als ik"[39]. De jonge Corot was in elk geval in Parijs tot 1825. Toen vertrok hij naar Italië, waar hij bleef tot 1828.

Het reeds vermelde schilderij *La Cervara* in het Kunsthaus Zürich (afb. 25), hing op de *Salon* van 1831 en is gebaseerd op een studie van 1827. In 1833 schilderde Corot een gezicht in het woud van Fontainebleau, dat enkele auteurs[40] in verband brengen met *The Hay Wain* van Constable (afb. 26). Dit vrij gecompliceerde doek van omstreeks 1830 herinnert in zijn geëlaboreerde *clair-obscur* en veelvuldig gebruik van lichtaccenten inderdaad enigszins aan Constable.

Het geval van Paul Huet is van een heel andere aard. In zijn werk treft men directe verwijzingen aan naar het werk van Bonington, Turner en Constable. Aan Bonington herinneren vele van zijn kustgezichten, en in sommige latere werken rivaliseerde Huet zelfs met de virtuose schetsmatigheid van Turner. Reeds in 1833 werd zijn *Gezicht op Rouen* (Rouen, Musée des Beaux-Arts) op de *Salon* van dat jaar vergeleken met Turner, terwijl dit werk meer recent ook met Constable in verband werd gebracht[41]. Huet heeft zelf nooit de invloed van Constable geloochend en de verwijzingen naar zijn Engelse voorbeeld zijn veelvuldig. Ze variëren van zuivere copieën[42] via adaptaties van Constable's stijl, zoals *Het huis van de boswachter in Compiègne* (afb. 27) tot meer originele creaties die in algemene zin naar Constable verwijzen[43]. Dat laatste geldt bijvoorbeeld voor het *sous-bois* met dik in de verf gezette bomen, die nog alleen technisch aan Constable herinneren. Ook in zijn vele aquarellen kwam Huet soms tot persoonlijke interpretaties. Huet was een beïnvloedbaar kunstenaar en zijn Engels gerichte werken behoren zeker niet tot het beste van de Franse landschapschilderkunst uit deze periode. Door zijn vriendschap met de schilders van Barbizon is hij vooral historisch interessant, want alleen reeds via hem moeten jongere figuren als Rousseau en Troyon nog een levendige herinnering aan het werk van Constable hebben gehad. Van de jongere generatie was vooral Théodore Rousseau het meest met Constable verwant, doch slechts in enkele gevallen is het mogelijk om specifieke verwijzingen aan te tonen. Rousseau was bevriend met Arrowsmith en Huet, zodat het waarschijn-

27
P. Huet
*Huis van de boswachter in Compiègne*
ets, 1830

lijk is dat hij nog in de jaren 'dertig de gelegenheid had om het werk van Constable, direct of indirect, te leren kennen. Nog in 1846 verwees Charles Baudelaire in zijn bespreking van Rousseau naar het voorbeeld van de Engelse landschapschilderkunst, naast het voorbeeld van Rubens en Rembrandt[44]. Het werk van Rousseau is vrij onvolledig bekend, doch de voorbeelden die men met Constable in verband kan brengen[45], laten zien dat de relatie Constable-Rousseau verdient nader bestudeerd te worden. Rousseau's behandeling van een wolkenlucht doet vaker aan Constable denken, doch in een *Landschap in de Landes*[46] in de Leeds City Art Gallery (afb. 29) is de

28
*J. Constable*
*Jaques en het gewonde hert*
*pentekening, 1835*
*Victoria and Albert Museum, Londen*

29
*J. Constable*
*De Stour bij Flatford Mill, ca. 1811*
*Victoria and Albert Museum, Londen*

verwantschap met de wolkenlichten op Constable's kleinere afgewerkte schilderijen, waarvan er enkele in Parijs waren, tè opvallend om niet van een direct verband te spreken.

Ook in het werk van Dupré, Diaz en Troyon, en in mindere mate in dat van de lyrische Daubigny, kan men analogieën met de kunst van Constable aanwijzen. Het zijn precies dié schilders die de natuur, net als Constable, ervaren als een dramatisch, atmosferisch gebeuren en haar blijven interpreteren als een spel van licht en donker. Daartoe maken ze graag gebruik van zware effecten, doch veel radicaler dan Constable ooit gedaan heeft. Dat Constable in het midden van de 19de eeuw voor deze kunstenaars nog betekenis had, blijkt uit de belangstelling van Constant Troyon. Deze kwam tijdens een van zijn verblijven in Engeland, in 1855 of 1857, regelmatig over de vloer bij de handelaar D.T. White om de grote schetsen te zien voor *The Hay Wain* en *The Leaping Horse,* die zich nu bevinden in het Victoria and Albert Museum in Londen. Dit zijn twee van Constable's meest gedurfde en expressieve uitingen, veel romantischer dan de afgewerkte schilderijen die hij had tentoongesteld. Troyon had beide schetsen graag gekocht, als het mogelijk was geweest[47].

Het blijft een interessante vraag of kunstenaars als Dupré, die in 1831 en wellicht in 1833 in Engeland was, Diaz die er misschien in 1834 was, en Troyon ook het late werk van Constable hebben gekend. Vooral in de jaren 'dertig versombert het koloriet van Constable en raken zijn schilderijen bedekt onder een overladen verfmaterie, waarvoor hij trouwens fel bekritiseerd werd. Het is alsof de late Constable in eenzelfde romantische stemming schilderde als sommige kunstenaars te Barbizon. Van deze fase in zijn werk getuigen ook enkel weinig bekende, uiterst expressieve sepia-schetsen, waarin het drama van het licht-donker in de natuur met nerveuze pennestreken wordt weergegeven (afb. 28). Het zijn werken die qua schriftuur en stemming goed vergeleken kunnen worden met tekeningen van Corot, Rousseau, Huet, Cabat en zelfs met Millet.

**1.** In deze inleiding zal geen sprake zijn van andere Engelse invloeden, b.v. op Géricault en Delacroix, of op de ontwikkeling van de Franse landschapschilderkunst ná Barbizon, waarin onder meer Turner een belangrijke rol speelde. Over de Engelse invloed op de Franse landschapschilderkunst, zie: P. Dorbec, 'Les paysagistes anglais en France', *Gazette des Beaux-Arts*, 54, (1912), 2, p. 257-281; cat. tent. *Zurück zur Natur. Die Künstlerkolonie von Barbizon. Ihre Vorgeschichte und ihre Auswirkung,* Kunsthalle, Bremen 1977-1978; B.J. Watkinson, *Influences of English Art on French Landscape Painting,* 1802-1872, diss. University of Minnesota 1971; D. Sutton, 'The Dawn of the Entente Cordiale', *Apollo,* 121, (1985). p. 48-54.

**2.** Voor de ontwikkeling van de Engelse aquarel, zie: I. Williams, *Early English Watercolours,* Londen 1952, heruitg. Bath 1970; H. Lemaitre, *Le paysage anglais à l'aquarelle, 1760-1851,* Parijs 1955; M. Hardie, *Water-Colour Painting in Britain. I. The Eighteenth Century,* Londen 1966, heruitg. Londen 1969; *II. The Romantic Period,* Londen 1967, heruitg. Londen, 1970.

**3.** Zie M. Hardie, *Water-Colour Painting in Britain. II. The Romantic Period,* Londen 1967, heruitg. Londen 1970, p. 8.

**4.** Over het "boningtonisme", zie H. Lemaitre, *Le paysage anglais à l'aquarelle 1760-1851,* Parijs 1954, p. 333 ev.

**5.** *Correspondance générale de Eugène Delacroix,* uitg. A. Joubin, dl. 4, Parijs 1938, p. 286.

**6.** L. Johnson, *The Paintings of Eugène Delacroix. A Critical Catalogue 1816-1831,* Oxford 1981, dl. 1, p. 87.

**7.** P. Dorbec 'Les paysagistes anglais en France', *Gazette des Beaux-Arts,* 54, (1912), 2, p. 266) suggereert dat de streng opgebouwde aquarellen van John Sell Cotman de meer classicistische landschapschilders Edouard Bertin en Théodore Caruelle d'Aligny beïnvloedden.

**8.** Over de relatie Constable-Frankrijk zie:
L. Bazalgette, 'Constable et les paysagistes de 1830', *John Constable d'après les souvenirs recueillis par C.R. Leslie,* uitg. L. Bazalgette, Parijs 1905; A. Shirley, 'Paintings by John Constable in Paris 1824-1826', *Gazette des Beaux-Arts,* 23, (1943), p. 173-180; R.B. Beckett, 'Constable and France', *The Connoisseur,* 137, (1956), p. 249-255; R.B. Beckett, *John Constable's Correspondence. IV. Patrons, Dealers and Fellow Artists,* Ipswich 1966, p. 177-211.

**9.** Er waren ook Fransen vertegenwoordigd met aquarellen en met Engelse landschappen, o.m. Gassies, Gastineau en Régnier, die zelf een werk van Constable bezat, zie noot 15.

**10.** Brief aan Théodore Silvestre, 31 december 1858, in: T. Silvestre, *Les artistes français,* Parijs 1926, dl. 2, p. 157.

**11.** Uitgegeven te Parijs, 1821. De Engelse vertaling verscheen in 1822. Een andere Franse auteur, Amédée Pichot, bezocht de Royal Academy tentoonstelling het jaar daarop. Constable viel hem tegen omdat hij volgens zijn zeggen met minder belangrijk werk vertegenwoordigd was (*Voyage historique et littéraire en Angleterre et en Ecosse,* Brussel 1826, dl. 1, p. 142).

**12.** J. Gage, cat. tent. *A Decade of English Naturalism,* Castle Museum, Norwich 1969; P. Galassi, cat. tent. *Before Photography. Painting and the Invention of Photography,* The Museum of Modern Art, New York 1981; cat. tent. *Painting from Nature. The Tradition of open-air sketching from the 17th to the 19th Century,* Royal Academy, Londen 1981.

**13.** Brief aan John Dunthorne, *John Constable's Correspondence,* uitg. R.B. Beckett, dl.2, Ipswich 1964, p. 31-32.

**14.** R.B. Beckett, in: *John Constable's Correspondence,* uitg. R.B. Beckett, dl. 4, Ipswich 1966, p.210-211.

**15.** *Eugène Delacroix, Journal 1822-1863,* uitg. A. Joubin, Parijs 1932, heruitg. Parijs 1980, p. 41. Régnier was zelf in Engeland geweest aangezien hij op de *Salon* van 1824 een Engels landschap toonde (no. 1396).

**16.** "Mr. Delacroix jeune artiste d'un talent très distingué porteur de cette lettre, que je prends la liberté de vous recommander comme digne d'admirer votre beau talent, vous dira tout le plaisir qu'ont fait les tableaux que vous m'avez fait; depuis mon retour de Londres c'est un concours continuel d'artistes et d'amateurs qui viennent les voir et qui m'expriment leur admiration . . ." *John Constable's Correspondence,* uitg. R.B. Beckett, dl. 4, Ipswich 1966 p. 200.
Het Louvre bewaart een schetsboek van Delacroix waarin een aantal aquarellen aan Constable worden toegeschreven, en dat mogelijk een geschenk van Constable aan Delacroix zou zijn. De toeschrijving aan Constable is echter niet zeker. Zie G. Reynolds, *The Later Paintings and Drawings of John Constable,* New Haven / Londen 1984, dl I, p. 150-1552, en bespreking door L. Parris en I. Fleming-Williams, in: *The Burlington Magazine,* 127, (1985), p. 168.

**17.** *Eugène Delacroix, Journal 1822-1863,* uitg. A. Joubin, Parijs 1932, heruitg. Parijs 1980, p. 881 (niet gedateerde nota).

**18.** Zie in dit verband R.B. Beckett, in: *John Constable's Correspondence,* uitg. R.B. Beckett, dl. 4, Ipswich 1966, p. 177-211.

**19.** Brief van 17 december 1824, *John Constable's Correspondence,* uitg. R.B. Beckett, dl. 6, Ipswich 1968, p. 185.

**20.** *John Constable's Correspondence,*uitg. R.B. Beckett, dl. 4, Ipswich 1966, p. 264.

**21.** *Journal de Paris,* 16 oktober 1824.

**22.** *Journal des Débâts,* 30 november 1824.

**23.** *Paul Huet (1803-1869) d'après ses notes, sa correspondance, ses contemporains,* uitg. René Paul Huet, Parijs 1911, p. 95.

**24.** In Lille toonde hij twee werken, waaronder *The White Horse* (1819), New York, Frick Collection. Op de Parijse *Salon* van 1827 was hij vertegenwoordigd met *The Cornfield* (1826), Londen, National Gallery.

**25.** *Journal des Débâts,* 4 april 1928. Volgende kunstenaars werden in de kunstkritiek van 1824 tot 1828 vermeld als navolgers van de Engelsen: Barbot, Cabat, Gassies, Huet, Régnier, Roqueplan, H. Vernet.

**26.** Constable toonde daar een repliek van *The Lock* (1824), thans in een privé-verzameling in Engeland.

**27.** *John Constable's Correspondence,* uitg. R.B. Beckett, dl. 4, Ipswich 1966, p. 209.

**28.** P. Miquel, *Le paysage français au XIXe siècle,* Maurs-la-Jolie 1975, dl. 2, p. 165 en 176.

**29.** A. Sensier, *Souvenirs sur Th. Rousseau,* Parijs 1872, p. 7 en 13.

**30.** *John Constable's Correspondence,* uitg. R.B. Beckett, dl. 4, Ipswich 1966, p. 208.

**31.** Op 2 maart 1850 was hij "appréciateur" bij een veiling van werken van Théodore Rousseau, zie P. Miquel, *op. cit.* (noot 28), dl. 3, p. 454.

**32.** De eerste bestelde in 1825 één werk, de tweede bestelde er drie. Zie: *John Constable's Correspondence,* uitg. R.B. Beckett, dl. 4, Ipswich 1966, p. 211.

**33.** *John Constable. Further Documents and Correspondence,* uitg. L. Parris, C. Shields en I. Fleming-Williams, Londen / Ipswich 1975, p. 330.

**34.** G. Reynolds, *op. cit.* (noot 16), dl. 2, p. 99. P. Dorbec meent dat de Coutan-veiling, waar werken van Constable en Bonington naast elkaar hingen, bij de Franse kunstenaars lang in het geheugen bleef. ('Les paysagistes anglais en France', *Gazette des Beaux-Arts,* 54, (1912), 2, p. 275).

**35.** G. Reynolds, *op. cit.,* (noot 16), dl. 2, p. 67. Het werk werd ca. 1838 door Henry Artaria gekocht voor de Engelse verzamelaar Higginson. Zie ook: H. Isherwood-Kay, 'The Hay Wain', *The Burlington Magazine,* 62, (1933), p. 281-289.

**36.** F.A. Trapp, *The Attainment of Delacroix,* Baltimore / Londen 1971, p. 43.

**37.** L. Johnson, *The Paintings of Eugène Delacroix. A Critical Catalogue 1816-1831,* Oxford 1981, dl. 1, p. 86-90, met verwijzing naar vroegere studies over dit probleem.

**38.** J.W. Lane, 'Richard Parkes Bonington', *The Art Quarterly,* 2, (1937), p. 152.

**39.** Verklaring van Corot aan Albert Darier, zie: D. Baud-Bovy, *Corot,* Genève 1957, p. 186.

**40.** K. Clark, *Landscape into Art,* Londen 1953, p. 81; D. Baud-Bovy, *op. cit.,* (noot 39), p. 201; C. Mauclair, *Corot, peintre poète de la France,* Parijs 1962, p. 24.

**41.** P. Miquel, *op. cit.,* (noot 28), dl. 2, p. 208, en B. Watkinson, *Influences of English Art on French Landscape Painting,* 1802-1872, diss., University of Minnesota 1971, p. 134.

**42.** P. Miquel, *op. cit.,* (noot 28), dl. 2, p. 201. een voorbeeld van zo'n copie was nr. 33 *Stoke by Nayland: souvenir de Constable* in de tentoonstelling *Huet,* Heim Gallery, Londen 1969. Dit werk is duidelijk geïnspireerd op een mezzotint, niet op een origineel van Constable.

**43.** Privé-verzameling, nr. 103 in de tentoonstelling *De David à Delacroix. La peinture française de 1714 à 1830,* Grand Palais, Parijs 1974-1975. Dit doek dateert van 1826 en is het eerste grote werk van Huet.

**44.** P. Miquel, *op. cit.,* (noot 28), dl. 3, p. 447.

**45.** Onder meer: *De oude brug van Saint-Cloud,* Musée des Beaux-Arts, Lyon (zie H. Focillon, *La peinture au XIXe siècle,* Parijs 1927, dl. 1, p. 331); *De drinkplaats,* Musée Saint-Denis, Reims (zie: cat. tent. *Théodore Rousseau,* Musée du Louvre, Parijs 1968, nr. 31); *Gezicht in het bos van Saint-Cloud,* National Gallery of Canada, Ottawa (zie D. Sutton, 'The Dawn of the Entente Cordiale', *Apollo,* 121, (1985), p. 53).

**46.** Gepubliceerd in cat. tent. *Théodore Rousseau 1812-1867,* Hazlitt, Gooden & Fox, Londen 1982, nr. 29. Het werk werd gesigneerd door Rousseau en Dupré.

**47.** H. Isherwood-Kay, *op. cit.,* (noot 35), p. 282. Zie ook L.C. Watelin, 'Un voyage de Constant Troyon en Angleterre', *L'art et les artistes,* 1, (1920), p. 305-307.

# De School van Barbizon

John Sillevis

Niet de schilders, maar de jagers hebben Barbizon ontdekt. Het kleine, onaanzienlijke gehucht met zijn vlakten, wouden, rotsen en moerassen grensde aan het zeer uitgestrekte jachtterrein van Fontainebleau. Lodewijk XV liet zijn jachtpartijen vereeuwigen door de hofschilder Jean-Baptiste Oudry, maar dat was ver voor de tijd dat er sprake was van de School van Barbizon. Zelfs rond het midden van de vorige eeuw was *Barbizon* nog niet voor alle Franse schilders een begrip. In juni 1849, toen de cholera was uitgebroken in Parijs, overlegden twee bevriende kunstenaars in welke richting ze de stad zouden ontvluchten om hun gezinnen in veiligheid te brengen: "Waar moeten we nu in hemelsnaam ons kamp opslaan?", vroeg Millet; "ken jij niet een plek waar we kunnen leven en werken zonder al te veel geld uit te geven? Ik, weet je, ik ken alleen Gruchy [zijn geboorteplaats in Normandië]; dat is misschien wat ver weg".
"Laten we dan de richting van Fontainebleau op gaan", zei Charles Jacque; "er is daar in de buurt een aardig gehuchtje, een dorpje aan de rand van het bos *waarvan de naam eindigt op . . . 'zon'*. Diaz heeft 't er vaak met me over gehad; het schijnt dat het een hele mooie streek is. 't Is niet al te ver, we zullen er vast wel wat vinden". "Graag", zei Millet[1].
De twee families begaven zich op weg, eerst met de diligence (afb. 30) naar Fontainebleau, langs Chailly, en tenslotte vonden ze onderdak in een hotel waar ze met aarzeling – uit vrees voor besmetting – werden ontvangen.
De volgende ochtend al gingen de beide schilders op pad, op zoek naar de schilderachtige motieven die Diaz hun had voorgespiegeld. Onderweg kwamen ze een houthakker tegen, aan wie ze de weg vroegen. "U bent op de weg naar Chailly, heren", antwoordde de man. "Dat is niet wat we zoeken", zie Jacque tegen zijn compagnon, "er zit helemaal geen . . .'zon' in die naam". "Bedoelt u soms Barbizon?" vroeg de boer. "Dat is het!", riep Charles Jacque, "Barbizon; ik zei het je toch, Millet, dat we ons beloofde land wel zouden vinden"[2].
Een dag later verhuisden de beide families naar Barbizon, waar ze aanvankelijk hun intrek namen in de enige herberg ter plekke, gedreven door een vroegere dorps-kleermaker genaamd Ganne. Ze werden er uitbundig begroet door een groep van de meest uiteenlopende kunstenaars, zoals Diaz, Boulanger, Hamon en Célestin Nanteuil, allen min of meer stamgasten van Ganne. Millet (afb. 33) en Jacque zouden echter niet lang bij Ganne blijven; beiden besloten al spoedig om een eigen, vaste behuizing te vinden in Barbizon. Daarmee volgden ze het voorbeeld van Théodore Rousseau (afb. 32) die al twee jaar eerder in Barbizon was gaan wonen.

30
*De koets naar Barbizon*

31
*De herberg van Ganne in Barbizon*

## De herberg van Ganne (afb. 31)
Dit betekende een nieuwe fase in de geschiedenis van het schildersdorp Barbizon.
Al vanaf het begin van de jaren 'twintig van de 19de eeuw waren er zoveel kunstenaars,

die in de omgeving van Barbizon onderdak zochten, dat het voor 'Père Ganne' zoals hij wel genoemd werd, lonend was om het vak van herbergier op te vatten (afb. 31). Overigens was hij niet uitsluitend op gewin uit; veel van zijn artistieke clandizie was slecht van betalen, en Ganne was bepaald genereus in het verstrekken van krediet. Dat alles – de opgewekte sfeer, de kookkunst van moeder Ganne en de wijn 'à discrétion', maakte de herberg van Ganne al spoedig tot een legendarisch ontmoetingsoord van schilders, schrijvers en beeldhouwers. In de jaren 'dertig en 'veertig van de 19de eeuw waren er kunstenaars die de zomermaanden jaar in jaar uit in Barbizon doorbrachten – bij mooi weer buiten schilderend, bij regen schuilend bij Ganne of in de boerenstallen in de omgeving –, zodat men zich eigenlijk moet verbazen over het feit dat Millet en Jacque in 1849 nog aarzelend moesten zoeken naar een plek die voor anderen al een begrip was, als men tenminste de auteur van de geschiedenis op zijn woord mag geloven.

33
*Het huis van Millet in Barbizon*

32
*Het huis van Rousseau in Barbizon*

Tot de vroegste ontdekkers van het woud van Fontainebleau behoorde Bidauld (1758-1846), van wie gezegd werd dat hij er al in 1783 studies in de open lucht schilderde[3]. Zijn vroegst gedateerde werk is uit 1829: *Vue prise à Fontainebleau* (Musée d'Angers); herhaaldelijk exposeerde Bidauld bosgezichten van Fontainebleau op de Parijse *Salon*. Ook buitenlandse kunstenaars ontdekten al vroeg de charmes van de bossen van Fontainebleau; één van de eersten was Stamati Bulgari (1777-18?), afkomstig uit Corfu, die al in 1821 in Chailly verbleef.

34
*Corot buiten schilderend*

Later, rond het jaar 1828 kwamen Caruelle d'Aligny en Corot (afb. 34) regelmatig naar Fontainebleau. Ze hadden elkaar in 1825 in Rome leren kennen[4]. Corot exposeerde zijn eerste schilderij met Fontainebleau als onderwerp op de *Salon* van 1831; Caruelle d'Aligny volgde in 1833 met *Vue de carrières du mont Saint-Péré, dans la forêt de Fontainebleau,* zijn studies, o.a. *Etudes peintes d'après nature dans la forêt de Fontainebleau* werden door de jury geweigerd, mogelijk omdat men vond dat Caruelle d'Aligny te veel een *paysage-portrait* had geschilderd. Aligny, die zeer onder de indruk raakte van het landschap rondom Fontainebleau, huurde vrijwel jaarlijks in de zomermaanden een huis in het naburige Marlotte, waar Corot, Diaz en Rousseau, Brascassat, Barye en Decamps regelmatig te gast waren. Men sprak zelfs wel van de *Groupe de Marlotte*[5]. Een andere vroege *habitué de Barbizon* was Camille Flers (1802-1868), leermeester van Cabat, en vriend van Decamps en Paul Huet. Théodore Rousseau logeerde voor het eerst bij Mère Lemoine in Chailly in 1833, en ontmoette Caruelle d'Aligny en Diaz de la Peña in 1836. Troyon was een vaste gast bij Ganne vanaf circa 1830. Jules Dupré die weer bevriend was met Théodore Rousseau, kwam ook in de jaren 'dertig naar Barbizon

Het huis van Rousseau in Barbizon, waar hij vanaf 1847 woonde, werd een ontmoetingspunt voor schilders als Daumier, Barye, Ziem, Jacque, Millet, Diaz en de schrijver en Barbizon-biograaf Sensier.

Behalve een steeds hechter netwerk van vriendschappen in Barbizon waren er ook ruzies; Rousseau raakte gebrouilleerd met Jacque in 1854, en Millet en Jacque verbraken hun vriendschap in 1852. De vriendschap tussen Millet en Rousseau echter was er één voor het leven.

Wat bracht al deze kunstenaars samen in dit wonderlijke dorp? Was het de zeer afwisselende omgeving met de vlakte van Chailly-en-bière, de kale rotsen van La Belle Epine, de mysterieuze Gorges d'Apremont, de kleine moerassen in het woud met dichterlijke namen als La Mare-aux-fées of La Mare-au-Diable? Was het juist de ontmoeting met binnen- en buitenlandse kunstenaars met al hun uitbundigheid, hun grappen die hen de ere-titel "peint'-a-Ganne" bezorgde? Het is moeilijk een eensluidend antwoord te vinden voor alle schilders die ooit korter of langer in Barbizon verbleven; niettemin veranderde door hun toedoen de naam van een onbeduidend gehucht in een begrip.

## Het probleem van de School

Barbizon als begrip – het lijkt gemakkelijk gezegd, maar een omschrijving blijkt minder eenvoudig. Iedere definitie in de vorm van een eenvoudige slagzin mislukt door het complexe beeld van een schildersgroep, die wellicht helemaal niet als groep onder één noemer kan worden gebracht. De liefde voor het landschap lijkt een samenbindende factor, maar 'Barbizon' staat niet alleen voor landschapschilderijen, maar evengoed voor de figuurstukken van Troyon en Millet, de jagers van Decamps, voor stalinterieurs en dierstukken van Jacque. Het verzet tegen de traditionele opvattingen over het *paysage historique* en de rigide opstelling tegen de *Salon*-jury lijkt een tweede element, maar velen hebben jarenlang landschappen met nymfen, tempels en *putti* geschilderd, zoals Corot en Diaz, die dan ook niet die weerstanden opriepen waarmee Rousseau en Millet te kampen hadden. Het lijkt aantrekkelijk om 'Barbizon' een revolutionair stempel te geven, een anti-bourgeois houding die de kunstenaars een heldenrol kon bezorgen, maar Barbizon heeft geen barricaden gekend; als de schilderijen binnen of buiten de *Salon* een schok teweeg brachten, dan was dat deels voor een publiek dat erop uit was om het allerlaatste, het allernieuwste en het orgineelste van de moderne kunst te zien en te bespreken. Zelfs simpele vragen als: moest je als schilder in Barbizon wonen om tot de School te behoren? of: moet een schilderij uit de School van Barbizon altijd een voorstelling hebben, ontleend aan de onmiddellijke omgeving van Barbizon? zijn niet eenvoudigweg met ja of nee te beantwoorden.

Marie-Thérèse de Forges haalt in haar *Barbizon, lieu dit* een uitspraak aan van Georges Lafenestre uit 1907: "In Barbizon heeft de landelijke school gestalte gekregen in zijn meest uitgesproken vorm; bijna alle aanhangers zijn eerst Barbizon gepasseerd. Misschien zal men onder kunstcritici, historici en kunstliefhebbers in de toekomst spreken over de landschapschilders van de 19de eeuw als van *L'Ecole de Barbizon,* zoals men in de 16de en 17de eeuw sprak van de figuurschilders van *L'Ecole de Fontainebleau*"[6]. Het is niet onmogelijk dat dit de eerste vermelding is van de term 'De School van Barbizon' in het Franse taalgebied; in Engeland was er echter al sprake van *The Barbizon School of Painters* sinds in Londen in 1890 het gelijknamige boek van David Croal Thomson verscheen[7].

Thomson (1855-1930) speelde een belangrijke rol in de spreiding van de roem van

Barbizon buiten Frankrijk. Hij schreef vanaf 1881 artikelen in *The Art Journal,* onder andere over Millet, en in 1885 werd hij de Londense vertegenwoordiger van de kunsthandel Boussod Valadon & Cie, bekend als de Goupil Gallery in New Bond Street. Thomson ontdekte dat Corot en Courbet beter verkochten dan Monet, die toen nog te modern was voor de Engelse kunstminnaars. Zijn boek *The Barbizon School of Painters* was een zodanig succes dat Thomson van de opbrengst een landhuis kon kopen. Thomson, die ook publiceerde over Jacob en Matthijs Maris heeft mogelijkerwijs gedacht aan de Haagse School, een term die sinds 1875 in zwang was geraakt. In 1918 opende hij zelfs een kunsthandel in Londen met de naam *Barbizon House.* Thomson, die zich weinig om kunsthistorische nuances zal hebben bekommerd, omschreef Barbizon als volgt: „Barbizon is a village on the western outskirts of the Forest of Fontainebleau, thirty miles south east from Paris, where Rousseau, Diaz, and Millet lived for many years, and where Corot and Daubigny sometimes visited. All these artists were of one group, and we have chosen the term in the belief that while it is not free from question, it is the best title that can be found for this school of artists"[8]. In het boek vindt men hoofdstukken over Corot, Rousseau, Diaz, Millet en Daubigny. Troyon, Jacque en Dupré worden ondergebracht in het hoofdstuk 'Other painters of Barbizon'. Georges Michel wordt alleen in de algemene inleiding genoemd als een erfgenaam van de "true love of the grandeur of nature". De nadruk lag vooral op de Engelse invloed met name van Constable op het Franse landschap; met een terloopse opmerking werd ook de betekenis van de Hollandse 17de-eeuwse kunst vermeld. Waar het Thomson vooral om ging, was het levensverhaal van de kunstenaars, met al hun ontberingen en miskenning, vergezeld van zijn commentaar waarin hij de lezer voorhield hoe het werk van zijn kunstenaars geapprecieerd moest worden. Thomson schreef zoals hij zijn schilderijen verkocht, met een ongecompliceerd verhaal, een oog voor een smakelijke anecdote, en een accent op de kwaliteit die een goede prijs rechtvaardigde. In de voortreffelijke tentoonstellingscatalogus van Robert Herbert, *Barbizon revisited* (1962) komen uitsluitend dezelfde kunstenaars als bij Thomson aan de orde[9]. Zelfs de algemene inleiding is een opeenvolging van monografische paragrafen, die dan nog gevolgd worden door korte levensbeschrijvingen van elk van de uitverkoren kunstenaars. Vanzelfsprekend is Herberts aanpak veel wetenschappelijker en rijker gedocumenteerd, maar in zijn opzet bevestigde hij het beknopte beeld van de School van Barbizon dat door de kunsthandel in het leven was geroepen.

Een kunstgeschiedenis die uitsluitend gebaseerd is op de beste werken van de beste kunstenaars, is een kunstgeschiedenis voor *connoisseurs;* daarnaast is archief- en bronnenonderzoek minstens even noodzakelijk, ten einde over die feitelijke gegevens te beschikken die aan de geschiedenis de juiste proporties verlenen – zelfs als dat zou betekenen dat het mooie, vloeiende verhaal met meer restricties zou moeten worden verteld.

Tegenover het uitgangspunt van Thomson en Herbert met hun kerngroep van acht kunstenaars, Corot, Daubigny, Diaz, Dupré, Jacque, Millet, Rousseau en Troyon staat de opvatting dat iedere kunstenaar, die ooit korter of langer in Barbizon en omgeving heeft verbleven tussen 1800 en 1900, automatisch tot de School van Barbizon gerekend moet worden. In de tentoonstellingscatalogus *Barbizon au Temps de J.-F. Millet* (Barbizon 1975) werden zestig *Peintres de Barbizon* opgesomd, waaronder men ook buitenlanders aantreft als de Belgen Xavier de Cock en Coosemans, de Zwitser Bodmer, de Duitser Liebermann, de Roemeen Grigorescu en de Hongaar Laszlo de Paal.

Vanuit die invalshoek had men ook de Nederlanders Hanedoes, Kuytenbrouwer, Willem Roelofs, Jozef Israëls, Jacob Maris en J.H. Weissenbruch kunnen opvoeren. Al deze kunstenaars bezochten tussen circa 1840 en 1900 Barbizon en maakten er schilderijen, schetsen en tekeningen. Dit maakt hen echter nog niet tot kunstenaars van de School van Barbizon.

Ook in de tentoonstellingscatalogus *Zurück zur Natur* (Bremen 1977) is een uitgebreide lijst van internationale kunstenaars opgenomen die ooit Barbizon 'aandeden'. Hans-Peter Bühler volgt deze lijn in zijn boek *Die Schule von Barbizon, französische Landschaftsmalerei im 19. Jahrhundert* ((München 1979), met opgaven van kunstenaars uit België, Duitsland, Italië, Nederland, Oostenrijk, Roemenië, Zweden, Zwitserland, Tsjecho-Slowakije, Hongarije en de Verenigde Staten, die Barbizon bezochten of beïnvloed werden door de landschapsopvattingen van de Franse Barbizon-schilders.

Wat hiermee in ieder geval duidelijk wordt gemaakt, is de buitengewoon grote weerklank en de uitzonderlijke betekenis van de beweging die van Barbizon uitging; als we echter al deze nationaliteiten in de School van Barbizon zouden willen onderbrengen,

*N. Diaz de la Peña*
*Zonsondergang (cat.no. 44)*

*Ch. Jacque*
*Gevogelte (cat.no. 61)*

*A. Hervier en Ch. Jacque*
*Het huis van Jacque in Barbizon*
*(cat.no. 57)*

wordt het begrip onhanteerbaar; wanneer we de benaming 'School van Barbizon' als zodanig willen blijven gebruiken, moet een aantal punten in overweging genomen worden. De benaming is postuum aan de beweging toegekend, dit in tegenstelling tot kunstenaarsgroeperingen als de Macchiaioli, De Haagse School en de Impressionisten, die alle hun bestempeling kregen terwijl ze in volle bloei waren[10]. Dit betekende dat de kunstenaars wisten, dat ze als groep werden gezien, en dat ze daar hun consequenties aan konden verbinden. In sommige gevallen werd het groepselement nog versterkt door het houden van gezamenlijke exposities, het uitgeven van een eigen tijdschrift waarin de visies en theoretische achtergronden konden worden geformuleerd, of door enigerlei vorm van organisatie, waardoor het lidmaatschap van de groep gemakkelijk af te bakenen was. Van dit alles is geen sprake bij de School van Barbizon. De term is gelanceerd zonder onderbouw van precieze begripsbepalingen, en, onder invloed van de kunsthandel, in de laatste jaren zeer rekbaar geworden. Met het oog op de toekomstige bestudering van kunsthistorische gegevens, waarbij de geautomatiseerde classificatie een zeer belangrijke rol zal spelen, is het nauwkeurig omschrijven van categorieën, benamingen en hun afbakening in tijd en omvang van essentieel belang.

'Barbizon' is in eerste en laatste instantie een Franse aangelegenheid: een veranderende houding ten opzichte van de landschapskunst en van de weergave van het boerenleven. De aanwezigheid van talrijke buitenlandse kunstenaars moet worden gezien als een reactie – soms een zeer snelle – op ontwikkelingen die door Franse kunstenaars teweeg waren gebracht. Aangezien de School van Barbizon zich nauwelijks of niet als gesloten groep manifesteerde, is het buitengewoon moeilijk om een periodisering aan te brengen met karakteristieken die voor alle betrokken kunstenaars gelijkluidend zijn. Wel is een aantal jaartallen aan te duiden die belangrijk zijn geweest voor de ontwikkelingsgang van de School van Barbizon. 1817 is zo'n jaartal; de instelling van de *Prix de Rome* voor het *paysage historique,* als een algemene voorwaarde voor een ruimere appreciatie van het landschaps-genre.

35
*A. - G. Decamps*
*Binnenhof*
*Musée du Louvre, Parijs*

De opening van de herberg van Ganne aan het begin van de jaren 'twintig is een eerste mijlpaal in de geschiedenis van Barbizon als schildersdorp. De *Salon* van 1824 met de deelname van Engelse landschapschilders als Constable en Bonington was van grote betekenis voor de bewustwording van Franse landschapskunstenaars, dat ze op de goede weg waren. De oriëntatie van schilders als Georges Michel, de 'Ruisdael van Montmartre', op het Hollandse landschap van de 17de eeuw bracht een vergelijkbare bevestiging mee van de gedachtengang dat het *paysage-portrait* evenveel bestaansrecht had als het *paysage heroïque.* De fascinatie voor het Italiaanse landschap van

Caruelle d'Aligny en Corot – niet het geïdealiseerde, maar het landschap zoals ze het zagen en zoals ze het schetsten – werd al in de jaren 'twintig op het Franse landschap getransponeerd, door diezelfde kunstenaars. Al vóór 1830 ontdekten zij de schoonheden van het bos van Fontainebleau.

De jaren 'dertig waren de grote jaren van de Franse Romantiek, waarin het landschap zijn eigen rol kreeg toebedeeld. Paul Huet, Cabat, Flers en Rousseau maakten kennis met de mogelijkheden om via het landschap sentimenten uit te drukken die voordien alleen aan andere schilderkundige genres waren voorbehouden.

Voor sommige kunstenaars, zoals Rousseau, zou blijken hoe star de houding was van de officiële kunstenaars die zitting hadden in de Jury van de jaarlijkse *Salon*. Bij voortduring werden zijn inzendingen afgewezen. Tenslotte verwierf hij de bijnaam 'le grand refusé'.

Voor de jaren 'veertig geldt een uitkristalliseren van de nieuwe ideeën onder de vooruitstrevende kunstcritici. De verdedigingen die Thoré voor Rousseau, en Baudelaire ten bate van Corot schreven, hadden veel invloed op de plaatsbepaling van de landschapskunst en op het probleem van het al of niet voltooide kunstwerk. Het verzet tegen de academistische opvattingen en tegen de organisatie van de *Salon* nam vaste vorm aan. In februari van het jaar 1847 kwamen in het atelier van Barye kunstenaars als Dupré, Jacque, Decamps (afb. 35) maar ook Ary Scheffer bijeen en stichtten de *Salon Indépendant*. Vanaf 1847 begonnen kunstenaars zich metterwoon in Barbizon te vestigen. Rousseau was één van de eersten; Jacque en Millet volgden, zoals gezegd, in 1849. Niettemin bleef de herberg van Ganne een vast ontmoetingspunt.

De revolutie van 1848 maakte een einde aan de blokkade van het oude jury-systeem. De *Salon* van 1848 had géén jury. Corot, Dupré en Rousseau waren lid van het organisatiecomité. Millet, Daubigny, Dupré en Rousseau kregen plotseling staatsopdrachten. De rollen leken definitief omgekeerd, maar het revolutionaire *élan* zou slechts van korte duur blijken.

Nadat Louis Napoléon enkele jaren als *Prince-Président* aan het hoofd van de Republiek had gestaan, riep hij zichzelf in 1852 tot keizer Napoleon III uit, aan het hoofd van het *Second Empire*. Het leek een slag voor de veelal republikeins gezinde schilders zoals Daubigny, Diaz, Troyon, Millet, en Rousseau, maar na 1848 was er voor sommigen van hen een definitief einde gekomen aan hun 'ondergronds' bestaan; Napoleon III vergat zijn moderne kunstenaars niet, en kocht zelfs bij tijd en wijle een werkstuk van hen aan. De Romantiek had – naar het scheen – afgedaan; het Realisme zou zijn kansen grijpen. De criticus Thoré had aanvankelijk de term *réalisme* nog als een scheldwoord voor kunstenaars met gebrek aan fantasie gebruikt; na 1855 werd het een eretitel.

Met grote reclamecampagnes had Courbet zichzelf opgeworpen als de voorvechter van het Realisme; hij had zich er zodanig mee geïdentificeerd, dat hij de indruk wekte het Realisme persoonlijk te hebben uitgevonden. In 1855 vond ook de grote Wereldtentoonstelling in Parijs plaats. Uit heel Europa stroomden bezoekers naar Frankrijk; onder hen waren ook veel schilders die bij deze gelegenheid voor het eerst kennis maakten met de verworvenheden van de Barbizon-schilders.

De erkenning van kunstbroeders betekende echter nog niet voor alle Barbizon-schilders dat nu ook de officiële kunstwereld gemakkelijker toegankelijk werd, of dat de kunsthandel zich meer voor hen interesseerde. Schilders als Diaz en Rousseau waren nog dikwijls genoodzaakt om veilingen van hun schilderijen te houden om in hun levensonderhoud te voorzien. In 1861 werd op instigatie van Louis Martinet en Théophile Gautier de *Société nationale des Beaux-Arts* opgericht, een organisatie die tot doel had een tegenwicht te bieden tegen de uitspraken van de *Salon*-jury. De *Salon des Refusés* van 1863 was echter niet de plaats waar Barbizon-schilders te vinden waren. De afwijzingen van de *Salon*-jury troffen nu kunstenaars van een volgende generatie, zoals Manet, Fantin-Latour, Whistler, Pissarro en Jongkind.

### De reputatie

De strijd om erkenning heeft voor sommige Barbizon-schilders voortgeduurd tot aan het einde van hun loopbaan. Zelfs toen ze vaker tot de officiële *Salon* werden toegelaten, werden de kwaliteiten van hun werk ernstig in twijfel getrokken door de conservatieve kunstcritici, die Millet en de zijnen graag als revolutionair en ondermijnend bestempelden. Degenen die de verdediging op zich namen waren enkele kunstcritici – met zeer uiteenlopende beweegredenen en soms wisselende stellingname – en sommige kunstenaars die zelf een geheel andere kunststroming waren toegedaan. Tot die laatste groep behoorde Ary Scheffer (afb. 36), die bij het zien van Rousseau's *Descente des vaches des hauts plateaux du Jura* in diens schamele atelier aan de rue Taitbout besloot hem moreel en zo mogelijk financieel te steunen. Rousseau leefde in benarde omstandigheden; Scheffer wendde zich onmiddellijk tot de Prince de Joinville, een broer van één van zijn leerlingen, en vroeg hem om de benodigde som in ruil voor twee schilderijtjes van eigen hand. Al spoedig maakte Scheffer ook kennis met de criticus Théophile Thoré die op dezelfde overloop woonde als Rousseau. Toen de *Descente des vaches* (cat.no. 85) eenmaal geweigerd was voor de *Salon* van 1836, hing Scheffer het schilderij op in zijn eigen atelier aan de rue Chaptal om het te tonen aan al zijn vrienden uit de artistieke en politieke *beau-monde* van die dagen. Tevens bood hij Rousseau aan om in één van zijn ateliers in de rue Chaptal te komen werken. Deze nobele houding was bepaald niet zonder risico, want de kunst-autoriteiten waren zeker niet bereid om artistieke nieuwlichterij toe te laten, en ze deinsden er niet voor terug om hun tegenstanders een hak te zetten[11].

Théophile Thoré, die ook wel schreef onder het pseudoniem W. Bürger, en derhalve ook wel bekend staat als Thoré-Bürger, heeft later naam gemaakt als de 'ontdekker' van Vermeer. In 1830 was hij nog niet een kunstkenner van grote reputatie, maar een revolutionair, die vocht op de barricaden. Drie jaar later begon hij zijn eerste reportages te schrijven over beeldende kunst. Zijn idee was een journalistieke vorm te vinden van sociale kunstkritiek. Hij schreef voor progressieve bladen als *le Réformateur,* maar ook voor meer gevestigde tijdschriften als *L'Artiste, Revue de Paris* en *Le Siècle.* In 1835 schreef hij in *Le Réformateur:* "Vandaag de dag gaat het tussen *l'art pour l'art* en sociale kunst"[12]. In 1834 was Thoré betrokken bij de oprichting van de *Revue républicaine.* Over Rousseau's schilderij *L'allée des Châtaigniers en Vendée* (1834) schreef Thoré: "Dit is geen kunst om de kunst, dit is kunst voor de mensen". In eerste instantie was de sociale kunstkritiek vooral bezorgd geweest om een hoogstaande morele inhoud, waarbij de vormgeving best traditioneel mocht zijn. Thoré zag echter al spoedig in dat de manier van schilderen ook een revolutionair element kon bevatten. Alleen de liefde voor de natuur kon vooruitgang brengen in de kunst, en het *succès social* bepalen. Aanvankelijk had hij nog een hekel aan het *paysage réaliste,* wat voor hem hetzelfde was als een gemeenplaats, een banale mededeling, maar naarmate het realisme in de jaren 'vijftig een strijdkreet werd in progressieve kunstenaarskringen, kreeg het bij Thoré ook een andere klank èn betekenis[13].

In 1838 werd de *Descente des vaches* voor de tweede maal geweigerd op de *Salon.* In zijn verslag prees Thoré Rousseau's kracht en gevoel voor harmonie, en vooral het forse kleurgebruik. Ook de criticus Gustave Planche had het voor Rousseau opgenomen, al bij de eerste weigering. "... Het is, ik kan het u verzekeren, een geweldige aanblik. De kleur van de jonge koeien, van de planten en het land is schitterend. Het enige gebrek dat een analyse van dit prachtige doek oplevert, is misschien dat de voorgrond te licht is ..."[14].

Arsène Houssaye schreef naar aanleiding van de *Salon* van 1844: "De Kunst heeft niet de taak de wereld te verbeteren en het mensdom te vernieuwen ... De beste politiek in de schilderkunst, dat is een mooie koe in een Hollands landschap. Als men er een beetje over nadenkt, zou er meer te dromen vallen over het lot van de mens bij de aanblik van dit goeïge dier dan in een goed georganiseerde arbeiderskolonie"[15].

Het *paysage-portrait* was duidelijk een argument in een politieke discussie geworden. De stroom landschapstukken voor de *Salon* nam alleen maar toe. Tijdens het keizerschap van Napoleon I bedroeg het aantal landschappen één vierde van het totaal aantal inzendingen; tijdens de Juli-monarchie al één derde.

Thoré liet zijn beschrijving van de *Salon* van 1844 voorafgaan door een open brief aan Théodore Rousseau – een zeer persoonlijk verslag van een vriendschap waarin de scherpe kanten van Rousseau's karakter niet verzwegen werden, maar ook met een helder portret van een landschapschilder in Parijs. In 1844 behoorde Rousseau al tot de regel-matige bezoekers van Barbizon, maar pas drie jaar later zou hij zich er definitief vestigen. Thoré liet merken dat de relatie met Rousseau wat afstandelijker was geworden. Hij vroeg zich af waar Rousseau met zijn vriend Dupré nu wel niet aan het werk was, in Les Landes, of in de Pyreneeën.

"De natuur heeft voor jou een mystieke schoonheid die ons ontgaat, en jij maakt met liefde gebruik van haar gunsten. Als je de natuur aanvoelt en liefhebt, dan ben je begenadigd om een schilder als jij te zijn ..."[16]. Thoré droomde er soms zelf van een leven te leiden zoals Rousseau, Jacque en Millet binnen enkele jaren zouden verkiezen: "Wat mij betreft, ik zou liever op het mooie platteland wonen, half als denker, half als boer, met een boerenkiel en klompen, thuisgebakken brood, aardappelen uit eigen tuin, en een eenvoudige huiswijn, dan een opgewonden leven leiden temidden van luxe en materiële genoegens"[17]. Thoré waarschuwde Rousseau echter voor een te

Th. Rousseau
La Mare-aux-fées, in het bos van
Fontainebleau (cat.no. 89)

Th. Rousseau
Groep eiken, Apremont (cat.no. 93)

groot isolement, iets wat hij voor iemand met een groot talent blijkbaar als a-sociaal beschouwde.

"Jij, m'n beste Rousseau, hebt je naief afgezonderd van alles wat niet met je kunst te maken had. Je bent altijd wars gebleven van de roerselen die ons bewogen en van de gerechtvaardigde belangen van het alledaagse. Je hebt als een kluizenaar geleefd in een afzondering die niet helemaal deugt. [. . .] Als je je eens wat meer onder de mensen begaf, zou je talent eraan gewonnen hebben; je zou meer diepgang hebben gekregen, je zou meer naar je toe getrokken hebben, zonder aan originaliteit te hebben ingeboet. [. . .] Weet je nog de tijd, dat we in onze zolderkamers aan de rue Tailbout zaten in onze smalle vensters, met onze benen bungelend over de rand van het dak, en keken naar de hoeken van huizen en de schoorstenen, die je met een knipoog vergeleek met bergen en bomen verspreid over een geaccidenteerd terrein? Je kon niet naar de Alpen of naar een leuk landschap toe, dus maakte je je eigen schilderachtige landschap uit die lelijke karkassen van pleisterwerk. Weet je nog dat boompje in de tuin van Rothschild, dat we tussen twee daken heen zagen? Dat was het enige stukje groen wat ons vergund was"[18]. Een stroom van herinneringen kwam boven bij Thoré, over het onvermogen van Rousseau om ooit met een schilderij op te houden, en over het bezoek van Delacroix en George Sand aan het atelier. "In je studio stond je *Descente des vaches,* je eerste volledige jeugdwerk, een landschap met een begrip en gevoel voor de natuur zoals van Jean-Jacques [Rousseau], en tot uitdrukking gebracht met de originaliteit van Rembrandt. Er waren wat studies van je eerste escapade in Auvergne, toen je, zeventien jaar oud, het academistisch atelier [van Guillon-Lethière] verliet om naar de bomen en de lucht te gaan kijken; ze vroegen je of één van die forse studies niet een gril van Géricault was. Er waren andere die door hun finesse leken op Bonington, en weer andere leken op Salvator [Rosa] door de ruwe toets en het spontane effect. Er stond ook een boomstronk op je ezel [vgl. cat. 81] die zeer werd bewonderd door je beroemde gasten, maar die helaas plaats moest maken voor een nieuw schildersverlangen"[19].

In de geschiedenis van de kunstkritiek is dit artikel van Thoré iets uitzonderlijks; de relatie met de kunstenaar en zijn werk is hoogst persoonlijk, en de beschrijving en sfeeraanduiding laten een onuitwisbare indruk op de lezer achter. Thoré's talenten werden in zijn eigen tijd zeker onderkend. In 1848 bood Lamartine hem zelfs de functie van *Directeur des musées nationaux* aan. Thoré weigerde. Toen het politieke tij keerde, en Thoré's republikeinse sympathieën niet meer opportuun waren, moest hij als balling zijn brood verdienen in België. Vandaar uit begon hij zijn studies over de Hollandse 17de-eeuwse schilderkunst. Hij schreef regelmatig voor de *Gazette des Beaux-Arts* onder zijn schuilnaam W. Bürger. Pas in 1860 keerde hij terug naar Frankrijk; onmiddellijk bezocht hij Rousseau en Millet in Barbizon. Thoré behoorde tot de eerste buitenlandse kunstcritici die de opkomst van de Haagse School signaleerden. In 1867, twee jaar voor zijn dood, bezocht hij zelfs het atelier van Jozef Israëls[20].

## Gautier en Baudelaire

In vergelijking met Thoré voer Théophile Gautier een veel voorzichtiger koers. Hij sloot zich niet af voor vernieuwingen, maar drukte zich dikwijls zo uit dat het conservatieve kamp er geen aanstoot aan kon nemen. Door zijn geruchtmakende inleiding bij zijn roman *Mademoiselle de Maupin* waarin hij zijn theorie over *l'art pour l'art* ontvouwde – waartegenover Thoré zijn *l'art pour l'homme* stelde – en door zijn centrale positie als criticus van theater, literatuur en beeldende kunst was Gautier in de kunstwereld een man van aanzien. Zijn oordeel was misschien niet altijd even goed onderbouwd, maar wel altijd fraai verwoord – en het werd gelezen.

Vanaf 1836 begon hij een revolutie in de landschapskunst te signaleren; Corot's *Vue de la Campagne de Rome* vond hij van een "terreur opaque et sourde". In 1837 schreef hij: "De heren Edouard Bertin, Aligny en Corot hebben het landschap op een nieuwe manier aangepakt. Ze hebben de tekening met alle strengheid van Ingres toegepast op bomen, velden en rotsen. Ze hebben de stand en de houding van een eik getroffen, ze hebben het kantwerk van bladeren weten te abstraheren . . . ze hebben stijl verleend aan planten en stenen, en een stempel van grootsheid en poëzie gedrukt op de natuur"[21]. Ook Cabat en Paul Huet werden door Gautier geprezen, Huet als een "paysagiste d'imagination", Cabat als een schilder van wiens landschappen men kon zeggen: "Ce n'est rien et c'est tout"[22]. Corot's stilistische ontwikkelingen kon Gautier echter niet volgen. Naarmate Corot's schilderijen vager van contour en schetsmatiger van uitvoering werden, riep Gautier in koor met alle conservatieve critici dat de kunstenaar slechts onvoltooide werken liet zien. Ditzelfde verwijt trof Daubigny.

In 1841 betitelde hij Daubigny's *Iles vierges à Bezons* (vgl. cat.no. 20) als een "chef-d'œuvre"[23], maar tien jaar later verweet hij hem opnieuw alleen maar schetsen in te leveren. "Het is werkelijk jammer dat Daubigny, de landschapschilder met het ware gevoel, zo juist en natuurlijk, alleen maar een eerste indruk weergeeft *(une première impression)*, en de details zo verwaarloost. Zijn schilderijen zijn niets dan schetsen, en dan nog niet eens erg uitgewerkte schetsen . . . de schilderijen van Daubigny hebben niets anders te bieden dan kleurvlekken die tegen elkaar aan zijn gezet"[24].

Het Impressionisme kondigde zich aan, maar voor Gautier was het alleen maar een reden om zich kwaad te maken.

Rousseau verdiende volgens Gautier vooral de aandacht om zijn durf en excentriciteit. Pas in 1867, toen Rousseau's positie als kunstenaar onwankelbaar genoemd kon worden – hij was in dat jaar verkozen tot *Président du jury de peinture* van de Wereldtentoonstelling – prees Gautier *L'Allée des chataigniers,* een stuk uit 1840!

"In dit werk dat zijn gelijke niet kent doet Théodore Rousseau denken aan de robuuste Hobbema – terwijl hij onbetwist origineel blijft – en aan die krachtige meester die de Engelsen doorgaans 'Old Crome' noemen. Nooit werd de natuur van dichtbij waargenomen en breeduit weergegeven, met zo'n intens effect en zo'n diepgaande en ware poëzie"[25].

De ervaring die Millet met Gautier's kunstkritieken moest ondergaan, was echter het meest pijnlijk. Aanvankelijk had hij niets dan lof voor Millet's "main violente" (afb. 37), en zijn "verve brutale"; nog in 1855 schreef Gautier dat Millet de natuur goed aanvoelde, dat hij hield van de boeren die hij uitbeeldde, en dat het zaaien en oogsten handelingen waren met een eigen schoonheid en *grandeur.* Maar in de jaren 'zestig sloeg Gautier's houding om onverklaarbare redenen plotseling om. Niets deugde meer aan Millet. Zijn schilderijen waren volgens Gautier "fantaisies monstrueuses" – een merkwaardige terminologie voor iemand die juist het realisme in de schilderkunst wilde bestrijden.

De meest kernachtige pagina's van de Franse kunstkritiek over de School van Barbizon zijn van de hand van Baudelaire[20]. Al in 1845, in zijn beschrijving van de *Salon* van dat jaar, raakte Baudelaire het hart van de problematiek in zijn bespreking van het 'morceau *fait*' en het 'morceau *fini*', naar aanleiding van Corot's inzending *Homère et les bergers. Paysage*[27], een titel in de traditie van het *paysage historique.* "Aan het hoofd van de moderne landschapschool staat Corot. Als Théodore Rousseau zou willen exposeren, was het maar de vraag wie aan de top zou staan, omdat Théodore Rousseau aan iets naiefs en iets origineels van minstens gelijk niveau een grotere charme en een grotere zekerheid van uitvoering weet te paren. Inderdaad, de verdienste van Corot ligt in zijn naïeviteit en zijn originaliteit [. . .] Al die zogenaamde kenners vinden, nadat ze een schilderij van Corot zorgvuldig hebben bewonderd en hem zoals het hoort hun lof hebben toegezwaaid, dat hij zondigt tegen de regels van de uitvoering van een schilderij, en tenslotte zijn ze het er over eens dat Corot niet kan schilderen (afb. 38). Wat 'n stakkers. Ze weten niet eens dat een geniaal werk of – zo men wil – een stuk met een ziel – waarin alles goed gezien is, goed waargenomen, goed begrepen, goed voorgesteld – altijd goed uitgevoerd is, als het maar voldoende is. Verder, dat er een groot verschil is tussen een stuk dat goed in elkaar zit *(fait),* en een keurig afgemaakt

37
*foto van Millet in Barbizon*

38
*Corot in zijn atelier*

*(fini)* stuk – dat in het algemeen datgene wat goed in elkaar zit, niet keurig afgemaakt is, en dat iets wat héél keurig is afgemaakt, misschien wel helemáál niet goed in elkaar zit – [. . .] waaruit volgt dat Corot schildert als één van de grote meesters"[28].

Alsof het nog niet genoeg was, rekende Baudelaire in zijn *Salon de 1846* definitief af met het *paysage historique.* Corot had in dat jaar slechts één inzending die door de jury was goedgekeurd, een *Vue prise dans la forêt de Fontainebleau*[29].
"In het landschap, net als bij het portret en het historiestuk, kan men onderverdelingen aanbrengen die op verschillende werkwijzen zijn gebaseerd: zo zijn er coloristische landschapschilders, tekenachtige landschapschilders en kunstenaars met verbeeldings-kracht; er zijn naturalisten die idealiseren zonder het te weten, en aanhangers van het cliché, die zich wijden aan een merkwaardig, vreemd genre, dat het *paysage historique* heet. Tijdens de romantische revolutie wijdden de landschapschilders zich naar het voorbeeld van de beroemdste Vlamingen [Baudelaire doelt op de Hollandse meesters] aan de studie van de natuur; dat was hun redding, en het gaf aan de moderne landschapschool een bijzondere glans. [. . .] Wat nu het historische landschap betreft, waarover ik graag een lijkrede wil uitspreken, dat is niet de vrije fantasie, noch de bewonderenswaardige dienstbaarheid van de naturalisten: het is de moraal toegepast op de natuur"[30].
Volgens Baudelaire was dat het toppunt van tegenstrijdigheid; de natuur zelf was in laatste instantie de moraal. Vervolgens legde hij uit wat een kunstmatig landschap wel niet moest bevatten: een arrangement van standaard-bomen, fonteinen, graftomben en urnen. Zelfs de honden moesten voldoen aan het vaste patroon van een "chien historique"; een 'historische' herder zou zich toch niets anders kunnen permitteren zonder zijn gezicht te verliezen. Immorele bomen die zomaar in het wilde weg waren gaan groeien, hoorden te worden omgehakt. Poelen met padden en kikkers moesten zonder pardon afgedekt worden.
Inmiddels had Baudelaire opgemerkt dat Corot zijn weg consequent vervolgde, maar dat Caruelle d'Aligny en Cabat op hun schreden waren teruggekeerd naar het klassieke landschap. Aligny presenteerde de resultaten van zijn regeringsopdracht: etsen naar de monumenten van Griekenland, die gepubliceerd werden onder de titel *Vue des sites les plus célèbres de la Grèce Antique* (1845).
Cabat's "seconde manière", terug naar het historische landschap, was al begonnen na een reis naar Italië in 1837. Toch dragen een moeras en een rots in het woud van Fontainebleau nog steeds de naam Cabat.
In dezelfde *Salon* spoorde Baudelaire Théodore Rousseau aan toch opnieuw in te zenden, omdat andere landschapskunstenaars het publiek nu gaandeweg hadden gebracht tot waardering voor de vernieuwing. Baudelaire accentueerde Rousseau's noordelijke inspiratie door de bekende verbindingen te leggen met Rubens, Rembrandt, en de Engelse schilders.
Na de lucide woorden over de 19de-eeuwse schilderkunst en de kernproblemen rondom het landschap in 1846 is het teleurstellend Baudelaire te lezen als hij over de *Salon* van 1859 schrijft. Alsof hij zich niet meer herinnerde hoe scherp zijn onderscheid was tussen een *morceau fait* en een *morceau fini,* verweet hij nu Daubigny dat hij de "perfection dans le détail" achterwege liet, en dat hij beschuldigd kon worden van een "manque de solidité". Millet daarentegen kreeg te horen dat hij te veel naar stijl streefde; Baudelaire zei dat hij haatgevoelens kreeg jegens de boeren die Millet uitbeeldde omdat ze zo nodig een boodschap moesten uitdragen.
Troyon kwam er evenmin goed af; hij werd voorgesteld als een handige succes-schilder die inspeelde op de smaak van het publiek. Alleen Rousseau en Corot bleven de moeite waard, maar ook hier herhaalde Baudelaire de bezwaren van de reactionaire kunstkritiek. Rousseau zou niet anders hebben dan een blinde voorliefde voor de natuur, en niets anders dan de natuur; hij zou een simpele studie al voor een compositie aanzien. Bij Corot zat alles volgens Baudelaire beter in elkaar, maar wat hem ontbrak was "le diable au corps"[31].
Het is achteraf moeilijk om te beoordelen welk effect deze kunstkritieken hebben gehad op de reputatie van de schilders van Barbizon. De betekenis die werd gehecht aan het geschreven woord was – en is – zeer groot, en zeker niet in de laatste plaats in Frankrijk. De kunstkritiek was voor veel schrijvers in de 19de eeuw een methode om carrière te maken, en door uitzonderlijke uitspraken te doen de aandacht op zich te vestigen. Dit geldt niet alleen voor Baudelaire, maar ook voor Champfleury, die het Realisme verdedigde, Zola, de vriend van de Impressionisten, en Joris-Karl Huysmans, die Rodolphe Bresdin en Gustave Moreau lanceerde. Soms kan men zich

*C. Troyon*
*Jachtopziener, stilstaand bij*
*zijn honden (cat.no. 98)*

niet aan de indruk onttrekken dat hun invloed zowel weldadig als schadelijk is geweest. Het gezag dat ze zichzelf toekenden bepaalde hun invloed op de publieke opinie, maar hun angst om zelf de publieke gunst te verliezen, maakte hun stellingname dikwijls zeer dubbelzinnig. Thoré kan misschien als één van de weinige consequente idealisten gezien worden, maar degenen die zijn politieke opvattingen niet deelden, zullen ook zijn artistieke mening niet hebben toegejuicht. Juist doordat in de beoordeling van zelfs de meest progressieve critici de stereotype verwijten steeds weer werden herhaald, was de weg naar erkenning voor sommige Barbizon-schilders zeer lang. Enkelen van hen hebben – niet in de laatste plaats door positieve reacties uit het buitenland – pas laat de weerklank (afb. 39) gevonden die ze hun hele leven hadden gezocht.

39
*De afdeling schilderijen in de Grands Magasins du Bon Marché, 1875*

**1.** zie: Bénézit-Constant, *Le livre d'or de J.F. Millet, par un ancien ami,* Parijs 1891, p. 33.
**2.** Bénézit-Constant, *op.cit.,* p. 35, 36.
**3.** zie: R. Rochette, *Notice historique sur la vie et les ouvrages de Bidauld Xavier,* Parijs 1849.
**4.** De hier vermelde gegevens, ontleend aan de catalogus van de tentoonstelling *Théodore Caruelle d'Aligny et ses compagnons,* (Orléans, Duinkerken, Rennes 1979) waarbij de Italiaanse periode van Aligny wordt aangegeven als 1822 tot 1828, lijkt in tegenspraak met de uitspraak van Jean Bouret, die in *L'Ecole de Barbizon et le paysage français aux XIXe siècle* beweert dat Caruelle d'Aligny al in 1824 in de herberg van Ganne in Barbizon te vinden was. (zie p. 87).
**5.** Ook hier ontbreken exacte gegevens over jaartallen. De catalogus van *Caruelle d'Aligny* (zie noot 4) vermeldt dat de schilder in 1837 en daarna veel in Marlotte verbleef; in zijn biografische tabel wordt bij 1851 vermeld dat hij in dat jaar het huis in Marlotte kocht dat hij al sinds twintig jaar huurde (22 rue Delort, Bourron-Marlotte). Deze tegenstrijdigheden zijn helaas exemplarisch voor de geschiedschrijving van Barbizon.
**6.** M.-Th. de Forges, *Barbizon, lieu-dit,* Parijs 1962, p. 23.
**7.** zie: S. Houfe, "David Croal Thomson, Whistler's Aide-de-Camp", *Apollo* (febr. 1984), p. 112-119. In 1890 verscheen ook in Londen en New York van J.W. Mollet, *The painters of Barbizon.*
**8.** D.C. Thomson, *The Barbizon School of Painters,* Londen 1902², p. XIV.
**9.** In een voetnoot (zie p. 15) wees Herbert op de afwezigheid van "some of the precursors and lesser Barbizon figures" met als motief: tentoonstellingstechnische redenen.
**10.** Zoals bekend kregen de Macchiaioli hun (scheld-)naam in 1862 naar aanleiding van hun inzendingen op de tentoonstellingen van de *Società Promotrice* in Florence. (zie: J.J.Th. Sillevis, "Theorie en geschiedschrijving van de macchia en de Macchiaioli", in cat.tent. *I Macchiaioli, Italiaanse tijdgenoten van de Haagse School,* Haags Gemeentemuseum, Den Haag 1972). Hun vaste ontmoetingspunt was het Caffè Michelangiolo in Florence; hun tijdschrift het *Gazzettino delle Arti del Disegno.* De term "De Haagsche School" dateert uit 1875. (zie: J.J.Th. Sillevis, "De hoogtijdagen van de Haagse School (1870-1885)", in cat.tent. *De Haagse School,* Parijs / Londen / Den Haag 1983, p. 81-83. De Haagse School had geen eigen tijdschrift. Als samenbindende factor gold het lidmaatschap van het Haagse schilderkundig genootschap 'Pulchri Studio', waarin veel Haagse School-kunstenaars bestuursfuncties bekleedden. De term 'Impressionisten', ook als scheldnaam bedoeld, werd voor het eerst gebruikt in

1874 naar aanleiding van een groepstentoonstelling in het atelier van de Parijse fotograaf Nadar, waar onder andere het schilderij *Impression, lever de soleil* van Monet te zien was.
**11.** zie: M. Kolb, *Ary Scheffer et son temps,* Parijs 1937, p. 155, 156.
**12.** *Le Réformateur,* 7 maart 1835; zie: P. Grate, *Deux critiques d'art de l'Epoque Romantique, Gustave Planche et Théophile Thoré,* Stockholm 1959.
**13.** Thoré veroordeelde "l'exactitude réaliste" van schilders als Brascassat, Calame, Verboeckhoven, *Koekkoek* en Achenbach, dat wil zeggen de minutieus uitgewerkte atelier-landschappen van de Romantische School. Daartegenover stelde hij de schoonheid van het vluchtige effect, "le beau accidentel".
**14.** G. Planche, *Etudes sur l'école française,* Parijs 1855, II, p. 38.
**15.** A.Houssaye, "Salon de 1844", in: *L'Artiste,* série 3.V (1844), p. 164.
**16.** Th. Thoré, "A. Théodore Rousseau". voorafgaand aan *Le Salon de 1844* in *Le Constitutionnel;* opnieuw afgedrukt in: *Salons de Th. Thoré 1844-1848,* Parijs 1868, p. 6.
**17.** Th. Thoré, *op.cit.,* p. 9.
**18.** Th. Thoré, *op.cit.,* p. 11, 12.
**19.** Th. Thoré, *op.cit.,* p. 16.
**20.** zie brief van Jozef Israëls aan Thoré, Amsterdam 25 april 1867, Institut néerlandais, Parijs, Fondation Custodia no. I. 6760. Vgl.: J.J.Th. Sillevis, cat.tent. *Mondrian et l'Ecole de la Haye,* Institut Néerlandais, Parijs 1982, p. 10.
**21.** Th. Gautier, in: *la Presse,* 20 maart 1837 geciteerd in: M.C. Spencer, *The Art Criticism of Théophile Gautier,* Genève 1969, p. 33.
**22.** M.C. Spencer, *op.cit.,* p. 33.
**23.** Th. Gautier, in: *La Presse,* 24 april 1851.
**24.** Th. Gautier, *Abécédaire du Salon de 1861,* Parijs 1861, p. 119, 120.
**25.** Th. Gautier, *Le Moniteur,* 14 december 1867.
**26.** zie: A. Ferran, *L'esthétique de Baudelaire,* Parijs 1968²; A. Brookner, *The Genius of the future, studies in French art criticism,* Londen 1971; J. Mayne (ed.), *Charles Baudelaire, Art in Paris 1845-1862, Reviews of Salons and other exhibitions,* Londen 1965; cat.tent. *Baudelaire,* Petit Palais, Parijs 1969; J.J.Th. Sillevis, "De schoonheid van de schets", *Tirade,* (1977) no. 228/ 229, p. 492-497; L. Eitner, *Neoclassicism and Romanticism, 1750-1850,* vol. II, Englewood Cliffs 1970; E. Gilmore Holt, *The Triumph of Art for the Public,* New York 1979.
**27.** *Salon de 1845,* no. 364. Nu in Musée de St. Lo (Robaut II 464).
**28.** C. Pichois (ed.), *Charles Baudelaire, critique d'art I,* Parijs 1965, p. 60, 61.
**29.** *Salon de 1846,* no. 422; nu in het Boston Museum of Fine Arts (Robaut II, 502).
**30.** C. Pichois (ed.),*op.cit.* I, p. 158, 159.
**31.** C. Pichois (ed.), *op.cit.* II, p. 353-358.

# Barbizon en de Nederlandse kunstkritiek*

Hans Kraan

”Het gaat er mee als met kaviaar en oesters: wanneer uw verhemelte er voor het eerst kennis mee maakt, trekt ge een vreemd gezicht, de tweede keer bevalt het u al beter, en het duurt niet lang of ge begint er al het fijne en heerlijke van te waarderen”. Zo liet de kunsthandelaar Vincent van Gogh, de oom van de gelijknamige schilder, zich uit over het werk van Corot en Daubigny, waarvoor hij in zijn zaak in de Haagse Spuistraat klandizie zocht[1]. Van Goghs woorden zijn illustratief voor de aarzeling van het Nederlandse publiek ten aanzien van het werk van de schilders van de School van Barbizon, een aarzeling die al spoedig zou omslaan in een vurige bewondering en naarstige verzameldrift. Ook in Frankrijk moest de nieuwe generatie landschap- schilders op algemene erkenning wachten. Toen hun werk toegelaten begon te worden tot de *Salon,* betekende dat nog geenszins dat de publieke opinie onverdeeld gunstig was. In de ogen van vele Franse kunstcritici konden tot het midden van de eeuw de boslandschappen van Rousseau, Diaz en soms ook Corot nauwelijks genade vinden. (zie p. 58) Ook de eerste kritieken die in Nederland verschenen waren nogal afwijzend.

## De tentoonstellingen van Levende Meesters
De vroegst bekende Nederlandse kritiek op een schilderij uit de School van Barbizon dateert uit 1844[2]. Het betreft een boslandschap van Troyon dat in dat jaar in Amsterdam tentoongesteld werd. De anonieme criticus zei erover: ”Troyon’s *Bosch* ziet er uit, of het een goede twee eeuwen oud ware. Is dat een fout of een deugd?” Door het antwoord op deze vraag in het midden te laten, gaf de criticus er blijk van niet goed raad te weten met dit schilderij, dat hij associeerde met 17de-eeuwse – waarschijnlijk Hollandse – landschappen. Dat was niet zo vreemd, want de Hollandse landschapschilders uit de Gouden Eeuw vormden immers naast de natuur zelf de belangrijkste bron van studie voor de schilders van Barbizon. (zie pp. 16, 21). Over een landschap van Jules Dupré dat in 1849 in Den Haag te zien was, lezen we: ”Veel te groen bij den eersten aanblik, doch ’t wint door meerdere beschouwing”[3]. De inhoud van deze woorden komt overeen met de hierboven geciteerde opmerking van Van Gogh. Zowel het bosgezicht van Troyon, als het landschap van Dupré waren te zien op de zogenaamde Tentoonstellingen van Levende Meesters. Naar voorbeeld van de Parijse *Salon* werd in 1808 in Amsterdam op instigatie van Lodewijk Napoleon de eerste openbare tentoonstelling van werken van levende meesters gehouden. Een dergelijke georganiseerde presentatie van eigentijdse kunst aan een breed publiek vond sindsdien regelmatig plaats, eerst om de twee jaar, beurtelings in Amsterdam en Den Haag, na 1820 ook in andere steden. Aanvankelijk werden alleen werken van Nederlandse kunstenaars toegelaten, maar in 1839 werden voor de tentoonstelling in Den Haag voor het eerst ”levende kunstenaren zowel buiten als binnen het rijk gevestigd” uitgenodigd werk in te zenden. Hiertoe werd een oproep geplaatst in de *Algemeene Konst- en Letterbode* en in een aantal buitenlandse periodieken[4]. Aan deze oproep werd ruimschoots gehoor gegeven. Van de in totaal 545 ingezonden werken kwamen er ongeveer 60 uit Duitsland, België en Frankrijk. Onder de Franse inzendingen waren schilderijen van Brascassat, Calamatta, Gudin, Tanneur en Francia. Decamps was vertegenwoordigd met *De zelfmoord,* nu in de Walters Art Gallery in Boston[5]. Het werk van Brascassat en Gudin werd al direct met een zilveren medaille bekroond. Eén van de doelstellingen van de tentoonstellingen was kunstenaars in de gelegenheid te stellen elkaars werk te bekijken en te beoordelen wat als gevolg van wedijver tot lering zou strekken. De organisatoren stelden er dan ook prijs op werk van kunstenaars uit het buitenland te tonen om internationale ontwikkelingen onder de aandacht van jonge Nederlandse kunstenaars te brengen. Vooral wat er in Frankrijk gebeurde, had hun speciale belangstelling. Wanneer het aantal buitenlandse inzendingen voor de tentoonstelling in Amsterdam van het volgende jaar beneden verwachting blijft, lezen we in de *Kunstkronijk:* ”Het getal der door buitenlandsche meesters toegezonden stukken is ook zeer gering, zoodat het moeijelijk is, hieruit te oordeelen over den trap, waarop de buitenlandsche schilderschool in verhouding tot de onze staat”[6]. In 1847 ontving de organiserende commissie van de tentoonstelling in Den Haag een brief van de schilder Jacquand, die blijkbaar als een soort correspondent te Parijs

fungeerde[7]. Jacquand deelde in zijn brief mee, dat een aantal Franse schilders graag hun schilderijen in Den Haag zouden exposeren, maar dat het niet mogelijk was deze binnen de voorgeschreven tijd van inzending te bezorgen, daar ze op dat moment op de tentoonstelling in het Louvre hingen. Hij stelde de commissie voor een zaal te reserveren voor de Franse stukken, die dan slechts enige dagen na de officiële opening van de tentoonstelling voor het publiek zou kunnen worden opengesteld.

De commissie informeerde op hoeveel stukken zij met zekerheid kon rekenen en of onder de schilderijen zich ook werken van groot formaat zouden bevinden. Uiteindelijk werd besloten de opening van de tentoonstelling acht dagen uit te stellen. Het uitstel werd bekend gemaakt door middel van een advertentie in de dagbladen. Ook hieruit blijkt dat grote waarde gehecht werd aan de deelname van Franse kunstenaars aan de tentoonstellingen in Nederland. Nog duidelijker wordt dit in 1857. In een vergadering van de tentoonstellingscommissie voor Den Haag deelde de voorzitter mee: "dat de secretaris tijdens zijn verblijf te Parijs verwittigd is dat geen fransche kunstenaar hier ter stede zou exposeren zoo niet de vrijheid van port hem werd toegestaan, daar deze onkosten, bij de onzekerheid van hunne stukken te plaatsen, hun dit belet"[8]. Daarop werd besloten een circulaire op te stellen die aan een aantal "uitstekende kunstenaars" werd toegezonden. De schilders Gudin, Toulmouche, Gérome, F. Willems, Troyon, Th. Rousseau, Mouilleron en de beeldhouwers Frison en de Nieuwerkerke, allen wonende te Parijs, kregen evenals een aantal Belgische en Duitse kunstenaars en de Zwitserse landschapschilder Calame de circulaire toegestuurd, waarin onder meer stond: "Het verheugt ons u te kunnen mededelen, dat wanneer u werk voor onze tentoonstelling zult inzenden, de organisatiecommissie de transportkosten op zich zal nemen. De commissie verwacht dat u, verzekerd van de vrijheid van port voor de heen- en terugreis, met haar zult willen samenwerken door een proeve van uw talent in te sturen voor de tentoonstelling om het louter artistieke doel, dat zij zich voor ogen stelt te bereiken . . ."[9]. Het zal de organisatoren tegen-gevallen zijn dat geen van de in Parijs wonende kunstenaars aan deze uitnodiging gehoor gaf, althans er was geen werk van hen op de tentoonstelling aanwezig[10]. Onder de Franse kunstenaars die wel werk instuurden bevonden zich Léon Cogniet, Paul Flandrin, Th. Frère, K. Girardet, Jacquand en Lapito. Hoe de commissie tot haar vrij willekeurig lijkende keus van uit te nodigen kunstenaars kwam, is niet bekend. Misschien speelde Jacquand hier een rol in? Opvallend is wel dat Troyon en Rousseau blijkbaar gerekend werden tot de "uitstekende kunstenaars". Des te vreemder is het echter dat Corot, Daubigny en Diaz niet gevraagd werden. Was hun naam misschien inmiddels al tot te grote hoogte gestegen om te mogen verwachten dat zij de moeite zouden nemen werk op te sturen naar Nederland?

## Kritieken op de tentoonstellingen van Levende Meesters

De door de overheid gesteunde tentoonstellingen van Levende Meesters, waarvan de organisatie per stad verschilde, waren gebeurtenissen van niet te onderschatten belang in het kunstleven in Nederland. Geruime tijd waren het de enige exposities waar men in de gelegenheid was zich op de hoogte te stellen van nieuwe ontwikkelingen op het gebied de beeldende kunst. Het opkomen van kunstenaarsverenigingen en het inrichten van expositiezalen door de kunsthandel ondermijnden deze monopolie-positie slechts ten dele. De enkele musea die toen bestonden, richtten zich voornamelijk op het tonen van oude kunst en waren nog niet gewoon tentoon-stellingen te organiseren. Zij leverden dan ook nauwelijks een actieve bijdrage in het vertrouwd maken van het publiek met eigentijdse kunst. Pas tegen het einde van de eeuw kwam hier definitief verandering in; toen werd het organiseren van de tentoonstellingen van Levende Meesters volgens het oude patroon een aflopende zaak. De tentoonstellingen van Levende Meesters zijn daarom ook van zo groot belang, omdat zij er in hoge mate toe hebben bijgedragen dat de kunstkritiek in Nederland vorm begon te krijgen, aanvankelijk in tijdschriften die voornamelijk van literaire aard waren, maar al spoedig ook in periodieken waarin het accent meer op de beeldende kunst lag, zoals de *Algemeene Konst- en Letterbode* (vanaf 1811) en de *Kunstkronijk* (vanaf 1840).

De tentoonstellingen van Levende Meesters werden in deze tijdschriften uitvoerig besproken, vaak naar model van de kritieken op de *Salon,* zoals die in Franse tijdschriften als de *Gazette des Beaux Arts* verschenen. Voor onze kennis over de eerste reactie van het Nederlandse publiek op het werk van de schilders van Barbizon vormen deze kritieken een belangrijke bron. Hierbij moet echter wel aangetekend worden, dat lang niet alle kunstenaars van de School van Barbizon geëxposeerd hebben

C. Troyon
*Terugkomst van de markt (cat.no. 105)*

op de tentoonstellingen van Levende Meesters. Zo ontbreken Corot, Rousseau, Millet, Michel en Huet geheel, terwijl Diaz en Daubigny ieder slechts éénmaal vertegenwoordigd waren, evenals Bellel en Hervier[11]. Van Dupré, Troyon, Jacque en Decamps waren er daarentegen diverse malen inzendingen, evenals van Kuytenbrouwer en Hanedoes, twee Nederlandse schilders die geruime tijd in de bossen van Fontainebleau werkzaam waren (zie p. 92, 93). Opvallend is het grote aantal werken dat Lapito in de loop der jaren tentoonstelde, tussen 1843 en 1870 maar liefst 41 in totaal, waarvan er één zelfs werd aangekocht door Koning Willem II[12].

In 1860 luidde de kritiek op een schilderij van Troyon[13]: "Troyon behoort gewis tot die bevoorregten en zelfs waar wij ernstige bezwaren hebben tegen zijne *Koeijen en schapen;* waar wij hem, wat vorm en kleur betreft, op zwakheden en ongelijkheden aan zichzelf betrappen, die ons in zulk een uitstekend kunstenaar moeten verwonderen; waar wij naast zijne, niet zeer correct geteekende, schapen eene zwarte koe vinden, die eene vlek is in de schilderij; waar wij stuiten op onjuiste verhoudingen, op disharmonie tusschen de verschillende deelen van zijne schilderij, – zelfs dáár trekt hij ons aan en houdt hij ons vast door de waarheid en schoonheid van toon in sommige van die deelen, door het licht dat hij er met geniale hand over uitgiet en om welks schittering wij de onachtzaamheid, waarmede sommige accessoires, vooral op den voorgrond, zijn geschilderd bijna vergeven. Bijna, want geheel kunnen wij het niet, omdat zij ditmaal geheel onevenredig is aan de wijze waarop andere partijen zijn opgevat en uitgewerkt"[14].

Over het *Landschap aan de boorden van de Eure* van Daubigny dat in 1867 in Rotterdam te zien was, werd gezegd[15]: "eene schilderij die ondanks groote gebreken en het minder geacheveerde, geniaal opgevat, kloek behandeld en eene van de beste der expositie mag genoemd worden"[16].

Ook het werk van Lapito werd niet steeds onverdeeld gunstig ontvangen.

Een *Landschap in Piemont,* in 1847 in Den Haag tentoongesteld, werd als volgt bekritiseerd: "Uitmuntend is deze schilderij in illuzie en toon, ten aanzien van het verschiet en de meer nadere partijen. Echter is naar onze mening het geboomte en kruid te heel van kleur; ze zijn door de lucht en het in 't verschiet opgevatte licht niet genoegzaam aangedaan"[17]. Van Lapito hing in 1852 in Rotterdam *Een passage in het bosch van Fontainebleau.* Naar aanleiding hiervan schreef een criticus na eerst het werk van Lapito in het algemeen geprezen te hebben om de "schitterende, warme tinten" en de "trotsche composities en verhevene onderwerpen": "vol kleur, als zijne voorstelling is, zoude wij haar misschien wat al te vol, wat al te weelderig en vermoeijend kunnen heeten"[18]. Het werk van Kuijtenbrouwer werd in 1851 als volgt gekarakteriseerd: "Vroeger streefden de Gobelins er naar om schilderijen te evenaren, nu streven de schilderijen er naar om op Gobelins te gelijken. En wij meenen dat deeze woorden genoegzaam het werk karakterizeeren van dezen schilder, wiens dichterlijke blik wel niet te miskennen valt, maar die, van den weg der waarheid afgedwaald, door de rampzalige voorbeelden in den vreemde, slechts onze ouden heeft te bestudeeren, om niet voor altijd de godin der valschheid te huldigen"[19]. Met de "rampzalige voorbeelden in den vreemde" bedoelde de criticus ongetwijfeld de schilders van de School van Barbizon. In dezelfde kritiek werd over Hanedoes gezegd dat hij werkte op de "Fransche manier" en hij werd ervoor gewaarschuwd niet te overdrijven: "te meer nadat een onhandig lofspreker van schilderijen (beoordeelaar durven wij hem stellig niet te noemen) zijn werk *best gepenceeld* heeft geheeten. Het is fijn en aangenaam van kompositie, vooral zijn no. 110 is wat men *een aangenaam landschap* noemen zou, maar de waarheid, dat eerste, dat hooge vereischte in de voorstelling van het landschap, zien wij er niet in"[20]. (afb. 54) Uit bovenstaande kritieken blijkt dat er nogal wat bezwaren waren tegen de nieuwe ontwikkelingen in de landschapschilderkunst, zoals die in Frankrijk in de jaren 'dertig op gang waren gekomen. Vooral het kleurgebruik en de onachtzaamheid voor de vorm en het detail, wat beschouwd werd als afbreuk aan de waarheid, stuitten op verzet. Men kan zich hierbij afvragen in hoeverre de Nederlandse critici hun Franse collega's napraatten.

Naar aanleiding van de tentoonstelling van 1845 in Den Haag kwam een criticus tot de conclusie dat de vaderlandse kunstenaars op het gebied van de historieschilderkunst verre ten achter stonden bij de schilders in het buitenland, maar "in de landschappen, marines en kerkstukken kunnen wij gerustelijk met onze naburen wedijveren"[21]. Volgens deze criticus wonnen de landschappen van Koekkoek het van die van Lapito, zoals de kerkinterieurs van Bosboom die van Sebron overtroffen en de marines van Schotel die van Gudin. Het prestige van de generatie van de Nederlandse romantische schilders was blijkbaar nog te groot om de vernieuwingen vanuit Frankrijk te kunnen waarderen.

Fel van leer trok een criticus na een bezoek aan de tentoonstelling van 1850 in Amsterdam. Hij verwierp "alle hedendaagsche landschapschikkers, zamenstellers van boomen, bergen, buijen en doorzigten, najagers van grillige effecten, daar zij eene degelijke, ouderwetsche behandeling, die kinderlijk overbrengt wat het oog ziet en niet anders dan zoo als het ziet, tot eerste, onontbeerlijke voorwaarde stelt".

Vervolgens citeerde hij Arsène Houssaye die eveneens de tentoonstelling in Amsterdam had gezien en naar aanleiding daarvan opmerkte: "Ik waande me eerst op een tentoonstelling in Parijs, niet alleen omdat veel kunstenaars schilderijen hadden ingestuurd naar de tentoonstelling in Amsterdam, die ik al kende, maar omdat een aantal Hollandse kunstenaars letterlijk onze moderne school nabootst, wat een grote fout is. Terwijl onze schilders naar Amsterdam gaan om de oude meesters uit de goede tijd te bestuderen, spannen de Hollandse kunstenaars zich in om alle briljante tekortkomingen van onze verschillende manieren te reproduceren"[22].

Het is jammer dat Houssaye geen namen noemt, waardoor niet geheel duidelijk is over welke kunstenaars hij sprak. Franse kunstenaars die al voor 1850 naar Nederland kwamen om er de oude meesters te bestuderen waren o.a. C. Roqueplan (1839), Ch. Mozin (1841), V. de Grailly (1843), Th. Gudin (1844), E. Isabey (1845) en C. Troyon (1847). Mozin was in Amsterdam met twee landschappen vertegenwoordigd. Verder was er werk van J. Dagnan *(Gezigt in het woud bij Fontainebleau),* Bellel, Lapito, J. Lucas en H. Lanoue. Wat de Nederlandse kunstenaars betreft waarop Houssayes doelde, misschien waren dat wel de jonge schilders van Oosterbeek zoals J.W. Bilders, W. Roelofs, A.C. Hazeu, J.J. Cremer en J. Weissenbruch. Hun boslandschappen die op de tentoonstelling te zien waren, droegen reeds de kiem van vernieuwing in zich, al kon er op dat moment nog slechts in geringe mate sprake zijn van directe invloed vanuit Frankrijk. Roelofs ging een jaar na de tentoonstelling in Amsterdam naar Barbizon en Bilders leerde het werk van de schilders van Barbizon pas goed kennen in 1860 (zie p. 90). Toch was er ongetwijfeld al een en ander van de nieuwe richting in Frankrijk tot ons land doorgedrongen via de kunsttijdschriften en door middel van datgene wat van de School van Barbizon tentoongesteld en verzameld was. Bovendien hadden de schilders van Oosterbeek en de schilders van de School van Barbizon al met elkaar gemeen dat ze kopieerden naar de 17de-eeuwse voorbeelden en dat ze werkten naar de vrije natuur in een bosrijke landelijke omgeving.

### Kritieken op tentoonstellingen in Parijs

Nauwlettend werd vanuit Nederland het kunstgebeuren in Parijs gevolgd. Regelmatig verschenen in de Nederlandse kunstperiodieken kritieken op de *Salon,* waar in de loop van de jaren 'veertig de School van Barbizon steeds sterker naar voren kwam. In 1840 werd geconstateerd dat onder de schilderijen die dat jaar de Parijse zalen sierden, het landschap de voornaamste plaats was gaan innemen en dat het aantal landschappen te groot was om er uitvoerig op in te kunnen gaan[23]. Ook in de daarop volgende jaren werd slechts in bescheiden mate aandacht besteed aan de jonge generatie landschapschilders, meestal bleef het bij een vermelding of korte kwalificatie. Zo werden er op de *Salon* van 1849 "voortreffelijke landschappen bewonderd van het penseel van Paul Huet, V. Dupré en Flers"[24]. Uitvoerig echter is de kritiek die T. van Westrheene schreef naar aanleiding van de *Algemeene tentoonstelling van kunst en industrie* (Exposition Universelle) te Parijs in 1855, die in Frankrijk een belangrijk keerpunt betekende in de waardering voor de schilders van Barbizon[25]. Uit de kritiek van Van Westrheene blijkt dat de richting die de Franse landschapschilders waren ingeslagen bij hem nog steeds sterke twijfels opriep. Het werk van Diaz en van Ziem kon in zijn ogen nauwelijks genade vinden. Over de eerste zei hij: "Het eenige wat ik tegen deze schilderijen heb, is dat er om onderwerp noch uitdrukking is gedacht; de kleur is alleen om zichzelve gezocht, en wel meestal op het gebied der fantaisie". Over de Venetiaanse stadsgezichten van Ziem merkte hij op: "Men weet letterlijk niet, wat men ziet, en men wendt tenslotte het vermoeide oog af, wanhopend om in dien chaos van bonte en schitterende kleuren te huis te geraken". Ook ten aanzien van het werk van Rousseau toonde Van Westrheene zich terughoudend: "Théodore Rousseau wordt door de fransche kritiek aan het hoofd der fransche landschapschilderschool geplaatst. Hij, die gewoon is aan de hollandsche en duitsche manier van landschap schilderen, moet zich, bij den eersten aanblik althans, daarover verwonderen. Bij veel schoons springen hem dadelijk groote afwijkingen in het oog, en zelfs na eene meer gezette beschouwing, blijft men geneigd die afwijkingen gelijk te stellen met gebreken. Het geheim daarvan is, dat de détails bij de fransche landschapschilders voor niets of tenminste voor zeer

J. - F. Millet
*De waterdraagster (cat.no. 75)*

J. - F. Millet
*Broodbakkende vrouw (cat.no. 74)*

weinig worden gerekend, en het *ensemble,* het *aspect* voor hen het meeste, zoo niet alles is". Hiermee laat Van Westrheene zien dat hij onderkende wat het nieuwe was in de Franse landschapschilderkunst, en hij verduidelijkt dit nog met de woorden "De kleur is bij hem [Rousseau] meestal waar, en geeft het karakter van het landschap trouw terug; de teekening schijnt hij somwijlen moedwillig te veronachtzamen, en ik zou hem willen vragen of deze niet tenminste even zoo goed het karakter van elk natuurtoneel bepaalt als de kleur".

Gebrek aan vorm en tekening en te weinig aandacht voor het detail, dat waren de verwijten die Van Westrheene ook Corot maakte. Over hem zei hij onder meer:

40
N. Diaz de la Peña
*De kinderen en de adelaar, ca. 1840*
*verblijfplaats onbekend*

41
*P. van Schendel*
*De Groenmarkt te Den Haag bij*
*avondlicht, 1840*
*verblijfplaats onbekend*

"Corot schijnt de natuur te bestuderen, goed te bestuderen, om haar dan op zijn atelier te gaan droomen. Vanwaar anders zoo veel, dat ons van zijne schilderijen in de verte aan de natuur herinnert, en dat ons toch niets dan een zeer onbestemden indruk geeft. Ik weet wel, dat de bloot materiële navolging de kunst onwaardig is, dat zij nooit doel mag worden en enkel middel moet blijven, maar men mag toch vragen óf en hoe het middel is aangewend, en of er eenig verband bestaat tusschen de poëtische gedachte en den vorm, waarin zij is uitgedrukt, maar mag toch eischen dat de taal van den dichter verstaanbaar is".

Troyon werd daarentegen door Van Westrheene zeer gunstig beoordeeld en zelfs bestempeld als een van de grootste schilders van zijn tijd. Toch bevat zijn kritiek op deze kunstenaar een zekere tweeslachtigheid; Enerzijds zegt hij over zijn werk: "Hier staan wij eerst recht tegenover de natuur, zooals zij zich afspiegelt in een onbevangen oog, in een dichterlijk gemoed, en de materiële, kleingeestige navolging heeft hier plaats gemaakt voor eene vertolking, die niet minder getrouw is omdat zij hare vrijheid heeft gehandhaafd. Wat zijn wij hier verre van die verwonderlijk behendig geschilderde beesten, die blinkende koetjens, die men in de hand kan nemen zonder zich vuil te maken, wier haren men schier kan tellen". Even later krijgt Troyon echter de volgende kritiek te verduren: "Zijn gebrek is dat hij zich te weinig toelegt op eene strenge teekening, en de vormen, meestal onbestemd, vooral met het oog op de anatomie der beesten, nogal wat te wenschen overlaten".

De gemengde gevoelens waarmee Van Westrheene de nieuwe landschapschilders tegemoet trad, werden aan het eind van zijn bespreking nog eens benadrukt: "Ik hoop niet dat men uit het voorafgaande het besluit heeft afgeleid, dat de fransche school, die zoo rijk is aan uitstekende figuurschilders, in het landschap bij andere scholen achter staat. Het was voornamelijk de richting, die op deze tentoonstelling en in de fransche kritiek de hoofdrol speelt, waarmede ik niet gaarne wensche, dat men zonder slag of stoot vrede maakte".

Soms werden in de Nederlandse tijdschriften ook Franse critici geciteerd, zoals bijvoorbeeld in de *Kunstkronijk* van 1841-1842[26]. Als een "proefje van Fransche kunstkritiek" wordt hier een vergelijking overgenomen uit het *Journal des Artistes* tussen de Franse schilder Diaz en de Nederlandse schilder Petrus van Schendel, vooral bekend om zijn marktscènes bij kaarslicht. (afb. 40, 41) De vergelijking begint als volgt "Indien Mijnheer Diaz, in plaats van al de kracht van een rijk koloriet naar willekeur te verspillen en zijne grillige schetsen al naar het toeval wil, daar maar neêr te krabbelen, een beetje de omtrekken wilde bestudeeren, zou hij misschien kleine meesterstukjes in de wereld sturen". Na het werk van Van Schendel geprezen te hebben om de juistheid van vorm, kleur en lichtval en om het voltooide, harmonische karakter ervan, eindigt de criticus met de woorden: "De eerste [Diaz] bestudeert noch de Natuur noch de meesters; zijne kennisbron borrelt op uit zijne verbeelding; zijn talent schuilt in het pluimpje van een penseel, dat hij maar op goed geluk rond laat kwispelen, zonder te weten wáar het op zal houden. De tweede [Van Schendel], integendeel, neemt Vrouw Natuur tot gids, en de oude Hollandsche meesters tot zijne modellen, en beider geheimen weet hij af te zien". Deze scherpe kritiek op Diaz bevat in feite dezelfde verwijten die Van Westrheene hem meer dan tien jaar later nog maakte.

* Met dank aan Ronald Guldemund.

**1.** J. Gram, "De kunstverzameling Vincent van Gogh in Pulchri Studio", *Haagsche stemmen* II (1889), p. 376.
**2.** *De Nederlandsche Kunst-Spiegel* 1845, p. 61.
**3.** *Kunstkronijk* 1849, p. 59.
**4.** *Algemeene Konst- en Letterbode* 1839, II, pp. 350-351.
**5.** D.F. Mosby, *Alexandre-Gabriel Decamps*, 2 dln., New York/Londen 1977, dl. 2, cat.nr. 22.
**6.** *Kunstkronijk* 1840-41, p. 25.
**7.** Gemeentearchief Den Haag, archief Akademie van Beeldende Kunsten, inv.nr. 310, notulen vergadering 6 april 1847.
**8.** Gemeentearchief Den Haag, archief Akademie van Beeldende Kunsten, inv.nr. 314, notulen vergadering 1 april 1857.
**9.** idem, bijlagen bij notulen vergadering 1 april 1857.
**10.** Cat.tent. *Schilder- en Kunstwerken van Levende Meesters*, Den Haag 1857.
**11.** Diaz: tent. Amsterdam 1858, nr. 95 *In het bosch van Fontainebleau*; Daubigny: tent. Rotterdam 1867, nr. 94 *Landschap aan de boorden van de Eure*; Bellel: tent. Amsterdam 1850, nr. 11 *Gezigt in de omstreken van Subiaco bij Rome*; Hervier: tent. Amsterdam 1862, nr. 195 *Kerk van binnen*.
**12.** Zie: Veilingcatalogus collectie Koning Willem II, Amsterdam 12 augustus 1850, nr. 71. Willem II kocht regelmatig schilderijen op de tentoonstellingen van Levende Meesters.
**13.** Troyon; tent. Rotterdam 1860, nr. 309 *Koeijen en schapen*.
**14.** *Kunstkronijk* 1861, p. 42.

**15.** Daubigny: tent. Rotterdam 1867, nr. 94 *Landschap aan de boorden van de Eure*.
**16.** *Kunstkronijk* 1868, p. 47.
**17.** *Kunstkronijk* 1847, pp. 60-61.
**18.** *Kunstkronijk* 1852, p. 81.
**19.** *Kunstkronijk* 1851, p. 62.
**20.** idem; onder nr. 110 in de catalogus van de tentoonstelling in Den Haag wordt geen werk van Hanedoes vermeld, wel onder de nrs. 180 en 181, beide gezichten in het bos van Fontainebleau, gestoffeerd door Ch. Rochussen.
**21.** *Kunstkronijk* 1845, p. 2.
**22.** *Kunstkronijk* 1850, p. 81; de criticus was J.K. [?].
**23.** *Kunstkronijk* 1840-41, p. 72 en p. 90.
**24.** *Kunstkronijk* 1849, p. 78.
**25.** *Kunstkronijk* 1856, pp. 1-72.
**26.** *Kunstkronijk* 1841-42, p. 87.

# Barbizon en het verzamelen in Nederland

Hans Kraan

## Vroege collecties

"Nu eerst kennen wij Daubigny, Corot, Millet, Troyon! Bij ons in het Louvre zijn zulke meesterwerkn niet!" Met deze woorden sloot een aantal Franse kunstenaars onder geleide van de staatsraad Herbette hun bezoek aan het museum van Mesdag in Den Haag in 1902 af[1]. Dit was niet overdreven, want de collecties van Thomy Thiéry en Chauchard die tegenwoordig het gezicht van de prachtige verzameling School van Barbizon in het Louvre bepalen, waren daar toen nog niet te zien[2].

Terecht geldt de collectie die de schilder H.W. Mesdag bijeenbracht nog steeds als een van de grootste en belangrijkste buiten Frankrijk. De gevestigde mening dat Mesdag de School van Barbizon in Nederland geïntroduceerd zou hebben, is echter niet juist. De meeste schilderijen kocht hij in de jaren 'tachtig en 'negentig. Voor die tijd had een aantal schilders van de Haagse School al een meer of minder lange tijd in Parijs of Brussel doorgebracht, waar ze de School van Barbizon hadden leren kennen (zie pp. 90, 91). Ook de verspreiding van reprodukties en prenten vond al eerder op grote schaal plaats[3]. Vanaf de jaren 'veertig waren werken van de schilders van Barbizon te zien op de tentoonstellingen van Levende Meesters (zie p. 61) en er zijn aanwijzingen dat er toen ook al in de kunsthandel en in particuliere verzamelingen in ons land werken van deze kunstenaars aanwezig waren[4].

Het zou natuurlijk interessant zijn een compleet beeld te krijgen van de 19de-eeuwse verzamelingen met werk uit de School van Barbizon in Nederland, maar het particuliere karakter en de omstandigheid dat de meeste verzamelingen na de dood van de collectionneur weer uiteenvielen, bemoeilijken dit. Toch is het wel mogelijk enig inzicht te krijgen, waarbij veilingcatalogi de belangrijkste bron van informatie vormen. Immers de veilingcatalogus van een bepaalde collectie geeft een beeld van de samenstelling van de betreffende verzameling en vormt tevens een terminus ante quem voor het ontstaan ervan. Zo ontdekken we dat er in Amsterdam al vóór 1860 in ieder geval twee verzamelingen waren waarin de School van Barbizon vertegenwoordigd was. Deze werden respectievelijk in 1857 en 1860 in Parijs geveild. De catalogi vermelden dat de – slechts met initialen aangeduide – eigenaars in Amsterdam woonden[5]. Vooral de in 1860 op de markt gebrachte verzameling is interessant, omdat deze naast werken van o.a. Ary Scheffer, Isabey, Roqueplan, Bonington en B.C. Koekkoek een ruime keus aan schilderijen en tekeningen uit de School van Barbizon bevatte. Zo was Decamps aanwezig met maar liefst zes werken, Rousseau met vier, Troyon met drie en ook Diaz, Dupré, Ziem en Flers waren vertegenwoordigd.

Eigentijds, maar veel minder progressief was de verzameling van de Amsterdamse kolenhandelaar C.J. Fodor (1801-1860), die naast zijn liefde voor oude kunst een voorkeur had voor de Nederlandse en Franse Romantiek – alleen al van Schelfhout bezat hij veertien werken – en voor kunstenaars van het "juste milieu" zoals Horace Vernet, Paul Delaroche, Scheffer, Meissonnier en de Belg Louis Gallait.

Daarnaast kocht hij voor gigantische bedragen op veilingen van belangrijke Parijse collecties de *Schaapherder* (cat.nr. 38) en de *Turksche school* van Decamps, een *Nimf met amors* van Diaz en twee stukken met pluimvee van Jacque. Voor de landschappen van Daubigny, Dupré, Corot en Rousseau had hij blijkbaar geen oog. In 1901 werd hierover met een perfect understatement gezegd: "Zeker ware het mogelijk geweest ook toen reeds eene keurverzameling der Fransche School van 1830 samen te stellen, maar het aantal bewonderaars van Rousseau, Millet, Troyon, Delacroix, Courbet, Dupré en Corot was toen nog gering en de Heer Fodor, zoowel als zijn meest invloedrijken raadsman de Heer A.J. Lamme waren niet geneigd vooruit te loopen op de toen gangbare meeningen"[6].

Toen Fodor in 1860 stierf liet hij bij testament zijn hele kunstverzameling, met zijn huis na aan de stad Amsterdam. Met gelden uit het legaat werd volgens de wens van de overledene begonnen met de bouw van een kunstgalerij die werd verbonden met de beide zalen gelegen achter het woonhuis. In 1863 werd het Museum Fodor geopend en verscheen de eerste catalogus van de collectie[7]. Het Nederlandse publiek was hiermee voor het eerst in de gelegenheid in een museum kennis te maken met een omvangrijke internationale verzameling eigentijdse kunst. De pers besteedde ruimschoots aandacht aan deze belangrijke gebeurtenis en vooral Ary Scheffers *Christus*

C. Corot
*Vrouwenfiguur bij een bron (cat.no. 18)*

*Consolator* en de *Turksche school* van Decamps trokken grote aantallen bezoekers[8].
De smaak van Fodor werd gedeeld door S. van Walchren van Wadenoyen die in zijn
huis Nimmer-dor bij Amersfoort een galerij liet bouwen voor zijn verzameling
moderne schilderijen, die hij eenmaal per week openstelde voor het publiek.
Naast werk van Nederlandse kunstenaars als Bosboom, Koekkoek, Schelfhout, Nuyen,
Israëls en Roelofs kon men hier een keur van werken zien uit de Belgische, Duitse en
vooral Franse School. Net als bij Fodor domineerden in Nimmer-dor de schilders van
het "juste milieu". Vernet, Scheffer, Meissonnier, Delaroche en Gallait zijn namen die
we in beide collecties tegenkomen, evenals die van Marilhat, Roqueplan, Bonheur,
Decamps en Diaz[9]. In tegenstelling tot Fodor begon Van Walchren van Wadenoyen,
die in 1875 stierf, blijkbaar ook oog te krijgen voor de kwaliteiten van de nieuwe
generatie Franse landschapschilders, want hij kocht een landschap van Dupré uit 1850,
een koeiendrijvende boer van Troyon uit 1851 en een rivierlandschap van Karl
Daubigny – de zoon van Charles – uit 1866[10].
De collectie van Van Walchren van Wadenoyen werd na zijn dood in twee gedeelten
geveild: de schilderijen uit de Hollandse, Belgische en Duitse school in Den Haag, de
Franse werken een jaar later in Parijs[11]. Blijkbaar verwachtte men dat de laatste in het
land van herkomst meer zouden opbrengen. Dit is mogelijk ook de reden waarom de
twee eerder genoemde Amsterdamse collecties in Parijs onder de hamer gebracht
werden.
In 1873 werd in Utrecht onder grote belangstelling de collectie geveild van W.H. de
Heus de Nijenrode[12]. Een dagblad schreef hierover: "Een groot aantal liefhebbers,
zoowel van hier te lande als uit het buitenland, waren tegenwoordig. Sommige kostbare doeken werden ernstig betwist, en over het algemeen werden er zeer hoge
prijzen besteed. Hoewel verscheiden schilderijen ons land zullen verlaten, kunnen wij
tot ons genoegen constateren, dat het grootste aantal door Hollandsche liefhebbers is
aangekocht[13]. In de *Kunstkronijk* werd niet alleen lovend over de collectie geschreven,
ook de franstalige veilingcatalogus werd onder de aandacht van de lezers gebracht:
"De katalogus is, op de wijze waarvan de smaakvolle fransche katalogussen het
voorbeeld hebben gegeven, versierd met een twintigtal gravuren en etsen"[14]. In de
inleiding wordt de verzameling bestempeld als "een van de meest opmerkelijke
collecties die het publiek de laatste jaren heeft mogen aanschouwen".
Wat had De Heus de Nijenrode gekocht tijdens de vele reizen die hij door België en
Frankrijk maakte en waarbij hij het niet had nagelaten naast beroemde kunsthandelaars ook kunstenaars in hun atelier te bezoeken? Ook de samenstelling van deze
collectie komt overeen met die van Fodor: naast Nederlandse Romantiek, nu wat meer
werk uit de Haagse School en naast de "juste milieu"-schilders een bescheiden aantal
werken van Decamps, Jacque, Troyon en Ziem. Opvallend is dat twee landschappen
van Troyon samen ruim f 20.000,– opbrachten, terwijl een Roelofs wegging voor
f 1.625,– en een Weissenbruch voor maar f 500,–[15].
De collecties moderne kunst van Fodor, van Van Walchren van Wadenoyen en van
De Heus de Nijenrode zijn exemplarisch voor een aantal andere verzamelingen uit het
tweede en derde kwart van de 19de eeuw, zoals die van E.L. Jacobson (Den Haag),
Jacob de Vos (Amsterdam), W.L. Ravesteijn (Amsterdam) en P. Verloren van Themaat
(Utrecht)[16]. Deze verzamelingen hebben gemeen dat zij moderne Nederlandse en
Franse kunst combineerden, al dan niet aangevuld door een aantal Duitse en Belgische
werken. Bij de Nederlandse kunstenaars namen romantici als Schelfhout, Nuyen,
Koekkoek, Rochussen, Bles en Springer de belangrijkste plaats in, al komen we ook de
namen van Israëls, Roelofs, Bosboom, Weissenbruch en Bilders tegen. Bij de Franse
kunstenaars domineerden vooralsnog de schilders van het "juste milieu", maar de
nieuwe generatie landschapschilders was duidelijk in opmars[17].

## De verzameling Mesdag

De combinatie van Nederlandse en Franse kunst vinden we terug in veel particuliere
verzamelingen uit het laatste kwart van de eeuw. De schilders van de Haagse School
bereikten in die periode het hoogtepunt van hun roem die zich tot ver buiten de
Nederlandse grenzen uitstrekte, terwijl ook de School van Barbizon een brede
internationale waardering genoot. Niet alleen in Nederland, maar ook in Engeland,
Schotland en zelfs de Verenigde Staten en Canada werden talloze verzamelingen
opgebouwd waarin werken uit beide scholen verenigd werden[18]. Een van de
beroemdste collecties was die van de Engelse spoorwegmagnaat James Staats Forbes,
maar ook de verzameling die de bankierszoon Mesdag bijeenbracht, genoot een
internationale reputatie[19].

Veel belangrijke schilderijen werden door Mesdag gekocht bij de kunsthandel Goupil in Den Haag in de jaren 'tachtig en 'negentig, zoals Dupré's *Coucher de soleil* (1882), Daubigny's *Villerville sur mer* (1885) en Rousseau's *Le massacre des innocents* (1890) (cat.nrs. 52, 31)[20]. De basis voor de verzameling moet echter al eerder gelegd zijn. Toen Mesdag er in 1866 voor koos om schilder te worden, ging hij met zijn vrouw Sientje naar Brussel om daar les te nemen bij Willem Roelofs die in navolging van de schilders van Barbizon, zelf een aantal reizen naar de bossen van Fontainebleau had gemaakt (zie p. 90). Een van Mesdags beste vrienden in Brussel was de schilder Alfred Verwee, die in de eerste helft van de jaren 'zestig enige tijd in Parijs had doorgebracht, waar hij contact had met Diaz, Rousseau en Troyon, die grote invloed op zijn werk hadden[21]. Via Verwee heeft Mesdag ongetwijfeld kennis gemaakt met andere kunstenaars van de Brusselse *Société Libre des Beaux-Arts* – in 1868 opgericht uit verzet tegen het conservatisme van de Academie – allen bewonderaars van de School van Barbizon en het realisme van Courbet. Mesdag gaf zich echter niet direct gewonnen zoals blijkt uit een artikel over Sientje Mesdag uit 1891: "Toen zij in 1867 met haar man voor 't eerst te Parijs kwam en de wereldtentoonstelling bezocht, waar zoovele meesterstukken van de toen miskende en nu beroemde artisten bijeen waren, hielden geen van beiden er een indruk van vast in de ziel. Zij gingen ze voorbij zonder ze te begrijpen en keken naar de gedetailleerdheid der anderen. In 1870 was het reeds anders. Courbet's schilderijen en Millet's *Vrouw met de karnmolen* lieten, ofschoon lang niet ten volle verstaan, eene impressie na"[22].

Dat Mesdag in Brussel, waar hij tot 1869 bleef, werk uit de School van Barbizon kocht, lijkt dus niet aannemelijk. Wel verwierf hij drie werken van Verwee en nadat hij naar Den Haag verhuisd was, begon hij ook werk van de schilders van de Haagse School te verzamelen. Al spoedig moeten ook de eerste Franse stukken hun intrede in de collectie hebben gedaan[23]. In 1882 bezat Mesdag in ieder geval al twee Corots, een Courbet, een Daubigny, een Diaz, twee Dupré's, twee Rousseau's en een Troyon[24]. De verzameling breidde zich zo snel uit dat Mesdag in 1887 in de tuin van zijn huis aan de Laan van Meerdervoort een bijgebouw van twee verdiepingen liet optrekken om de ruim tweehonderd schilderijen kwijt te kunnen. Een ruime gang verbond het woonhuis – dat ook volhing met schilderijen en tekeningen – met het nieuwe gebouw dat door het echtpaar Mesdag geheel als museum van moderne kunst werd ingericht. Zoals Van Walchren van Wadenoyen dat al jaren eerder had gedaan, stelde ook Mesdag zijn collectie open voor het publiek en wel op zondagochtend en dan alleen op introductie. Grote aantallen bezoekers uit alle windstreken vonden de weg naar Mesdags museum[25]. In 1889 typeerde Johan Gram het als volgt: "Geen profeet of apostel, hoe groot en hoog verheven hij zij, mits hij het nieuwe evangelie verkondige, of Mesdag bezit van hem kostbare kunstwerken. Vóór alles is het dus eene verzameling, die van de kunstrichting van *onzen* tijd een voortreffelijk beeld geeft.

42

*Kamer in het woonhuis van H.W. Mesdag*
*aan de Laan van Meerdervoort in*
*Den Haag, ± 1890*

Daubigny, Corot, Millet, Rousseau, Vollon, Jacque, Dupré, Courbet, Troyon, Boulanger, Decamps en zoo vele andere beroemden – zij zijn hier allen vereenigd, om één loflied en een zeer harmonisch, aangrijpend loflied aan te heffen ter eere van de moderne richting, die vóór alles, onmiddellijk en onvervalscht, den indruk weergeeft dien de natuur bij haar te weeg brengt"[26].

Mesdag kocht niet alleen werk van Franse kunstenaars, ook zijn Hollandse collega's zoals Bosboom, Israëls, Mauve, de Marissen en ook de jonge Breitner ondersteunde hij. Daarnaast kocht hij schilderijen van Italiaanse kunstenaars als Mancini en Segantini, maar voor de Impressionisten die in Frankrijk inmiddels een gevestigde reputatie hadden opgebouwd, had hij geen belangstelling. In 1903 schonken Mesdag en zijn vrouw hun museum aan de Staat, een schenking die met groot enthousiasme werd ontvangen en waarvoor Mesdag het grootkruis in de orde van Oranje Nassau kreeg. Maar ook na de overdracht bleef hij verzamelen en voegde hij nog enkele schilderijen aan het museum toe. In 1911 genoot Mesdag de eer persoonlijk de toenmalige president van Frankrijk, Fallières, in de verzameling te mogen rondleiden. Na zijn dood in 1915 bood de familie, verenigd in een Naamloze Vennootschap, het huis aan de Laan van Meerdervoort met het deel van de collectie dat zich daarin bevond aan het Rijk te koop aan voor f 200.000,–. Toen dit bedrag ondanks een publieke intekening niet bijeengebracht kon worden, werd door het veilinghuis F. Muller & Cie in Amsterdam een catalogus samengesteld van de in het woonhuis achtergebleven kunstschatten. Naast tapijten, meubelen, uurwerken en porselein vinden we hierin schilderijen, aquarellen, tekeningen en etsen, waaronder een groot aantal uit de School van Barbizon. Op een foto van een vertrek in het woonhuis van Mesdag (afb. 42) zien we onder meer een schilderij van Rousseau, twee tekeningen van Millet, twee tekeningen van Daubigny en een tekening van Bosboom, die aan de hand van de catalogus geïdentificeerd kunnen worden[27]. Om onbekende redenen heeft de veiling nooit plaats gevonden. In de archieven van Panorama Mesdag in Den Haag bevindt zich echter een contract waaruit blijkt dat uiteindelijk een Amerikaanse verzamelaar de hele collectie heeft gekocht voor een bedrag van f 250.000,–[28]. Gelukkig is het deel van de verzameling dat sinds 1903 was ondergebracht in het museum tot op de dag van vandaag bijeen gebleven, zodat we hier ook nu nog kunnen genieten van de vele topstukken die Mesdag bijeen wist te brengen[29].

Dankzij de propaganda die Mesdag voor zijn verzameling maakte en door zijn leidende rol in het artistieke leven van Den Haag heeft hij zeker bijgedragen aan de waardering voor de School van Barbizon in Nederland. In hoeverre zijn collectie andere verzamelaars tot voorbeeld heeft gediend is niet met zekerheid te zeggen. Opvallend is wel dat het verzamelen van werken uit de School van Barbizon, steeds in combinatie met de Haagse School, sinds de jaren 'zeventig een hoge vlucht nam en dat het Impressionisme hier tot in de 20e eeuw nagenoeg geheel buiten beschouwing is gebleven.

### Tentoonstellingen van kunstwerken uit particulier bezit

Afgezien van de tentoonstellingen van Levende Meesters (zie p. 61) werden er in Nederland tot in de jaren 'zeventig weinig initiatieven ontplooid tot het organiseren van tentoonstellingen van moderne kunst. Pas in 1874 werden serieuze plannen gemaakt voor het oprichten van een speciaal museum hiervoor (zie p. 81). Wel was er al voor die tijd op grote schaal door particulieren verzameld, wat de kunstenaarsvereniging *Arti et Amicitiae* in Amsterdam in 1875 op het idee bracht een tentoonstelling in te richten met een keus van werken uit de belangrijkste particuliere verzamelingen in de hoofdstad. Naast werken van Hollandse, Belgische en Duitse kunstenaars werd een groot aantal Franse schilderijen tentoongesteld, waaronder van Decamps, Diaz, Dupré, Jacque en Troyon, de meeste uit de collectie van J. de Vos[30].

Het Rotterdamse publiek kon in 1880 een soortgelijke tentoonstelling bezoeken in de Academie van Beeldende Kunsten. Ook hier waren schilderijen uit particuliere verzamelingen bijeengebracht, waaronder werken uit de School van Barbizon uit de collecties van J. de Kuyper en Fop Smit[31]. In de Academie van Beeldende Kunsten in Den Haag werd in 1882 een selectie getoond van 51 Franse schilderijen uit de rijke Haagse verzamelingen van H.W. Mesdag, dienst broer Taco Mesdag, F.H.M. Post en Verstolk Völcker, waarbij het aantal werken uit de School van Barbizon opvallend groot was[32]. De opbrengsten van deze ruime aandacht trekkende tentoonstelling waren bestemd voor het fonds van de Academie. Een criticus schreef erover: "Een tentoonstelling als thans in het gebouw der Academie van Beeldende Kunsten geopend is, zal hier zeker wel nooit gehouden zijn. Wij herinneren ons zelfs niet dat

Ch. Daubigny
*Landschap aan de Oise (cat.no. 30)*

Ch. Daubigny
*Papaverveld bij Vaux (cat.no. 32)*

vroeger in het krachtige tijdvak der Fransche landschapschilders, op een onzer drie-
jaarlijksche tentoonstellingen van schoone kunsten ooit een Diaz, een Jules Dupré of
een Corot werd ingezonden. Van tijd tot tijd werd van die meesters een enkel werk
gezien bij onze kunsthandelaars, maar overigens moest men ze in het buitenland gaan
bewonderen. Uit den aard viel ook slechts aan weinige uitverkorenen het voorregt te
beurt, de particuliere kabinetten hier ter stede te bezigtigen, zoodat het voor de groote
meerderheid der kunstliefhebbers, een ware verrassing zal zijn, op deze tentoonstelling
niet minder dan *acht* schilderijen van den genialen Franschen schilder Diaz, *vier* van
zijn beroemden landgenoot Jules Dupré, *tien* Corot's, *vier* Troyon's en *drie* werken van
Th. Rousseau te zien. De tentoonstelling biedt dus overvloedige gelegenheid om deze
meesters in al hun kracht te bestuderen en onderling te vergelijken"[33]. De leerlingen
van de academie werd dringend aangeraden de tentoonstelling meer dan eens te
bezoeken, want "zij konden er leeren, wat de degelijkheid, doorwrochtheid en
distinctie zijn, en zich tevens overtuigen, hoe men dat alles behartigen kan, zonder op
te houden waar en natuurgetrouw te zijn"[34].
Ook Vincent van Gogh bezocht de tentoonstelling en was er erg van onder de indruk.
Aan zijn broer schreef hij: "Dezer dagen heb ik nog de tentoonstelling Fransche kunst
gezien uit de collecties Mesdag, Post etc. Er is veel moois daar van Dupré, Corot,
Daubigny, Diaz, Courbet, Breton, Jacque etc. Ik vond bijzonder mooi ook die groote
schets van Th. Rousseau uit de collectie Mesdag: een drift koeien in de Alpen"
(cat.nr. 85).
"De Duprés zijn superbe, en er is een Daubigny, groote stroodaken tegen de helling
van een heuvel, waar ik niet genoeg op kijken kon. Zoo ook een kleine Corot, een
water en Lisière de bois op een zomermorgen, om 4 uur of daaromtrent. Eén enkel
klein rose wolkje wijst aan dat de zon over een tijdje zal opkomen. Een stilte, en een
kalmte, en een vrede, waar men door betooverd wordt. Ik ben blij dat ik dat alles nog
gezien heb"[35].
De Duitse kunstenaar Helmuth Liesegang toonde zich ruim veertig jaar later nog
dankbaar dat hij in de gelegenheid was geweest deze tentoonstelling te zien: "In mijn
studietijd zag ik in Den Haag een tentoonstelling van Franse meesters uit privébezit.
Ik was dat jaar graag voor het eerst naar Parijs gegaan, maar in plaats daarvan moest ik
naar Berlijn, waar ik in de Nationalgalerie bijna niets zag dat me boeide. Al die
gigantische doeken en de grote historiestukken deden me niets. De Franse kunstenaars
waren dan ook een openbaring voor me. Alle grote kunstenaars: Millet, Corot,
Daubigny, Troyon, Rousseau waren met kleine, maar voortreffelijke werken
vertegenwoordigd"[36].
De woorden van zowel Van Gogh als Liesegang tonen aan dat er heel wat werken van
hoge kwaliteit door particuliere verzamelaars in Den Haag bijeen gebracht waren.
In 1886 werd de tentoonstelling herhaald in Amsterdam in *Arti et Amicitiae,* maar omdat
daar tevens plaats was ingeruimd voor een vertegenwoordiging van Nederlandse
schilders, moest het beeld van de Fransen minder volledig zijn. Jan Veth schreef
hierover: "In de kunstwereld is de afstand tussen Den Haag en Amsterdam groot.
Onze beste schilders wonen in Den Haag en van hun werk komt in Amsterdam veel te
weinig te zien – de beste moderne Fransche kunst vindt men bij Haagsche
verzamelaars en die kunst ziet men in Amsterdam zoo goed als niet"[37].
Het Haagse publiek was in 1896 opnieuw in de gelegenheid een grote presentatie van
Franse kunst – voornamelijk uit de School van Barbizon – in eigen stad te zien, in
*Pulchri Studio* toen nog gevestigd aan de Prinsegracht[38]. Hier waren 78 werken bijeen
gebracht, grotendeels uit particuliere verzamelingen, maar ook met een zeker aandeel
vanuit de kunsthandel, zoals trouwens ook in Amsterdam in 1886 het geval was
geweest. H.C. Tersteeg was als vertegenwoordiger van de firma Boussod & Valadon
in Den Haag speciaal naar Parijs gegaan om schilderijen voor de tentoonstelling uit
te zoeken, waaronder werk van Corot, Diaz, Dupré, Jacque en Troyon[39]. Ook de firma
Van Wisselingh stond werken voor de tentoonstelling af. Onder de particuliere bruikleengevers treffen we weer de gebroeders Mesdag aan en verder Fop Smit, T.H. Blom
Coster, J. de Kuyper en P. Langerhuizen.
In 1900 vond een tweede tentoonstelling van "Meesterwerken van Fransche Kunst"
plaats in *Pulchri Studio*[40]. Naast de beide Mesdags, De Kuyper en de firma Boussod
& Valadon waren dit keer W.J. van Randwijk en Jozef Israëls belangrijke bruikleengevers. Niet alleen de schilders van Barbizon waren vertegenwoordigd, er was ook
werk te zien van Bouguereau, Breton, Courbet, Delacroix en Vollon; de Impressionisten schitterden echter ook nu weer door totale afwezigheid.
De Haagse kunstminnaars werden verwend in de jaren 'negentig. Naast de eerder

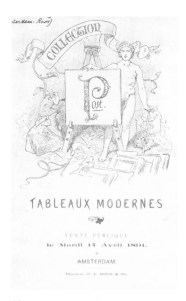

44
*Omslag van de veilingcatalogus van de*
*collectie F.H.M. Post, 14 april 1891*

genoemde tentoonstellingen vond er in 1890 – eveneens in *Pulchri Studio* – een eenmans-
expositie gewijd aan Daubigny plaats en in 1892 aan Millet. De schilderijen, tekeningen
en prenten werden ook nu weer afgestaan door de belangrijkste verzamelaars in
Den Haag. Jozef Israëls die de inleiding schreef in de catalogus van de Millet-tentoonstelling, gaf acht etsen en een houtsnede van de kunstenaar in bruikleen[41].
Niet iedereen wist de exposities in Pulchri naar waarde te schatten. Zo schreef de
criticus D. v.d. Kellen naar aanleiding van de tentoonstelling van Millet een buitengewoon negatieve kritiek, waarin hij fel van leer trok tegen de meer dan lovende
woorden die Israëls in zijn inleiding had gebruikt[42]. Hij vond de expositie absoluut
niet geschikt om Millet als artiest naar waarde te leren schatten en weet de
bewondering van Israëls voor wat hier te zien was aan zijn volledige bekendheid met
en hoogachting van de betere werken van de meester, waardoor hij kon vervallen in
blinde verering voor het minder fraaie. De *Caritas* uit de verzameling De Kuyper (nu in
Museum Kröller-Müller) vond de criticus een lelijk waterhoofd hebben en *Het huis te
Gréville* (cat.nr.72) deed hem meer denken aan een gekleurd prentje dan aan het werk
van een groot meester. Over de *Arbeider in de wijngaard* (afb. 43) zei hij: "De man is moe

43
*J. - F. Millet*
*Arbeider in de wijngaard*
*pastel*
*Rijksmuseum H.W. Mesdag, Den Haag*

en afgetobd, de armen hangen hem machteloos langs het lijf. 't Is waarheid.
Waarom Millet zulk een voorliefde had voor leelijke menschen, is onbegrijpelijk.
De openhangende muil van den boer doet aan een beest denken; zeker zijn er zoo,
maar men behoeft niet juist die monsters tot model te kiezen".

### Verzamelingen uit het laatste kwart van de eeuw
Uit de tentoonstellingen van Franse kunst uit particulier bezit blijkt dat er in ons land
veel werk van de schilders van Barbizon was en werd verzameld in de late 19de eeuw.
De collectie Mesdag was ongetwijfeld de rijkste en is gelukkig deels bijeen gebleven.
De meeste zijn echter na de dood van de verzamelaar geveild, waardoor de kunst-
werken verspreid raakten en vaak naar het buitenland verdwenen.
Terloops werden reeds genoemd de collecties van Taco Mesdag, De Kuyper, Post
(afb. 44), Verstolk Völcker, Fop Smit, Blom Coster, Langerhuizen en Van Randwijk,
die alle naast werken uit de Haagse School belangrijke stukken uit de School van
Barbizon bevatten. Hetzelfde geldt voor de verzamelingen van Neervoort van de Poll,
Steengracht van Moyland, Samson, Hoogendijk en van de in Brussel wonende
veeschilder J.H.L. de Haas, die onder meer werk bezat van zijn grote voorbeeld
Troyon[43]. Slechts een relatief klein aantal schilderijen uit deze collecties is in onze
musea terecht gekomen, zoals *Le bout du village à Greville* van Millet uit de collectie

*Ch. Daubigny*
*Villerville-sur-Mer(cat.no. 31)*

*Ch. Daubigny*
*Boerderij in Kerity, Bretagne (cat.no. 22)*

*Ch. Daubigny*
*De bergstroom (De Mahoura bij Cauterets)*
*(cat.no. 33)*

De Kuyper (cat.nr. 72), de *Broodbakster* eveneens van Millet uit de collectie Verstolk Völcker (cat.nr. 74) en *Een dorp bij Bonnières* van Daubigny uit de verzameling Langerhuizen (cat.nr. 26).

Het is niet mogelijk hier uitgebreid op al deze verzamelingen en de lotgevallen ervan in te gaan; volstaan zal moeten worden met een aantal korte notities.

Net als Mesdag had P. Langerhuizen bij zijn landhuis Crailoo bij Bussum een aparte ruimte laten bouwen, in de vorm van een paviljoen met bovenlicht, om zijn collectie, waarin werk van o.a. Corot, Daubigny, Diaz, Jacque en Decamps in onder te brengen. Ook de *Broodbakster* van Millet (cat.nr. 74) – eerst in bezit van Verstolk Völcker – maakte deel uit van zijn verzameling, die op aanvraag door een ieder die er belang in stelde bezocht kon worden[44].

Ook W.J. van Randwijk liet zijn fraaie collectie in zijn huis aan de Prinsegracht in Den Haag graag zien aan belangstellenden. Deze verzameling genoot net als die Van Mesdag internationale faam en in diverse buitenlandse tijdschriften werd er aandacht aan besteed[45]. In 1908 werd in de Academie van Beeldende Kunsten in Rotterdam een vijftigtal schilderijen, tekeningen en aquarellen uit bezit van Van Randwijk tentoongesteld[46]. Toen deze in 1913 stierf liet hij een deel van zijn verzameling na aan het Rijksmuseum in Amsterdam, merendeels werken uit de Haagse School, maar ook van Diaz, Troyon en bovenal Millet's *Waterdraagster* (cat.nr. 75)[47].

Dit waren niet de eerste schilderijen uit de School van Barbizon die het Rijksmuseum uit handen van een particulier mocht ontvangen. In 1899 had Reinhard Baron van Lynden het museum 44 moderne Nederlandse schilderijen nagelaten afkomstig uit huize Lyndestein, waaronder zes werken van Hanedoes. In 1900 voegde zijn weduwe Mevr. M.C. van Lynden-van Pallandt daar nog eens 45 schilderijen aan toe, die tot dan gehangen hadden in het huis van de Van Lyndens in de Haagse Alexanderstraat.

45
G. Courbet
*Het woud van Fontainebleau*
*Rijksmuseum, Amsterdam*

Hieronder waren werken van Corot, Decamps, Daubigny, Dupré, Rousseau, Diaz en Troyon (cat. nrs. 51, 101). Ook een werk van Monet *De rode bergweg* (La Corniche bij Montecarlo) kwam via Mevr. Van Lynden in het Rijksmuseum, evenals Courbet's *La forêt de Fontainebleau* (afb. 45)[48].

Twee Haagse verzamelingen kwamen aldus in Amsterdam terecht; een belangrijke Amsterdamse verzameling ging echter grotendeels voor deze stad verloren. C.P. van Eeghen speelde in het laatste kwart van de 19de eeuw een belangrijke rol in het kunstleven in Amsterdam. In 1874 belegde deze zakenman een vergadering van een aantal vooraanstaande Amsterdammers uit de bank- en zakenwereld om te zien of en hoe er in de hoofdstad een museum voor moderne kunst gesticht kon worden[49].

Dit initiatief leidde nog in datzelfde jaar tot de oprichting van de *Vereniging tot het vormen van eene openbare verzameling van hedendaagsche kunst,* al spoedig algemeen bekend als de "Vereniging met de lange naam". Voorzitter werd C.P. van Eeghen, die al in het jaar van oprichting de eerste aankopen deed op de toen in Amsterdam gehouden tentoonstelling van Levende Meesters. De vereniging beperkte zich aanvankelijk tot het aankopen van werken van Nederlandse kunstenaars, die vanaf 1885 tentoongesteld werden in twee zalen van het dan zojuist geopende nieuwe Rijksmuseum. In 1895 besloot de stad Amsterdam tot de bouw van het Stedelijk Museum, mede om de tegen de honderd schilderijen die inmiddels door de Vereniging bijeengebracht waren, onderdak te kunnen geven. De bouw van het museum kon nagenoeg geheel gefinancierd worden uit de geldelijke bijdragen van de familie Van Eeghen. Bij de opening gaf de zoon J.H. van Eeghen veertien schilderijen in bruikleen van meesters van de Haagse School en de School van Barbizon, waaronder Daubigny's *Isle-de-Vaux* en werken van Corot, Decamps en Diaz[50]. In 1906 breidde hij dit bruikleen met nog 44 schilderijen uit. Ook de andere kinderen van Van Eeghen gaven bruiklenen aan de vereniging. In 1908 werd J.H. van Eeghen echter door financiële moeilijkheden gedwongen zijn gehele collectie terug te nemen. Slechts enkele werken, waaronder Daubigny's *Isle-de Vaux,* konden door aankoop behouden blijven. Twee belangrijke schilderijen van Decamps (cat.nr. 36) werden door de familie Van Eeghen geschonken evenals *De kaardster* van Millet (cat.nr. 73) en werk van Jacque en Dupré[51]
Tenslotte moet de in 1912 geveilde verzameling van de Hagenaar C. Hoogendijk worden genoemd. Naast werk van de schilders van de Haagse School bezat Hoogendijk, acht schilderijen van Courbet en een even groot aantal van Corot, waarvan zes uit diens vroege periode, d.w.z. van vóór 1835. Ook Daubigny, Harpignies, Millet, Rousseau, Diaz en Decamps waren in zijn verzameling vertegenwoordigd. Bijzonder is echter dat Hoogendijk tevens werk verzamelde van kunstenaars als Cézanne, Van Gogh, Gauguin, Manet, Monet, Renoir en Vuillard, die we in Nederlandse verzamelingen uit die tijd vrijwel nooit tegenkomen.

46
G. Courbet
*Portret van J.H. van Wisselingh, 1846*
*Kimbell Art Museum, Fort Worth*

### De rol van de kunsthandel

De vraag dringt zich op waar de talrijke verzamelaars in Nederland hun werken uit de School van Barbizon kochten. Het aantal collectionneurs dat zelf naar Frankrijk ging om werk direct van de kunstenaar te kopen is waarschijnlijk niet groot geweest. De Heus de Nijenrode onderhield persoonlijke contacten met kunstenaars en kunsthandelaars in Parijs en ook de Haagse verzamelaar Jacobson kocht bij voorkeur direct uit het atelier. De Kuyper was bevriend met zowel Nederlandse als Franse kunstenaars die hij regelmatig thuis opzocht[52]. Met schilders van de School van Barbizon kan hij echter geen contact meer gehad hebben, want die waren al gestorven toen hij begon te verzamelen.

Soms kocht men persoonlijk of via een opdracht op veilingen in het buitenland, of men wendde zich tot internationale kunsthandels als Boussod, Valadon & Cie, Durand-Ruel en Arnold & Tripp. De meeste verzamelaars kochten hun schilderijen echter via de kunsthandel of op veilingen in eigen land[53]. Tot in het laatste kwart van de 19de eeuw was het niet gebruikelijk dat de kunsthandel catalogi uitgaf of zich naar buiten toe presenteerde met tentoonstellingen, waardoor het niet eenvoudig is na te gaan welke firma's voor die tijd al in Franse kunst handelden.

Een van de eersten was ongetwijfeld Van Wisselingh. De kunsthandel E.J. van Wisselingh & Co. werd weliswaar pas opgericht in 1892, maar bestond feitelijk al sinds 1838 toen J.H. van Wisselingh een zaak in schildersbenodigdheden in Den Haag overnam en zich tevens op de handel in schilderijen ging toeleggen. De oude Van Wisselingh toonde hierbij een duidelijke voorkeur voor de moderne Franse kunst van zijn tijd en hij had al werken van Courbet – die hem in 1846 portretteerde (afb. 46) – Daubigny en Millet in huis toen hij die nog aan de straatstenen niet kwijt kon[54]. Zijn zoon maakte zijn entrée in de kunsthandel minder amateuristisch. Hij ging rond 1870 naar Parijs waar hij enige tijd werkte in de zaak van Goupil.

Vanuit Parijs stuurde de jonge Van Wisselingh de nieuwste Franse schilderijen naar zijn vader die er kopers voor probeerde te vinden. Vervolgens kwam hij in dienst bij de befaamde kunsthandel van Cottier in Londen, waar hij de gelegenheid had zich in te werken in de vele Engelse en Amerikaanse relaties van die firma. Deze contacten zouden waardevol blijken toen hij eenmaal een eigen zaak had.

Toen in 1880 de oude Van Wisselingh, die zich inmiddels op het Haagse Buitenhof had gevestigd, stierf, zette zijn zoon de zaak voort, tot in 1892 de firma E.J. van Wisselingh & Co werd opgericht met een vestiging op het Rokin in Amsterdam en een filiaal in Londen, de zogenaamde *Dutch Gallery.*

Vooral in zijn Haagse jaren bood Van Wisselingh in zijn zaak een keur van werken uit de School van Barbizon aan, die toen gemakkelijk zijn weg vond naar kopers in binnen- en buitenland. Toen het Rijksmuseum in 1900 de schenking van Mevrouw Van Lynden aanvaardde (zie p. 80) deed de museumstaf een beroep op de firma Van Wisselingh bij het vaststellen van de juiste titels van een aantal van de schilderijen. Van de 45 schilderijen die Mevrouw Van Lynden schonk, bleken er twintig bij Van Wisselingh gekocht te zijn, waaronder werken van Corot, Daubigny, Diaz, Daumier, Vollon, Breton en Ribot[55]. Ook Mesdag behoorde tot de vaste klanten. De School van Barbizon en de Haagse School vormden van meet af aan de specialiteit van Van Wisselingh. De firma organiseerde tot ver in de 20e eeuw regelmatig verkooptentoonstellingen van werken van Franse en Nederlandse meesters, niet alleen in Amsterdam en Londen, maar ook in Den Haag *(Pulchri Studio),* Rotterdam (Maashotel en Rotterdamsche Kunstkring), 's-Hertogenbosch (Parlement), Groningen *(Pictura)* en sinds 1898 ook in Canada, waar dit tot een bijna jaarlijks terugkerende traditie uitgroeide. Vaak werden deze tentoonstellingen begeleid door rijk geïllustreerde catalogi.

Een vergelijkbare rol in het kunstleven in Nederland speelde de Parijse firma Goupil die vanaf 1848 een filiaal in Den Haag had, dat sinds 1858 geleid werd door Vincent van Gogh, oom van de gelijknamige schilder. In 1861 werd de zaak gevestigd op de Plaats; enkele jaren later verhuisde ze naar een ander pand op de Plaats waar een gedenksteen nog steeds herinnert aan de vestiging van de firma aldaar. Al spoedig werden de lopende zaken overgenomen door H.C. Tersteeg. Van Gogh ging in Parijs wonen, vanwaar hij heel Europa afreisde op zoek naar kunstwerken geschikt voor de internationale markt die de firma Goupil met vestigingen in Parijs, Londen, Den Haag en Brussel bestreek[56]. In 1869 had Van Gogh ervoor gezorgd dat zijn neef, de latere schilder Vincent van Gogh, aangenomen werd als jongste bediende in het filiaal in Den Haag, waar hij tot 1873 bleef. Daarna werkte hij nog enige tijd in de filialen in Londen en Parijs, tot hij in 1876 de kunsthandel voorgoed de rug toekeerde. Ook de broer van de schilder, Theo, was in dienst van de firma Goupil. Net als J.H. van Wisselingh was de kunsthandelaar Vincent van Gogh al op jonge leeftijd gefascineerd door de moderne Franse kunst. In 1846 had hij een reis naar Parijs gemaakt om zich daar te oriënteren op de nieuwe tendensen in de schilderkunst. Zijn hele verdere leven zou hij zich blijven inspannen de roem van de Franse schilders en met name die van Barbizon, naast die van de Haagse School internationaal te verbreiden. Ook privé legde hij een belangrijke verzameling werken van deze kunstenaars aan, die een jaar na zijn dood in 1888 geveild werden in *Pulchri Studio* in Den Haag[57].

De verkoopboeken over de periode 1877 tot 1917 van het Haagse filiaal van de firma Goupil – vanaf ongeveer 1890 bekend onder de naam Boussod, Valadon & Cie – geven een indicatie van de smaakontwikkeling van het Nederlandse publiek ten aanzien van de School van Barbizon[58]. Werden er vóór 1880 slechts incidenteel werken verkocht van Diaz, Jacque en Troyon, tussen 1880 en 1890 gaan er alleen al van Diaz 37 schilderijen over de toonbank, van Corot 35 en van Daubigny en Dupré ieder 31. Ook in de daarop volgende tien jaar is de omzet groot (58 werken van Corot!), maar na 1900 lopen de aantallen beduidend terug (tussen 1900 en 1917: 22 werken van Corot). In de periode van 1880 tot 1900 was Mesdag een van de beste klanten van Goupil. Hij kocht er belangrijke stukken als Daubigny's *Villerville sur mer* (cat.nr. 31), Corot's *Villeneuve-les-Avignon* (cat.nr. 11) en Rousseau's schets voor *La descente des vaches dans le Jura* (cat.nr. 85). Ook de namen van Verstolk Völcker, Post, Neervoort van de Poll, Van Eeghen en de Engelse verzamelaar Staats Forbes komen we regelmatig in de verkoopboeken tegen.

In 1880 kreeg de firma Goupil in Den Haag een concurrent in de persoon van Abraham Preyer, die een in Haagse School en Barbizon gespecialiseerde zaak tegenover het paleis in het Noordeinde opende, een bloeiend bedrijf, dat in 1891 nog werd uitgebreid door de overname van de kunsthandel Pappelendam & Schouten in de Kalverstraat in Amsterdam[59]. Soms trad Preyer op als tussenpersoon op veilingen zoals in 1902 op de veiling Lutz in Parijs, waar hij in opdracht van J.H. van Eeghen vier schilderijen kocht waaronder *Schapen in een boomrijk landschap* van Jacque[60]. Preyer was niet alleen actief in de kunsthandel, maar was zelf ook een verwoed verzamelaar. In 1905 kocht hij een aantal belangrijke werken uit de verzameling van Staats Forbes, waaronder schilderijen van Michel en Rousseau[61]. Toen Preyer in 1927 stierf liet hij een grote verzameling Haagse School en School van Barbizon na die geveild werd in Amsterdam[62]. Een jaar voor zijn dood had hij vijf schilderijen van Bosboom, Blommers, Jozef Israëls, Mauve en Jacob Maris geschonken aan het Musée du Luxembourg. Deze bevinden zich nu in het Louvre en behoren tot het weinige dat dit museum van de Haagse School bezit[63].

In Rotterdam waren de belangrijkste handelaars in Franse kunst J. de Kuyper, gevestigd aan de Gelderse kade en Dolf Unger, die opklom van jongste bediende tot bedrijfschef bij de firma Oldenzaal, eerst gevestigd op de Blaak, vervolgens aan de Leuvehaven en sinds het eind van de eeuw aan de Glashaven[64]. Unger beperkte zich niet tot de Haagse School en de School van Barbizon maar stelde zich progressief op door als eerste in 1893 geruchtmakende tentoonstellingen te organiseren van Vincent van Gogh en van Jan Toorop. Tot zijn belangrijkste klanten behoorden Rotterdamse verzamelaars als Ledeboer, Fop Smit en later Van Beuningen, maar ook beschikte hij over talrijke buitenlandse contacten.

Het zou te ver voeren alle kunsthandels die min of meer regelmatig werken uit de School van Barbizon in huis hebben gehad hier de revue te laten passeren. Volstaan kan worden met het noemen van enkele namen zoals die van Buffa en Voskuil in Amsterdam, Schüller en Kleykamp in Den Haag en Huinck in Utrecht (voortgezet als Huinck & Scherjon in Amsterdam). In recenter tijd hebben Douwes in Amsterdam en Noortman in Maastricht zich op het pad van de 19de-eeuwse Franse kunst begeven; regelmatig hebben zij werken uit de School van Barbizon in hun collectie (cat.nr. 49).

### 20ste-eeuwse verzamelingen

Ondanks de talrijke nieuwe stromingen in de beelden kunst bleef het koperspubliek in Nederland de School van Barbizon lang trouw, zoals ook de waardering voor de Haagse School stand zou houden. Kunsthandels als Van Wisselingh, Unger & Van Mens, Huinck en Scherjon, Preyer en Buffa organiseerden tot in de jaren 'dertig regelmatig tentoonstellingen van 19de-eeuwse Franse kunst in diverse steden. De traditie van tentoonstellingen van werken uit particuliere verzamelingen werd weer opgenomen aan het eind van de jaren 'twintig door Museum Boymans in de zogenaamde Kersttentoonstellingen, waar elk jaar wel iets te zien was van Corot, Dupré, Diaz of Rousseau. Toen in 1938 in het Stedelijk Museum in Amsterdam de tentoonstelling *Honderd jaar Fransche kunst* werd gehouden was naast o.a. Cézanne, Manet en Renoir, Corot vertegenwoordigd, met twintig belangrijke schilderijen; ook hing daar Millet's *Les botteleurs de foin* uit het Louvre[65].

Veilingen in Amsterdam van bekende verzamelingen zoals die van De Kuyper (1911), Van Randwijk (1916), Langerhuizen (1918) en Neervoort van de Poll (1921) trokken een breed publiek[66]. Engelse en Amerikaanse verzamelaars dreven de prijzen op, waardoor veel schilderijen naar het buitenland verdwenen. Maar gelukkig niet alle: zo kocht

47
*J. - F. Millet*
*Bergweide in Auvergne*
*Minneapolis Institute of Arts*

Mevrouw Kröller-Müller twee schilderijen van Millet uit de collectie De Kuyper voor
een totaalbedrag van bijna f 13.000,–[67]. Millet's *Pâturage sur la montagne, en Auvergne* werd
echter op diezelfde veiling voor het recordbedrag van f 43.000,– naar Amerika
verkocht en bevindt zich nu in het Minneapolis Institute of Arts[68] (afb. 47). Op hun
beurt kochten Nederlandse handelaars en verzamelaars op veilingen in het buitenland.
Toen de collectie werken uit de Haagse School en de School van Barbizon van
Sir John Charles Day in 1909 in Londen werd geveild, bestond daarvoor ruime belangstelling van Nederlandse zijde: "Op de kijkdagen was het al gezellig geweest.
Zooveel bekende gezichten in Londen terug te vinden. Maar dat kwartiertje vóór de
veiling begon, was het alsof Christie verhollandscht was. Geen kunsthandelaar uit
Holland was thuisgebleven. Hollandsche bekende liefhebbers waren met hun
adviseurs meegereisd of hadden zich bij dezen aangesloten; Hollandsche schilders van
reputatie hadden zich de moeite en zorgen der crossing getroost om getuige te zijn van
een strijd waarin de leidende groote firma's van continent en Amerika elkaar de
mooiste specimen der Haagsche Schilderschool zouden gaan betwisten. Hier stond
Albert Neuhuys in druk gesprek met den heer en mevrouw Drucker, ginds wandelden
bekende Haagsche verzamelaars en onderhielden zich met de heeren Preyer, Tersteeg
en zoo ongeveer alle andere vertegenwoordigers van het kunstkoopersgilde der
Residentie. De Amsterdamsche verzamelaar Crone werd opgemerkt, zoowel als een
bezitster der schoone verzameling in de Rijnstraat, douairière Van Alphen.
Holland was opgekomen in volle afwachting van wat gebeuren zou"[69].
De belangrijkste stukken werden voor zeer hoge prijzen gekocht door vooraanstaande
kunsthandels als Boussod, Valadon & Cie., Scott Fowles, Arnold & Tripp, en Gooden
& Fox. Buffa kocht werk van Jacob Maris en Preyer kwam terug met een Hervier
een Harpignies.
Door het tot grote hoogte gestegen prijsniveau was het niet eenvoudig om goede aankopen op het gebied van de School van Barbizon te doen. Toch werden er ook in de
20ste eeuw in Nederland nog verzamelingen bijeengebracht, waarin deze een
belangrijke plaats innam.
Genoemd is al de collectie van Mevrouw Kröller-Müller, die vanaf 1909 een gerichte
verzamelactiviteit aan de dag legde met doelstellingen die zij later als volgt zou
omschrijven: "Tot nut en genot der gemeenschap bijeengebracht dient deze
verzameling om een aanschouwelijk beeld te geven der ontwikkeling zowel van de
individuele moderne kunstenaar als van de kunst onzer dagen in het algemeen"[70].
Naast schilderijen kocht Mevrouw Kröller-Müller ook beeldhouwwerken, tekeningen
en grafiek, die tezamen een overzicht moesten geven van de moderne kunst te
beginnen bij Courbet en de School van Barbizon, gevolgd door de Impressionisten,
Vincent van Gogh, de Neo-impressionisten, de Symbolisten, Art Nouveau en de

Kubisten tot aan Mondriaan en Bart van der Leck. Al in 1921 had zij architect
Henri van de Velde de opdracht gegeven een ontwerp te leveren voor een
museum op de Veluwe, waar de familie uitgestrekte jachtterreinen bezat. Toen de
collectie in 1935 werd overgedragen aan het Rijk gebeurde dat op voorwaarde dat de
staat de bouw van het museum volgens de plannen van Van de Velde zou laten
uitvoeren. Dit gebeurde en in 1938 kon het Rijksmuseum Kröller-Müller de eerste
bezoekers ontvangen.

Bij haar aankopen had Mevrouw Kröller-Müller zich steeds laten adviseren door de
kunstcriticus en kunstpedagoog H.P. Bremmer, die zichzelf "leraar in de practische
aesthetica" noemde. Bremmer oefende in de eerste helft van deze eeuw grote invloed
uit op de meningsvorming over moderne kunst[71]. Hij schreef een aantal kunst-
theoretische boeken en was redacteur van de tijdschriften *Moderne Kunstwerken* en
*Beeldende Kunst,* die in twaalf afleveringen per jaar verschenen. Elke aflevering bevatte
acht reproducties, ieder met een inleiding van de hand van Bremmer. De School van
Barbizon kwam hierin regelmatig aan de orde, waarbij de gereproduceerde werken
meestal door Bremmer werden gekozen uit Nederlandse verzamelingen. Naast zijn
publicaties werkten vooral ook de talloze lezingen die Bremmer overal in het land
hield sterk door. Zo sterk wist hij zijn publiek te overtuigen van zijn voorkeur, die
uitging naar de Franse en Nederlandse schilderkunst sinds 1850, dat een aantal in de
eerste eeuwhelft ontstane verzamelingen, een duidelijk "Bremmer-stempel" dragen.
Een voorbeeld hiervan is ook de collectie Van Baaren. L.H. van Baaren, aannemer-
makelaar en eigenaar van onroerend goed, woonde met zijn zuster Josephina Francisca
in hun ouderlijk huis aan de Oude Gracht in Utrecht[72]. In het begin van de jaren
'dertig begonnen broer en zuster met het aanleggen van een verzameling kunstvoorwerpen zoals schilderijen, porselein, zilver en meubelen. De schilderijen kochten zij
op veilingen, maar vooral bij de kunsthandels E.J. van Wisselingh in Amsterdam en
Nieuwenhuizen Segaar in Den Haag. Nieuwenhuizen Segaar woonde sinds 1933 bij
Bremmer om de hoek. Hun contact leidde ertoe dat een groot aantal kunstwerken
afkomstig uit de zaak van Nieuwenhuizen Segaar door Bremmer besproken werd in
het veel gelezen *Beeldende Kunst.* De verzameling van de Van Baarens getuigt van
de invloed van Bremmer, die zij ongetwijfeld via Nieuwenhuizen Segaar hadden leren
kennen. Naast werken uit de Haagse School kochten zij schilderijen en tekeningen van
Daubigny (cat.nr. 20), Michel, Millet, Troyon, Bonheur en Courbet. Ook modernere
Nederlandse en Franse kunstenaars zoals Van Gogh, Toorop, Mondriaan, Willink,
Metzinger, Herbin en Degouve de Nunques zijn in de collectie, die sinds 1976 in het
Centraal Museum in Utrecht is ondergebracht, vertegenwoordigd[73].

In 1964 was de Gemeente Den Haag in de gelegenheid de Amsterdamse collectie
E.H. Crone aan te kopen, die zich al sinds 1947 als bruikleen in het Haags
Gemeentemuseum bevond. Dit betekende in de eerste plaats een belangrijke
uitbreiding van de verzameling Haagse School, maar tevens kwam het museum
hiermee in het bezit van twee werken van Diaz (cat.nr. 43), een Vollon en een
Segantini[74].

De verzameling van de Haagse schilder Paul Arntzenius ging echter aan het
Gemeentemuseum voorbij. In 1964 schonk Arntzenius op tachtigjarige leeftijd zijn
collectie aan de Gemeente Gouda[75]. Naast werken uit de Haagse School had
Arntzenius een groot aantal 19de-eeuwse Franse schilderijen bijeengebracht zoals van
Bonvin, Vollon, Breton, Couture, Redon en Fantin Latour. Zijn voorkeur ging echter
uit naar de School van Barbizon: vijf schilderijen van Daubigny en vier van Harpignies
en verder werk van Decamps, Dupré, Hervier, Michel en Ziem maakten deel uit van
de collectie, zoals die nu te zien is in het Catharina Gasthuis (cat.nr. 25, 34).

De schilderijen die Arntzenius kocht worden gekenmerkt door hun ingetogen,
intieme karakter en een klein formaat. Hoe de schilder, als aanhanger van de religieuze
filosofie van het soefisme, zijn verzameling zelf zag, heeft hij genoteerd in een aantal
overpeinzingen[76].

Bevriend met Paul Arntzenius was de architect R.J. Veendorp die vanaf 1925 een
regelmatige klant was bij kunsthandels als Van Wisselingh, Nieuwenhuizen Segaar en
Huinck & Scherjon[77]. Hij verzamelde werk van kunstenaars als Breitner, Tholen, Isaac
Israëls, Jan Mankes, Van Hoytema, zijn vriend Arntzenius en natuurlijk de Haagse
School, maar ook bezat hij een kleine, maar interessante groep werken van Franse
meesters als Corot (cat.nr. 15) Daubigny, Hervier, Rousseau, Fantin Latour, Vollon en
Redon. Zelf zei hij over zijn collectie: "De verzameling is een geheel, het is
aaneensluitend. Bij elk nieuw stuk ging ik ervan uit dat het niet mocht storen in het
geheel door bijvoorbeeld een ander uitgangspunt. De Franse schilderkunst uit de

periode van mijn verzameling is heel goed naast de Nederlandse uit die tijd te zetten".
De Twentse textielfabrikant J.B. Scholten was een eenzelvig man met een grote liefde
voor de natuur en de stilte. Deze voorkeur weerspiegelt zich in zijn verzameling
waarin 17de eeuwse landschappen de toon aangeven naast werken uit de Haagse
School en de School van Barbizon[78]. Als hartstochtelijk jager was een van zijn dier-
baarste schilderijen Decamps' *Jager* (afb. 48). Toen de collectie in 1947 geschonken
werd aan het Rijksmuseum Twenthe in Enschede, kwam dit daarmee in het bezit van
een aantal belangrijke werken uit de School van Barbizon, waaronder Rousseau's
*Landschap bij Apremont* (cat.nr. 91).

48
*A. - G. Decamps*
*De jager*
*Rijksmuseum Twenthe, Enschede*

De schitterende verzameling van de Twentse industrieel H.E. ten Cate werd
bijeengebracht tussen 1920 en 1940. Ten Cate had vooral belangstelling voor de 17de
eeuwse meesters en de Haagse School. Van Weissenbruch bezat hij twee in Barbizon
geschilderde landschappen (afb. 52). Ook Jongkind en Breitner waren goed
vertegenwoordigd evenals alle belangrijke kunstenaars uit de School van Barbizon.
Zo maakte Daubigny's *Boerderijen in Kerity* (cat.nr. 22) nu in bezit van het Haags
Gemeentemuseum, deel uit van deze collectie die in 1958 geveild werd[79].
Tenslotte moet de Rotterdamse verzamelaar Willem van der Vorm genoemd worden,
die in 1918, geheel volgens de traditie, Haagse School en 'Barbizon' begon te
verzamelen. Evenals Ten Cate breidde hij zijn verzameling, mogelijk onder invloed
van museumdirecteur Hannema, later uit met belangrijke 17de-eeuwse schilderijen;
zijn verzameling is nu ondergebracht in Museum Boymans-Van Beuningen in
Rotterdam[80].

Uit het voorafgaande mag blijken hoe sterk en hoe constant de voorliefde voor de
School van Barbizon was bij het kunstminnende publiek in Nederland, een voorliefde
die waarschijnlijk het best te verklaren valt uit een al of niet bewust gevoel van
verwantschap.

**1.** Zondagsblad van het *Dagblad van Zuid Holland en 's-Gravenhage*, 1e jrg., 18 januari 1903, pp. 9-10.
**2.** De verzameling van Thomy Thiéry bereikte het Louvre
in 1902, die van Chauchard in 1910.
**3.** J.M. Eikelenboom, "De schilder H.W. Mesdag en zijn
verzameling Franse schilderijen", *Tableau*, jrg. 6, nr. 4, 15 februari 1984, pp. 60-68.
**4.** Zo was er al vóór 1840 een landschap van J. Dupré in de
kunsthandel in Amsterdam, zie: M.-M. Aubrun, *Jules Dupré
1811-1889, catalogue raisonné de l'œuvre peint, dessiné et gravé*, Parijs 1974, p. 89, nr. 145.
**5.** P. Miquel vermeldt deze beide veilingen in zijn *Le paysage
français au XIXe siècle*, 3 dln., Maurs-la-Jolie 1975, dl. 2, p. 383.

Het betreft de veiling van de verzameling moderne schilderijen van de heer M.A.W. uit Amsterdam, gehouden in Hôtel Drouot in Parijs in 1857. Een van de geveilde werken was
*La mare* van Jules Dupré. De tweede veiling vond ook plaats
in Hôtel Drouot in 1860 (23 april) en betrof de collectie van
de heer D. eveneens uit Amsterdam. Een exemplaar van de
veilingcatalogus van de verzameling D. bevindt zich op het
RKD.
**6.** C.G. 't Hooft, in: *Vereeniging tot bevordering van Beeldende
Kunsten. De schilderijen-verzameling in het Museum Fodor*, premieuitgave, Amsterdam 1901. A.J. Lamme was een neef van Ary
Scheffer; hij was kunsthandelaar en vanaf 1852 de eerste directeur van het museum Boymans in Rotterdam.

**7.** [A.J. Lamme], *Beschrijving der schilderijen, teekeningen, prenten, prentwerken en boeken in het museum Fodor,* Amsterdam 1863.
**8.** Voor de geschiedenis van het museum Fodor, zie: J.H. van Eeghen in: cat.tent. *Fodor 100 jaar,* Museum Fodor, Amsterdam 1963; J. Hagenbeek-Fey, *Carl Joseph Fodor en zijn schilderijenverzameling,* Amsterdam 1975; W. Loos, in: cat.tent. *The Fodor collection; nineteenth-century French drawings and watercolors from Amsterdams Historisch Museum,* Colgate University, New York/Historisch Museum, Amsterdam 1985.
**9.** Decamps: *Herdersjongens voor een Mariabeeld* (1847) en *Een Italiaans meisje met haar geit;* Diaz: *Takken afrukkende kinderen,* vgl. Veiling Parijs (Hôtel Drouot) 24/25 april 1876, nrs. 23, 24 en 28.
**10.** Zie noot 9, respectievelijk cat.nrs. 30, 70 en 22.
**11.** Veiling Den Haag 17/18 november 1875; veiling Parijs (Hôtel Drouot) 24/25 april 1876.
**12.** Veiling Utrecht, 24 april 1873.
**13.** Krantenknipsel, afdeling Persdocumentatie RKD, zonder bronvermelding.
**14.** *Kunstkronijk* 1873, p. 31; tot ver in de 20e eeuw zou het gebruik blijven catalogi van in Nederland te houden veilingen franstalig te geven.
**15.** Volgens annotaties in het exemplaar van de veilingcatalogus in de bibliotheek van het RKD.
**16.** E.L. Jacobson; veiling Parijs (Hôtel Drouot) 28/29 april 1876; zie ook: jhr. H. Reuchlin, "Edward Levien Jacobson, profiel van een verzamelaar en industrieel pionier", *Rotterdams Jaarboekje* 1976, pp. 168-181; Jacob de Vos: veiling Amsterdam (de Brakke Grond) 22/23 mei 1883; W.L. Ravesteijn: veiling Amsterdam (de Brakke Grond) 22 april 1884; P. Verloren van Themaat: veilingen Amsterdam (F. Muller & Cie) 25 november 1880, 23/24 februari 1881 en 4 mei 1886.
**17.** Sommige verzamelaars bleven deze "kladschilders" echter wat versmaden. Zo schreef de Rotterdamse collectionneur Ledeboer in de catalogus die hij in 1880 van zijn verzameling samenstelde: "Op dit ogenblik wil de meer oppervlakkige, ongechaveerde, hoewel overigens zeer fraaije Fransche school, die van onze oude meesters verdringen". In deze collectie bevonden zich dan ook wèl werken van Schelfhout, Koekkoek en Nuyen, naast Fichel, Gudin, Girardet en Veyrassat, maar de Haagse School en de School van Barbizon ontbraken volledig. Zie: *Catalogus van schilderijen uitmakende de collectie van Lambertus Vincentius Ledeboer,* Rotterdam 1880.
**18.** Ch. Dumas, "Haagse School verzameld" in cat.tent. *De Haagse School; Hollandse meesters van de 19de eeuw,* Parijs/Londen/Den Haag 1983, pp. 125-136.
**19.** W. Gensel, in zijn "Französische Meister in der Mesdag'schen Sammlung im Haag", *Zeitschrift für bildende Kunst,* Neue folge XIII, Leipzig 1902, pp. 215 en 224, beschouwt de verzamelingen Mesdag, Thomy Thiéry en Chauchard als de drie belangrijkste verzamelingen van de "School van 1830"; H. Asselin, "Les chefs-d'œuvre français du Musée Mesdag à La Haye", *L'art et les artistes,* dl. XIV-XV, 1927, p. 289: "Een Fransman van aanzien verklaarde, nadat hem de schatten op het gebied van de Franse schilderkunst in het Museum Mesdag waren geopenbaard, dat men ongetwijfeld in Frankrijk zelf nergens zo'n rijke en representatieve collectie van de meesters van Barbizon vond, als die van de oude Haagse bankier, die zoals men weet zelf schilder was, weliswaar een matig kunstenaar, maar een geniaal verzamelaar".
**20.** De verkoopboeken van Goupil over de periode 1877-1917 bevinden zich op het RKD.
**21.** S. de Bodt, "Hendrik Willem Mesdag en Brussel", *Oud Holland* XCV, (1981), pp. 59-87.
**22.** A.C. Croiset-van der Kop, "Mevrouw S. Mesdag-van Houten", *Elsevier* I, 1891; herdrukt in M. Rooses, *Het Schildersboek* IV, Antwerpen 1900, pp. 123-139, zie p. 135.
**23.** G.H. Marius schreef in 1901: "De eerste aankoop was een landschap van Corot, dat de heer Van Wisselingh, de vader van den tegenwoordigen E.T. van Wisselingh, een man van zeer fijnen smaak aankocht", G.H. Marius, "Hendrik Willem Mesdag 1831-1901" *Woord en Beeld,* Haarlem 1901, p. 63. Helaas vermeldt Mej. Marius niet in welk jaar de Corot werd gekocht.
**24.** *Catalogus tentoonstelling van schilderijen uit particuliere verzamelingen,* Academie van Beeldende Kunsten, Den Haag 1882.
**25.** P.N.H. Domela Nieuwenhuis, "H.W. Mesdag et la peinture française", in: *Catalogue des collections du Museum Mesdag, XIX siècle, Écoles étrangères,* Den Haag 1964; J.M. Eikelenboom, *op.cit.* (noot 3).
**26.** J. Gram, "Het museum Mesdag", *Haagsche Stemmen,* 25 mei 1889, p. 485.
**27.** Catalogue Collection Mesdag, Amsterdam (F. Muller & Cie), Amsterdam 1916. In deze catalogus zijn in totaal 13 tekeningen van Millet opgenomen, evenveel tekeningen en een schilderij van Daubigny, 2 tekeningen en 3 schilderijen van Rousseau en nog een aantal prenten van kunstenaars uit de School van Barbizon. In maart 1916 werd in Panorama Mesdag een tentoonstelling gehouden van "schilderijen, aquarellen, teekeningen, etsen, gobelins en kunstvoorwerpen grootendeels uit het woonhuis van wijlen den Heer H.W. Mesdag". Met dank aan Ch. Dumas die mij behulpzaam was bij het opsporen van de foto (afb. 42) in de atlas van het Haags Gemeentearchief. Op de foto zijn te herkennen: cat.nr. 5 Daubigny, *Dans la vallée,* cat.nr. 17 Millet, *Les couturières,* cat.nr. 18 Millet, *Les ramasseuses de bois mort* en cat.nr. 28 Rousseau, *Dans la forêt de Fontainebleau.*

**28.** J.M. Eikelenboom, *op.cit.* (noot 3), p. 66.
**29.** In het Museum Mesdag bevinden zich alleen al twaalf schilderijen van Corot, twintig van Daubigny, drie van Millet, acht van Rousseau, zeven van Dupré en eveneens zeven van Troyon, nog afgezien van de vele aquarellen, pastels en tekeningen.
**30.** cat. *Tentoonstelling van moderne schilderijen bijeengebracht uit de kabinetten der voornaamste kunstliefhebbers hier ter stede,* Arti et Amicitiae, Amsterdam 1875.
**31.** cat. *Tentoonstelling van moderne schilderijen bijeengebracht uit bestaande particuliere kunstverzamelingen te dezer stede,* Academie van Beeldende Kunsten en Technische Wetenschappen, Rotterdam 1880. In 1890 vond nog een dergelijke tentoonstelling in Rotterdam plaats, eveneens in het academiegebouw. De belangrijkste bruikleengever was ook toen De Kuyper.
**32.** cat. *Tentoonstelling van schilderijen uit particuliere verzamelingen,* Academie van Beeldende Kunsten, Den Haag 1882.
**33.** *Dagblad van Zuid Holland en 's-Gravenhage,* 16 juni 1882. Met de driejaarlijkse tentoonstellingen worden de tentoonstellingen van Levende Meesters bedoeld (zie p. 61).
**34.** *Het Vaderland* 26 juni 1882.
**35.** Vincent van Gogh, *Verzamelde brieven,* dl. I, Amsterdam/Antwerpen 1973[5], brief 215, pp. 409-410 (Den Haag, 1882).
**36.** *Der Düsseldorfer Almanach 1929,* Verlag des Kunstvereins für die Rheinlande und Westfalen, Düsseldorf 1929, p. 101.
**37.** cat. *Tentoonstelling van eenige schilderijen uit particuliere verzamelingen,* Arti et Amicitiae, Amsterdam 1886; Samuel [= Jan Veth], "Tentoonstelling van eenige schilderijen uit particuliere verzamelingen in Arti et Amicitiae", *De Nieuwe Gids,* jrg. I, dl. 2, Amsterdam 1886, pp. 304-310; zie ook: *De Nederlandsche Spectator* 1886, pp. 174-175.
**38.** cat. *Tentoonstelling van meesterwerken van Fransche kunst,* Pulchri Studio, Den Haag 1896.
**39.** Brief van Tersteeg aan Mesdag, gedateerd 19 oktober 1896. Haags Gemeentearchief, archief Pulchri Studio nr. 85.
**40.** cat. *Tentoonstelling van meesterwerken van Fransche kunst,* Pulchri Studio, Den Haag 1900.
**41.** cat.tent. *Kunstwerken van Ch. Daubigny,* Pulchri Studio, Den Haag 1890, (35 schilderijen, 18 tekeningen en 2 etsen); cat.tent. *J.F. Millet,* Pulchri Studio, Den Haag 1892, (totaal 56 nrs.).
**42.** D. v.d. Kellen jr., in: *Nieuws van de dag,* 18 oktober 1892.
**43.** collectie Taco Mesdag: na de dood van zijn vrouw Gesina Mesdag-van Calcar in 1936 kwam de verzameling Franse kunst in bezit van hun pleegzoon. Deze heeft de collectie gedurende de Tweede Wereldoorlog in gedeeltes verkocht. (vriendelijke mededeling van de familie Mesdag).
collectie J. de Kuyper: Veiling Amsterdam (F. Muller & Cie), 30 mei 1911. Het hoogtepunt op deze veiling vormde de *Pâturage sur la montagne en Auvergne* (afb. 47) van Millet dat f 43.000,– opbracht. De Kuyper was niet alleen verzamelaar maar tevens kunsthandelaar.
collectie F.H.M. Post: Veiling Amsterdam (C.F. Roos & Cie) 14 april 1891 (afb. 44).
collectie Verstolk-Völcker: op het RKD bevindt zich de handgeschreven *Inventaris van de verzameling schilderijen en teekeningen Verstolk-Völcker,* samengesteld in juli 1882, met een supplement van 30 april 1884. Wanneer deze collectie uiteengevallen is, is niet bekend.
collectie Fop Smit: op de tentoonstelling in Pulchri Studio in 1896 waren nog werken van Daubigny, Decamps, Millet, Rousseau en Troyon uit de collectie van de dan al overleden Fop Smit te zien. Zijn zoon had de bestuursleden van Pulchri meegedeeld dat zij werken voor de tentoonstelling konden komen uitzoeken, maar dat de collectie al zeer sterk was uitgedund. (brief Haags Gemeentearchief, Archief Pulchri Studio nr. 85); in de veilingcatalogus van de collectie Fop Smit, Amsterdam (F. Muller & Cie), 17 november 1912, zijn de in 1896 in Pulchri tentoongestelde werken niet terug te vinden.
collectie Blom Coster: Veiling Den Haag (Boussod, Valadon & Cie) 31 mei 1904; in de catalogus van deze veiling zijn de werken uit de School van Barbizon, die te zien waren in Arti et Amicitiae in 1886 en in Pulchri Studio in 1896 niet opgenomen.
collectie P. Langerhuizen: Veiling Amsterdam (F. Muller & Cie) 29 oktober 1918.
collectie W.J. van Randwijk: Veiling Amsterdam (F. Muller & Cie) 11 april 1916.
collectie J.R.H. Neervoort van de Poll: Veiling Amsterdam (F. Muller & Cie) 29 november 1921.
collectie Baron N.A. Steengracht van Moyland: Veiling Amsterdam (F. Muller & Cie) 10 september 1895.
collectie Dr. H.G. Samson: Veiling Amsterdam (F. Muller & Cie) 28 april 1896.
collectie C. Hoogendijk: Veiling Amsterdam (F. Muller & Cie) 21/22 mei 1912.
collectie J.H.L. de Haas: deze collectie werd na de dood van de schilder in 1908 geschonken aan de Rijksacademie van beeldende kunsten te Amsterdam, zie: J. Six, *Het legaat Johannes Hubertus Leonardus de Haas,* Haarlem 1909.
**44.** *Amsterdamsche Courant,* 18-6-1900.
**45.** H. de Boer, "Collection de M. van Randwijk à la Haye", *Les Arts,* nr. 68, augustus 1907 (uitgave Goupil); M. Eisler, "The Van Randwijk Collection", *The Studio* LV (1912), pp. 96-107 en pp. 199-209.

**46.** cat. *Tentoonstelling der collectie schilderijen, aquarellen en teeke-ningen toebehoorende aan den Weledel Geboren Heer W.J. van Randwijk te 's-Gravenhage,* Academie van Beeldende Kunsten en Technische Wetenschappen, Rotterdam 1908/1909.
**47.** W. Steenhoff, "De Randwijk-collectie in het Rijksmuseum te Amsterdam", *Onze Kunst* XXVII, april 1915, pp. 89-97; de rest van de verzameling werd geveild in Amsterdam (F. Muller & Cie), 11 april 1916.
**48.** Archief Rijksmuseum Amsterdam, archief nrs. 163-164 (archief Van Lynden). Het schilderij van Monet bevindt zich thans in het Stedelijk Museum in Amsterdam.
**49.** cat.tent. *Hommage aan de Vereniging met de lange naam,* Stedelijk Museum, Amsterdam 1978.
**50.** *Catalogus van schilderijen, teekeningen en beelden in het Stedelijk Museum bijeengebracht door de Vereeniging tot het vormen van een openbare verzameling van hedendaagsche kunst,* Stedelijk Museum, Amsterdam 1895, supplement 1896.
**51.** zie de catalogi van de "Vereniging" uit 1905, 1914 en 1922; de collectie van J.H. van Eeghen werd in twee gedeelten geveild: Amsterdam (F. Muller & Cie) 10 november 1908 (alleen Nederlandse werken) en Londen (Christie, Manson, and Woods) 30 april 1909 (naast Nederlandse schilderijen o.a. ook werken uit de School van Barbizon).
**52.** E. Bergerat, in: veilingcatalogus collectie Jacobson, Parijs (Hôtel Drouot) 28/29 april 1876; L. Roger-Milès, in: veilingcatalogus collectie J.R.P.C.H. de Kuyper, Amsterdam (F. Muller & Cie) 30 mei 1911.
**53.** Ch. Dumas, *loc.cit.* (noot 18), pp. 130-134.
**54.** J.H. de Bois, in: *Haarlems Dagblad,* november 1912; C. van Houts, in *Het Parool,* 20 juli 1983; K. Groesbeek en P.C. Eilers jr. in: *Half a century of picture dealing, an illustrated record by E.J. van Wisselingh and Co.,* Amsterdam 1923.
**55.** zie noot 48.
**56.** *De Nederlandsche Spectator,* 17 augustus 1861; H. Dirven, "De kunsthandelaar Vincent van Gogh uit Princenhage", *Hage* (uitgave van de werkgroep *Haagse Beemden*), nr. 19, juli 1977.
**57.** Veiling Den Haag (Pulchri Studio) 2/3 april 1889; De verzameling (totaal 158 nrs) bestond grotendeels uit Franse schilderijen, niet alleen van de schilders van Barbizon, maar ook van bijvoorbeeld Delaroche, Couture, Gérome, Hamman, Isabey en Meissonnier. Daarnaast waren de Hollandse Romantiek en de Haagse School goed vertegenwoordigd; J. Gram, "De kunstverzameling Vincent van Gogh in Pulchri Studio", *Haagsche Stemmen* II (1889), pp. 371-382.
**58.** zie noot 20.
**59.** "Kunstberichten A. Preyer 1890 – 1 januari 1915", *De Hofstad* XVII, 9 januari 1915.
**60.** *Nieuwe Rotterdamsche Courant,* 2 juli 1902.
**61.** James Staats Forbes stierf in 1904; in 1905 werd een deel van zijn collectie in Pulchri Studio tentoongesteld en verkocht.
**62.** Veiling Amsterdam (F. Muller & Cie) 8 november 1927.
**63.** cat.tent. *De Haagse School, op cit.* (noot 18), cat.nrs. 63 en 91.
**64.** *Hier Rotterdam,* 1 mei 1953; sinds 1911 bezat Unger een eigen zaak aan de Eendrachtsweg, samen met Van Mens. Ook toen bleef hij handelen in Franse kunst met een verschuiving van accent naar modernere kunstenaars zoals Gauguin. In 1933 kreeg Unger een Franse onderscheiding.
**65** cat.tent. *Honderd jaar Fransche Kunst,* Stedelijk Museum, Amsterdam 1938.
**66.** zie noot 43.
**67.** *Caritas* (f 3.500,–) en *Le bout du village à Gréville* (f 9.400,–), beide nu in Museum Kröller-Müller in Otterlo.
**68.** Nu bekend onder de naam *Pasture in Normandy;* zie: R.L. Herbert, *Barbizon revisited,* Boston 1962, cat.nr. 81.
**69.** Veiling collectie Sir John Charles Day, Londen (Christie) 13/14 mei 1909; J.H. de Bois, in: *Nieuwe Rotterdamsche Courant,* 16-5-1909.
**70.** cat. *Schilderijen van het Rijksmuseum Kröller-Müller,* Otterlo 1970.
**71.** H.J. Vink, "H.P. Bremmer, kunstpedagoog en ondersteuner van kunstenaars", *Jaarboek Die Haghe* 1984, pp. 75-110.
**72.** cat.tent. *Collectie Van Baaren (Utrecht) in het Catharina Gasthuis,* Catharina Gasthuis, Gouda 1966; cat.tent. *Collectie Van Baaren,* Centraal Museum, Utrecht 1976.
**73.** In 1956 werd de Van Baaren Stichting opgericht. Mej. Van Baaren stierf in 1959, haar broer in 1964. In 1966 werd het Museum Van Baaren voor het publiek opengesteld. Sinds 1976 is de collectie ondergebracht in het Centraal Museum in Utrecht.
**74.** Brochure uitgegeven door het Haags Gemeentemuseum in april 1964; C. Kikkert, "De collectie E.H. Crone, Arti et Amicitiae, *Onze Kunst* VIII (1909), pp. 138-140; G.H. Marius, "De verzameling Crone te Amsterdam", *Elsevier's Geïllustreerd Maandschrift* XX (1910), pp. 1-14.
**75.** cat. tent. *Collectie P. Arntzenius,* Gemeentemuseum, Den Haag 1959; *Trouw,* 18 januari 1964.
**76.** P. Arntzenius, *Overpeinzingen van een schilder,* Den Haag 1963.
**77.** cat. *Verzameling R.J. Veendorp,* Groninger Museum voor stad en lande, Groningen 1969; *Nieuwsblad van het Noorden,* 1 februari 1969; *Dagblad van de Zaanstreek,* 7 februari 1969; een keuze uit de collectie Veendorp werd in 1976 tentoongesteld in het Museum Mesdag in Den Haag.

**78.** *Twentsche Courant,* 12 juli 1972; O. ter Kuile, *Catalogus van schilderijen Rijksmuseum Twenthe,* Enschede 1974/1976.
**79.** D. Hannema, *Catalogue of the H.E. ten Cate collection,* 2 dln, Rotterdam 1955; Veiling Londen (Sotheby) 3 december 1958.
**80.** D. Hannema, *Catalogue of the pictures in the collection of Willem van der Vorm,* Rotterdam 1950; D. Hannema, *Beschrijvende catalogus van de schilderijen uit de kunstverzameling Stichting Willem van der Vorm,* Rotterdam 1962.

# Nederland en Barbizon; kunstenaars gaan en komen

Hans Kraan

### De Haagse School en Barbizon

Stelde de kunstkritiek in Nederland zich geruime tijd nogal terughoudend op ten aanzien van de Franse kunstenaars die zich in Barbizon en de bossen van Fontainebleau terugtrokken, de jonge generatie schilders in ons land had er – zoals zal blijken – minder moeite mee.

Jozef Israëls (1824-1911) verbleef voor het eerst in Parijs van 1845 tot 1847, waar hij les nam in het atelier van de historieschilder François Picot[1]. Hij was naar Parijs gegaan in navolging van Ary Scheffer die toen op het hoogtepunt van zijn roem stond. Scheffer behoorde tot de schilders van het "juste milieu", niet al te vooruitstrevend en niet al te conservatief, waarmee Israëls zich toen verwant voelde. Ary Scheffer had zich echter van het begin af aan zeker niet afwijzend opgesteld tegenover het groepje kunstenaars dat zich had teruggetrokken in de bossen ten zuiden van Parijs. Al in 1830 toonde hij zich zo enthousiast over de studies die de jonge Rousseau van een reis meebracht naar Parijs dat hij hem atelierruimte aanbood in zijn huis aan de Rue Chaptal, om er zijn *La descente des vaches* (cat.nr. 85) te schilderen.

Henri Scheffer, de eveneens schilderende broer van Ary, wist in datzelfde jaar het eerste werk van Rousseau dat gunstige kritieken kreeg op de *Salon,* te verwerven door het te ruilen voor een portret dat hij beloofde te schilderen van de ouders van Rousseau[2]. Israëls – die Scheffer pas in 1853 voor het eerst zou ontmoeten – had veel horen praten over de groep schilders die zijn intrek had genomen in de herberg van Ganne. Hij was nieuwsgierig geworden en besloot een kijkje te gaan nemen in dit afgelegen oord. De omgeving inspireerde hem al dadelijk tot het schetsen van boeren-hoeven en hun schamele interieurs. Helaas zijn deze schetsen niet overgeleverd. Evenmin is bekend of Israëls bij die gelegenheid ook contact heeft gehad met andere kunstenaars. Wel weten we dat hij tijdens zijn tweede verblijf in Parijs in 1853 opnieuw een week doorbracht in Barbizon. Volgens overlevering kocht hij er toen een aantal boerenkledingstukken om er thuis in zijn atelier naar te kunnen werken. Over de invloed van Millet op het werk van Jozef Israëls wordt elders in deze catalogus uitvoerig gesproken (zie p. 105 t/m p. 111).

49
*W. Roelofs*
*Landschap in de omgeving van Barbizon,*
*1854*
*kunsth. Gebr. Douwes, Amsterdam*

In 1851 kwam Willem Roelofs (1822-1897), die sinds 1847 in Brussel woonde, voor het eerst in Barbizon en in de daarop volgende jaren keerde hij er nog een aantal malen terug[3]. In tegenstelling tot Israëls beperkte Roelofs zich niet tot het maken van eenvoudige schetsjes. Diverse doorwerkte tekeningen en ook schilderijen, tussen 1851 en 1855 gemaakt, getuigen van zijn verblijf in Barbizon (afb. 49)[4]. Als Roelofs bij Ganne gelogeerd heeft – wat aannemelijk lijkt, want hij maakte een tekening van de tuin achter de herberg (afb. 50) – is het zeker niet uitgesloten dat hij contact heeft gehad met Franse collega-schilders. Hun invloed op het werk van Roelofs uit de jaren 'vijftig komt duidelijk naar voren in zijn *Landschap vóór het onweer* in het Koninklijk Museum voor Schone Kunsten in Brussel uit 1851[5]. Compositorisch toont dit monumentale werk nog een zekere binding met het romantische landschap volgens de traditie van B.C. Koekkoek, maar de uitvoering ervan verraadt bekendheid met het werk van Diaz en Rousseau.

50
*W. Roelofs*
*Tuin bij de herberg van Ganne*
*potlood, sept. 1855*
*Haags Gemeentemuseum, Den Haag*

Gerard Bilders (1838-1865), die vanaf 1857 regelmatig in het bosrijke Oosterbeek schilderde, is zelf nooit in Barbizon geweest. Hij had wel het verlangen om naar Parijs te gaan geuit, maar zijn beschermheer en pedagoog, de vermogende letterkundige Johannes Kneppelhout, bekend onder het pseudoniem "Klikspaan" verzette zich hiertegen en stuurde hem in 1858 naar Genève[6]. Hier was de jonge Bilders gedurende een maand leerling van de landschap- en veeschilder Charles Humbert, die door zijn bezoeken aan Parijs goed op de hoogte was van de artistieke ontwikkelingen. In zijn werk was hij door veeschilders als Troyon, Rosa Bonheur en Brascassat beïnvloed. Bilders bezocht op aanraden van Humbert het plaatsje St. Ange ten zuiden van Genève, waar het landschap gekenmerkt wordt door zware keien zoals we die ook kennen uit de omgeving van Barbizon. In 1860 bracht Bilders een bezoek aan de *Exposition Générale des Beaux-Arts* in Brussel, waar werk te zien was van kunstenaars als Corot, Troyon, Millet, Courbet, Diaz, Dupré en Rousseau. Hij maakte de reis samen met zijn vader wiens werk ook in Brussel geëxposeerd was. Aan Kneppelhout schreef Bilders: "Ik was zeer nieuwsgierig en naar Brussel en naar de grote tentoonstelling, liet de studies in de steek en ging mede. Finantieel was het dom, maar voor het overige ben ik zeer tevreden er geweest te zijn, want ik heb er schilderijen gezien, waar ik niet van droomde en al datgene in vond wat mijn hart begeert en ik bijna altijd bij de hollandsche schilders mis. Troyon, Courbet, Diaz, Dupré, Robert Fleury, Breton hebben een grooten indruk op mij gemaakt. Ik ben dus nu goed Fransch, maar, juist door goed Fransch te zijn ben ik goed Hollands, dewijl de groote Franschen van tegenwoordig en de groote Hollanders van voorheen veel met elkander gemeen hebben. Eenheid, rust, ernst en vooral eene onverklaarbare intimiteit met de natuur troffen mij in die schilderijen"[7]. Deze vaak geciteerde woorden van Bilders laten zien hoe verrassend het werk van de Franse schilders overkwam. In hetzelfde jaar, maar nog voor zijn bezoek aan Brussel, schreef Bilders in zijn dagboek: "Deze zomer wil ik mij toeleggen meer de stemming in de natuur, den indruk, dien de natuur op mij maakt, te bestuderen"[8]. Dit streven vond Bilders op volmaakte wijze tot uitdrukking gebracht in het werk van schilders als Rousseau, Diaz en Dupré. Het is dan ook niet verwonderlijk dat de Brusselse tentoonstelling diepe indruk op hem maakte. In de landschappen die hij tot kort voor zijn dood in 1865, in Oosterbeek schilderde, zoals de *Geitenhoedster* in het Rijksmuseum in Amsterdam, vinden we de invloed van met name Troyon uitgewerkt tot een geheel eigen zienswijze[9].
In de literatuur is sinds het artikel van Max Eisler "Jacob Maris in Parijs" uit 1913 steeds vermeld dat Jacob Maris (1837-1899) in 1865 met de schilder F.H. Kaemmerer naar Parijs ging en zich daar vestigde[10]. Uit een brief van Anton Mauve aan Willem Maris blijkt echter dat Jacob al een jaar eerder, in het begin van 1864 naar Frankrijk vertrok[11]. Ook de twee 1864 gedateerde olieverfschetsen die hij in het bos van Fontainebleau

maakte vormen een bewijs hiervan (afb. 51)[12]. Eisler wees er al op dat niet alleen de figuurschilder E. Hébert – van wie Jacob Maris een aantal maanden les kreeg en die hem ertoe bracht zijn "Italiaanse meisjes" te schilderen – van invloed is geweest op de jonge kunstenaar, maar dat vooral ook de schilders van Barbizon voor zijn ontwikkeling als landschapschilder van beslissende betekenis waren. De landschappen die hij in zijn Parijse tijd – tussen 1864 en 1871 – tegen de zin van zijn vaste kunst-handelaar Goupil schilderde, laten zien dat hij goed bekend was met het werk van Corot, Rousseau, Diaz en Dupré[13].

51
*J. Maris*
*Rotsen in de omgeving van Barbizon,*
*1864*
*Rijksdienst Beeldende Kunst, Den Haag*

Israëls, Roelofs, Bilders en Jacob Maris behoren tot de oudere generatie binnen de groep van schilders die bekend zou worden als de Haagse School. Zo ook J.H. Weissenbruch (1824-1903), die in hetzelfde jaar geboren werd als Jozef Israëls. Het vroege werk van Weissenbruch staat nog dicht bij de romantische landschappen van zijn leermeester Andreas Schelfhout, maar in de jaren 'zestig dringen ook in zijn werk Franse invloeden door, waaruit hij uiteindelijk een geheel eigen stijl zou ontwikkelen[14]. Het duurde tot 1900, voordat Weissenbruch na een succesvolle carrière, de reis naar Barbizon ondernam. Het was zijn eerste en enige buitenlandse reis, een bedevaart naar de plaats waar de nieuwlichters gewerkt hadden. Als een late hommage schilderde hij het huis waar Millet vroeger gewoond had (afb. 52)[15].

52
*J.H. Weissenbruch*
*Het huis van J. - F. Millet, 1900*
*vroeger collectie H.E. ten Cate, Oldenzaal*

De School van Barbizon was van blijvende betekenis voor de schilders van de Haagse School. De stemmingslandschappen van Rousseau en Daubigny belichaamden een natuuropvatting die Maris, Roelofs en Weissenbruch konden delen. De koeien van Troyon waren net zulke "lichtvangers" in het landschap als die van Willem Maris. Deze schreef eens aan de Utrechtse advocaat en kunstverzamelaar P. Verloren van Themaat: "Zoudt gij ook lust hebben een Troyon te koopen, die [de kunsthandelaar]

Van Gogh heeft? Hij is mooi, zeer breed geschilderd, zo wat van de groote van mijn molen. Men zou hem voor 1800 fr. kunnen hebben. Ik geloof dat het goedkoop is"[16]. Het eenvoudige boerenleven zoals Jozef Israëls en later de schilders van de Larense School dat schilderden, was door Millet tot een gerespecteerd onderwerp verheven. Israëls zelf zei hierover in 1892: "Wij hebben het hem [Millet] te danken, dat het gewoon menschelijke op den troon verheven is, die het toekomt. Dat niet alleen de geschiedenissen van koningen en veroveraars, van heiligen en beroemde mannen de voorstellingen dienen te zijn, waarop zich een verheven kunstenaar mag inspireeren; maar dat aan den arbeider, die het land beploegt, en aan de moeder, die haar zuigeling drenkt, evenveel studie mag besteed worden en evenveel schoonheid mag toegewezen worden, als aan wat ook in de ons omgevende schepping[17]. Wat de Nederlandse landschapschilders gemeen hadden met die van Barbizon was enerzijds de onverdeelde bewondering voor het werk van meesters als Ruisdael en Cuyp, anderzijds de manier waarop zij de hen omringende natuur ervoeren en benaderden. Tot in de jaren 'zestig was er sprake van oriëntatie op de Franse schilders en soms ook van beïnvloeding, maar uiteindelijk zouden de schilders van wat dan de Haagse School genoemd wordt, zich toch in een geheel eigen richting ontwikkelen. Zij kozen bewust voor het Hollandse polderlandschap en het vissersleven aan de Noordzeekust. Hun koloriet bestond uit de groenen en grijzen die de wijdse vlakten en zware wolkenluchten van het Hollandse land kenmerken. Dit neemt niet weg dat de schilders van de Haagse School hun Franse collega's, die zij als baanbrekers beschouwden, hoog bleven aanslaan en vol ontzag waren voor hun prestaties. De bedevaart van Weissenbruch in 1900 vormt hiervan een treffend bewijs en ook de woorden van Jozef Israëls zijn veelzeggend toen hij naar aanleiding van een tentoonstelling van werken van Millet in Den Haag in 1892 schreef: "Hier staat men voor het beeld van een man, die in het begin van zijn loopbaan, en nog lang daarna, voor geheel iets anders gehouden werd dan hij werkelijk was, en die, na afkeuring en verwerping en na zoo vele verwarde en onjuiste oordeelvellingen, eindelijk voor ons staat als de oorspronkelijkste kunstenaar in beeldende kunst, die deze eeuw heeft aan te wijzen"[18].

### Kuytenbrouwer en Hanedoes; twee late Romantici
Na eerst les gehad te hebben van zijn vader, schilder van romantische landschappen met vee, ging de jonge veelbelovende kunstenaar M.A. Kuytenbrouwer (1821-1897) in 1847 – twee jaar na Jozef Israëls – naar Parijs om verder te studeren. Hij was hiertoe in de gelegenheid gesteld doordat de Prins van Oranje, de latere Koning Willem III hem evenals J.B. Jongkind een toelage verleende. Kuytenbrouwer en Jongkind vonden een appartement in Parijs in hetzelfde pand waar Félix Ziem woonde[19]. Samen kregen ze les van E. Isabey; Kuytenbrouwer volgde met Israëls de lessen in het atelier van Picot. Hij had echter ook oog voor de nieuwe richting die de schilders van Barbizon waren

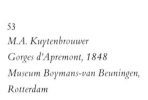

53
*M.A. Kuytenbrouwer*
*Gorges d'Apremont, 1848*
*Museum Boymans-van Beuningen,*
*Rotterdam*

ingeslagen. Direct al in het jaar van zijn aankomst in Parijs stuurde hij voor de tentoonstelling van Levende Meesters in Den Haag een schilderij in met de titel *De Agno-poel in het bosch van Fontainebleau. Hugenoten vlugtende na den Bartholomeusnacht* en in 1848 – het jaar waarin twee van zijn bosgezichten uit Fontainebleau geëxposeerd werden op de *Salon* te Parijs – was in Amsterdam zijn *Gorges d'Apremont* te zien (afb. 53)[20]. Dit schilderij, nu in het Museum Boymans-van Beuningen herinnert aan de landschappen van Rousseau uit die tijd. Kuytenbrouwer bleef, na een verblijf in Brussel van 1849 tot 1860, voorgoed in Frankrijk wonen, waar hij onder meer werkzaam was aan het hof van Napoleon III.

54
*L. Hanedoes en Ch. Rochussen*
*Herinnering uit het bos van Fontainebleau,*
*1851*
*Rijksmuseum, Amsterdam, in bruikleen*
*aan de Rijksdienst Beeldende Kunst,*
*Den Haag*

Ook Louwrens Hanedoes (1822-1905) was, na eerst in Oosterbeek en de Eifel gewerkt te hebben, vanaf 1851 regelmatig in Frankrijk, waar hij bosgezichten schilderde in Fontainebleau, Compiègne, de Auvergne en zelfs de Pyreneeën. Soms liet hij zijn landschappen stofferen door Ch. Rochussen, zoals een schilderij uit 1851 in de collectie van het Rijksmuseum (afb. 54), dat nog dicht bij de gecomponeerde romantische landschappen van zijn leermeester B.C. Koekkoek staat[21]. De werken die Hanedoes inzond voor de tentoonstellingen van Levende Meesters werden niet altijd even gunstig ontvangen. Zo werd al direct in 1851 zijn "Fransche manier" vergeleken met "borduurwerk" of "knipwerk" (zie p. 64). In de jaren 'zestig schilderde Hanedoes voornamelijk Franse landschappen, later ook duingezichten in de omgeving van Haarlem of bosgezichten in het Gelderse. Bovendien maakte hij een aantal werken in de Auvergne, die hij liet stofferen door schilders als Jacob Maris en S.L. Verveer. Hanedoes – typisch voorbeeld van een *maître manqué* – is er evenmin als Kuytenbrouwer in geslaagd zich los te maken van zijn romantische achtergrond. Zijn landschappen hebben nooit het vrije, borstelige dat het werk van een kunstenaar als Rousseau kenmerkt, maar blijven glad en overgecomponeerd.

## J.B. Jongkind

Evenals Weissenbruch werd J.B. Jongkind (1819-1891) opgeleid door Schelfhout in de traditie van het romantische landschap. In 1845 kwam hij in contact met Isabey die aanwezig was bij de onthulling van het standbeeld van Willem de Zwijger in Den Haag in dat jaar. Het zou een belangrijke ontmoeting blijken, want kort daarop kreeg hij een toelage van de Prins van Oranje om naar Frankrijk te reizen en les te gaan nemen in het atelier van Isabey[22]. Na eerst een appartement gedeeld te hebben met Kuytenbrouwer vond Jongkind woonruimte aan de Place Pigalle waar hij in hetzelfde huis woonde als De Dreux, Couture, Michel en Rousseau. Ook op de andere adressen in Montmartre waar Jongkind woonde, verkeerde hij steeds in de onmiddellijke nabijheid van bekende kunstenaars als Ziem, Hoguet, Diaz, Anastasi en Lapito. Geruime tijd woonde hij in de Rue Breda zelfs op dezelfde verdieping als Baudelaire[23].

Dat Jongkind met verscheidene kunstenaars vriendschappelijke contacten onderhield blijkt uit zijn brieven. Zo schreef hij over een ontmoeting met Lapito: "Op een avond kwam ik Lapito tegen op de boulevard, hij nam me mee naar een café en later kocht hij een vanilletaartje voor me – heel lekker – bij de bakker in de Rue Pigalle"[24]. Jongkind had grote waardering voor het werk van de schilders van Barbizon. Vooral Rousseau stond bij hem hoog aangeschreven en over Troyon schreef hij: "Vanmorgen ben ik Troyon gaan opzoeken; hij maakt goede schilderijen; ik ben gegaan om hem een bezoekje te brengen. Hij maakt schilderijen waarin ik een inspiratie zie van de voortreffelijke natuur die hij getrouw wil weergeven. U weet dat zijn schilderijen altijd stieren en koeien in de wei voorstellen, waarbij men de gezonde lucht kan inademen"[25].

In 1855 besloot Jongkind terug te keren naar Nederland, waar hij zich vestigde in Rotterdam. Willem III had in 1853 zijn maandelijks stipendium ingetrokken en Jongkind was bang dat het Nederlandse publiek hem daardoor niet langer serieus zou nemen. Bovendien had zijn onregelmatige, losbandige manier van leven, waarin alcohol een voorname plaats innam, hem uitgeput en zijn zelfvertrouwen ondermijnd. Toch was dit eigenlijk juist het moment waarop Jongkind, die zich een grote populariteit had verworven onder zijn Franse vrienden, in Parijs erkenning begon te vinden en de eerste goede kritieken kreeg. De kunstenaars met wie hij veel contact had, organiseerden een verkoping van het werk dat hij in zijn atelier had achtergelaten. Van de opbrengst konden zijn schulden betaald worden en er bleef nog een aardig bedrag over. De grootste steun kreeg hij echter van de kunsthandelaar Firmin Martin, die de doeken die Jongkind regelmatig naar Parijs stuurde, kocht en er klanten voor wist te vinden. Uit Jongkinds brieven blijkt tussen de regels vol zelfbeklag door, dat hij gesteund door de vriendschap van zijn collega's en de erkenning van zijn werk, eigenlijk best naar Parijs wilde terugkeren. Op initiatief van Martin organiseerde een groot aantal kunstenaars een verkoping van schilderijen die zij daarvoor gratis beschikbaar stelden. Maar liefst 93 schilders, waaronder Rousseau, Troyon, Diaz en Ziem waren bereid werk af te staan voor dit goede doel. Van de opbrengst kon de reis gefinancierd worden en er bleef zelfs nog voldoende over om de eerste tijd van te kunnen leven. In 1860 was Jongkind terug in Parijs waar hij hartelijk werd ontvangen in de kring van zijn oude vrienden. Martin richtte in hetzelfde jaar de *Cercle Mogador* op, genoemd naar de straat waar hij woonde, waarin een aantal progressieve kunstenaars zich verenigde. Naast Jongkind maakten o.a. Corot, Millet, Rousseau, Diaz, Harpignies, Ziem, Daubigny, Jacque en Troyon deel uit van de "Cercle".

Meer nog dan tijdens zijn eerste verblijf in Parijs was Jongkind opgenomen in de kring van schilders van de School van Barbizon. Des te opvallender is dat Jongkind ondanks de waardering die hij voor het werk van deze kunstenaars had, toch altijd zijn eigen inzichten heeft gevolgd en een volstrekt persoonlijke stijl ontwikkelde die al vroeg het Impressionisme aankondigde. Ook in Frankrijk bleef hij Hollandse landschappen schilderen, waarvoor hij regelmatig terugkeerde naar de omgeving van zijn geboorteplaats Dordrecht om er te schetsen. En in Frankrijk zelf gaf hij de voorkeur aan kustplaatsen zoals Honfleur en Sainte-Adresse of steden als Parijs en Rouen boven de bossen van Fontainebleau.

## Vincent van Gogh

Wanneer Vincent van Gogh (1853-1890) in 1874 aan zijn broer Theo opsomt welke schilders hij het meest bewondert, noemt hij naast onder meer Ary Scheffer, Gérôme, Boudin en Jules Breton ook Millet, Ziem, Decamps, Diaz, Rousseau, Troyon, Dupré, Corot, Jacque en Daubigny[26]. In 1875 had hij in Londen een uit de *London News* geknipt portret van Corot op zijn kamer hangen en de wanden van zijn optrekje in Parijs decoreerde hij in datzelfde jaar met prenten van of naar Corot, Troyon, Dupré, Millet en Daubigny[27]. Dit zijn nog maar bescheiden aanwijzingen voor de verering die Van Gogh had voor de School van Barbizon, een term die hij overigens in geen van zijn brieven gebruikt, waaruit blijkt dat deze nog geenszins was ingeburgerd (vlg. p. 48). Ook in de jaren 'tachtig, wanneer hij zelf voor het kunstenaarschap heeft gekozen, is zijn liefde voor deze schilders, waarvan de meesten dan inmiddels gestorven zijn, nog geenszins bekoeld. De Impressionisten hebben de strijd reeds lang gewonnen als Van Gogh in 1885 schrijft: "Er is eene school – geloof ik – van impressionisten. Maar ik weet daar niet veel van. Wel weet ik echter wie de oorspronkelijke en eigenlijke lui zijn, waarom – als om een as – de boeren- en landschapschilders zullen draaien: Delacroix, Millet, Corot en de rest[28]. En aan zijn zuster Willemien, die op dat moment in Parijs verblijft, schrijft Vincent in 1888: "Ik hoop dat gij dikwijls naar de Luxembourg en de moderne schilderijen in de Louvre zult gaan kijken, zoo dat gij een begrip krijgt van wat een Millet, een Jules Breton, een Daubigny, een Corot is. De rest schenk ik u behalve Delacroix. Al werkt men nu weer op een heel andere manier, het werk van Delacroix, van Millet, van Corot dat blijft, en de veranderingen raken het niet"[29].

Toen Vincent werkzaam was in de kunsthandel Goupil & Co. in Parijs van eind 1874 tot begin 1876, stuurde hij regelmatig prenten en reproducties van moderne Franse kunstwerken op aan Theo, die op dat moment voor dezelfde firma werkte in het filiaal te Den Haag, geleid door hun beider oom Vincent van Gogh sr. Vincent stuurde de prenten vooral om Theo te laten zien wat hij mooi vond; soms waren ze bedoeld als een presentje voor anderen. Zo schreef hij in 1876: "In het aan U geadresseerde rolletje zult gij vinden 3 etsen naar Jules Dupré, één voor Oom Jan van Gogh, met mijne groeten, en één voor Pa. Verder voor Pa ook een lith. naar Bodmer en eene ets van Jacque, en dan nog een lith. naar Cabat voor U. Cabat heeft zeer veel van Ruysdael, er zijn twee prachtige schilderijen van hem op de Luxembourg 't eene een vijver met boomen er om heen in den herfst bij zonsondergang, en het andere den avond van een grauwen herfstdag, een weg langs een water en een paar groote eikeboomen"[30].

Zelf bezat Vincent een uitgebreide verzameling van dergelijke prenten en reproducties; trots berichtte hij Theo in 1881 dat hij nu 24 houtsneden naar Millet heeft[31].

Telkens kwam Van Gogh terug op de kwaliteiten van de kunstenaars van Barbizon. Soms leek hij een beetje geërgerd als Theo zich minder enthousiast toonde, zoals in het geval van Dupré: „'t Verwondert mij wel eens, dat gij voor Jules Dupré niet zooveel voelt als ik wel wenschte, ge deedt.'Ik geloof zoo vast, dat als ik terugzag, wat ik vroeger gezien heb van hem, wel verre van minder mooi, ik 't nog mooier zou vinden dan ik instinktmatig altijd deed. Dupré is misschien nog meer colorist dan Corot en Daubigny, ofschoon die beiden 't ook zijn, en wel degelijk Daubigny veel durft in kleur. Maar bij Dupré is er in de kleur iets van een prachtige symphonie, door-gevoerd, gewild, mannelijk, ik vermoed Beethoven zoowat zoo moet zijn. Die symphonie is verbazend berekend, en toch eenvoudig en oneindig diep als de natuur zelf. Dat vind ik er van, van Dupré"[32].

Zijn er in de brieven van Vincent van Gogh over alle representanten van de School van Barbizon bewonderende woorden te vinden, het absolute hoogtepunt vormde voor hem toch Millet. Bij een bezoek aan een verkooptentoonstelling van tekeningen van Millet in Hôtel Drouot in Parijs voelde hij zoiets van: "Neem uw schoenen van uwe voeten, want de plek waar gij staat is heilig land"[33]. Aan de schilder Anton van Rappard schreef hij: "Geloof me – twist met mij niet over Millet – Millet is iemand over wie ik niet wil twisten al weiger ik niet er over te spreken"[34], en aan zijn broer: "Ik voor mij schreef het U vroeger reeds dat het mij voorkwam sedert Millet er reeds een sterke daling was te bespeuren, als was 't toppunt reeds bereikt en de décadence begonnen"[35].

Ook voor persoon en leven van Millet had Vincent grote belangstelling. In 1882 had hij van de schilder Theophile de Bock de het jaar daarvoor verschenen biografie van Sensier geleend, die hem zo boeide, dat hij er 's nachts wakker van werd en de lamp aanstak om verder te lezen[36]. In latere brieven citeert hij herhaalde malen uit het boek van Sensier. Wanneer Vincent in 1880 kiest voor een loopbaan als schilder is Millet voor hem het grote voorbeeld. IJverig copieerde hij zijn composities met behulp van prenten, reproducties en zelfs foto's, soms uit eigen bezit, soms geleend van zijn broer. *Het Angelus, De zaaier, De spitters* en de prentreeksen *Les travaux des champs* en *Les quatre heures de la journée* vormden belangrijk studiemateriaal[37]. Uitgebreid deed hij aan Theo verslag van zijn vorderingen. Soms nam hij een compositie meerdere malen achter elkaar onder handen, soms kwam hij er op terug, zoals in het geval van *De spitters,* waarnaar hij in 1880 tekeningen maakte en in 1889 een schilderij (afb. 55). Ook andere kunstenaars uit de School van Barbizon dienden Vincent tot voorbeeld. Zo copieerde hij bijvoorbeeld Rousseau's *Four dans Les Landes* en Daubigny's ets *Le buisson* naar een schilderij van Ruisdael (afb. 15, 16).

Niet alleen copieerde Vincent werken van kunstenaars uit de School van Barbizon, hun invloed op zijn werk was eveneens groot. Een samenvattende studie is aan dit boeiende onderwerp nog niet gewijd. Wel heeft bijvoorbeeld M. Roskill overtuigend aangetoond dat Van Goghs *Korenveld met kraaien* (Rijksmuseum Vincent van Gogh, Amsterdam) in verband gebracht moet worden met de korenvelden in stormachtig weer van Daubigny[38].

Van Gogh was zo gefascineerd door de schilders van Barbizon dat hij soms land-schappen in Nederland associeerde met hun schilderijen. Zo vond hij het vlakke gebied achter Loosduinen net Michel en vanuit Nuenen schreef hij: "Een hut geheel uit plaggen en stokken slechts gemaakt, van die soort heb ik er een stuk of 6 ook van binnen gezien, en zullen er meer studies van komen. Hoe 't exterieur daarvan in de schemering of even na zonsondergang zich voordoet, kan ik niet juister zeggen dan U zeker schilderij van Jules Dupré in herinnering te brengen, dat meen ik van Mesdag hoort, met twee hutten er op waarvan de mosdaken verbazend diep van toon afkomen tegen een dampigen, stoffigen avondhemel. *Dat is hier*"[39].

Van Gogh is zelf niet meer naar Barbizon toegegaan. De kunstenaars die er gewerkt hadden en die hij zo bewonderde waren inmiddels allen gestorven. Barbizon was een toeristenoord geworden, waar de rust voorgoed verstoord was. Wel ging Vincent in mei 1890, twee maanden voor zijn dood naar Auvers-sur-Oise waar Daubigny lange tijd gewoond en gewerkt had. Aan Theo schreef hij: "Hier is men ver genoeg van Parijs om zich op het platteland te voelen, al is dat erg veranderd sinds Daubigny hier was. Maar niet op een onplezierige manier veranderd, er zijn veel villa's en

55
*V. van Gogh*
*De spitters, 1889*
*Stedelijk Museum, Amsterdam*

56
*J.-F. Millet*
*De spitters (Les bêcheurs)*
*ets*

verschillende moderne burgerwoningen. Heel vrolijk, zonnig en vol bloemen"[40].
Tweemaal schilderde Vincent de tuin bij het huis van Daubigny, op één van de versies
noteerde hij "Le jardin de Daubigny", zoals Weissenbruch tien jaar later op een
tekening die hij in Barbizon maakte zou schrijven "Maison J.F. Millet" (afb. 56)[41].

### Franse kunstenaars en Nederland

Was er vanuit Nederland in de 19de eeuw een levendige belangstelling voor wat er in
Parijs en ook in Barbizon gebeurde, omgekeerd hadden de Fransen ruime aandacht
voor Nederland. Die aandacht was echter niet zozeer gericht op de kunstenaars die
daar toen werkten als wel op de verzamelingen 17de-eeuwse schilderijen en op het
Hollandse landschap[42]. Voor de Fransen gold Nederland als het land van Rembrandt
en Ruisdael, van water en uitgestrekheid, zoals ook blijkt uit een van de drie sonetten
die de schrijver en criticus Arsène Houssaye aan Nederland wijdde:

J'ai traversé deux fois le pays de Rembrandt
Pays de matelots – qui flotte et navigue –
Où le fier Océan gémit contre la digue,
Où le Rhin dispersé n'est plus même un torrent.

La prairie est touffue et l'horizon est grand;
Le Créateur ici fut comme ailleurs prodigue . . .
– Le lointain uniforme à la fin nous fatique,
Mais toujours ce pays m'attire et me surprend.

Est-ce l'œuvre de Dieu que j'admire au passage?
Pourquoi me charme t'-il, ce morne paysage
Où mugissent les bœufs agenouillés dans l'eau?

Oh! C'est que je revois la nature féconde
Où Berghem et Ruysdaël ont crée tout un monde;
A chaque pas ici je rencontre un tableau[43].

Elders in deze catalogus wordt uitvoerig aandacht besteed aan de invloed van de
meesters uit de Gouden Eeuw op de schilders van Barbizon (zie p. 21 t/m 34).
Enkelen van hen hadden er een reis naar Nederland voor over om bekende werken als
*De Stier* van Potter, Rembrandts *Nachtwacht* en de portretten van Frans Hals in Haarlem
met eigen ogen te zien. Deze behoefte beperkte zich niet tot de kring van Barbizon.
Naast talrijke Franse kunstenaars kwamen er ook vele uit Duitsland, Engeland en de
Verenigde Staten[44].
Museumbezoek vormde voor de meeste kunstenaars het belangrijkste onderdeel van
de reis. Imposant is de reeks namen van kunstenaars die tussen 1844 en 1885 hun
handtekening plaatsten in het gastenboek van het Trippenhuis in Amsterdam, waar
zich destijds de collectie van het tegenwoordige Rijksmuseum bevond[45]. Uit Frankrijk
kwamen onder meer: E. Isabey (1845 en 1865), G. Courbet (1847), E. Meissonnier (1850),
E. Manet (1852 en 1872), F. Bonvin (1868), A. Vollon (1868), C. Monet (1871), H. Fantin-
Latour (1875) en O. Redon (1878); ook komen we de handtekeningen tegen van
Corot (1854) en Daubigny (1871).
Vooral de landschapschilders beperkten zich tijdens hun verblijf in Nederland in het
algemeen niet tot museumbezoek, maar zij wilden ook wel eens kennis maken met het
landschap zoals zij dat kenden van de schilderijen van Van Goyen, Cuyp, Hobbema en
Ruisdael. Op de tentoonstelling van Levende Meesters in Den Haag van 1839
exposeerde C. Roqueplan een *Hollands landschap gestoffeerd met vee* en Th. Gudin toonde
in 1844 in Amsterdam een *Panorama de Scheveningue.* Lepoittevin, schilder van
romantische kustlandschappen stuurde voor de Salon van 1843 een werk in getiteld
*Willem van de Velde een zeeslag tekenend,* waarmee hij te kennen gaf wie hij als zijn grote
voorbeeld beschouwde. Koning Willem II kocht het aan, evenals een tiental werken
van Gudin, waaronder zijn *Oorlogsschip in de haven van Vlissingen*[46].
In 1847 was Troyon – twee jaar daarvoor benoemd tot lid van de Academie van
Beeldende Kunsten in Amsterdam – enige tijd in Nederland. Het was zijn eerste
buitenlandse reis, ondernomen om de oude Hollandse meesters in hun eigen omgeving
te kunnen bestuderen. Daarnaast nam hij de gelegenheid te baat om een aantal
schetsen in pastel te maken in Dordrecht en Den Haag. Na zijn bezoek aan het
Trippenhuis kwam hij niet uitgepraat over Rembrandt; *De Nachtwacht* – waarvan hij

een copie maakte in houtskool – noemde hij "La Peinture même". Over *De Stier* van Potter was hij wat minder enthousiast, die vond hij te droog en te hoekig. Meer genoot hij van Cuyp en de veeschilders uit de 18de eeuw[47].

Op de *Salon* van 1848 was Troyon vertegenwoordigd met onder meer een *Vue des environs d'Amsterdam* en een *Vue des environs de la Haye.* In zijn Hollandse landschappen is

de invloed van Cuyp (afb. 57) en Rembrandt (afb. 58) duidelijk te bespeuren[48]. Een van zijn in de omgeving van Den Haag geschilderde werkjes werd gekocht door een Hollandse verzamelaar op aanbeveling van Gudin, die hoewel hij zelf een heel andere opvatting over de landschapschilderkunst huldigde, objectief genoeg was om over Troyons landschap te zeggen: "Die jonge man zal zijn weg maken; koop dat gerust, er zit veel talent in"[49].

Samen met zijn vriend de schilder Dutilleux maakte Corot in 1854 een reis door ons land. van zijn verblijf hier kennen we allerlei saillante details, doordat Dutilleux een uitvoerig reisverslag bijhield[50]. De twee vrienden waren eerst vanuit Arras naar Brussel gereisd en vandaar vertrokken ze op dinsdag 29 augustus naar Antwerpen om de dag daarop per stoomboot naar Rotterdam te gaan. Onderweg voeren ze langs Dordrecht, waarvan Corot opmerkte dat het "un aspect tout original et vénitien" had.

Corot logeerde in Rotterdam bij een neef van hem, Dutilleux in hotel *Américain.* Direct na aankomst stond er al een uitstapje op het programma: "Corot en zijn neef

kwamen me halen en we bezochten Rotterdam en omgeving. Pauze voor koffie.
We gingen terug voor het diner in mijn hotel; een avondwandeling en een programma
opstellen voor de volgende dag".

De volgende dag (31 augustus) stonden de kunstenaars om 7 uur op en gingen de
omgeving verkennen, waarbij ze schetsen maakten van de molens in de buurt van
Rotterdam. In de middag namen zij afscheid van Rotterdam en gingen op weg naar
hun tweede reisdoel, Den Haag, waar ze tegen de avond aankwamen. Zij gingen direct
door naar Scheveningen waar zij logeerden in Hotel *De Gouden Leeuw*. De volgende
dag – vrijdag – werd besteed aan het maken van studies van duinen en de zee; op
zaterdag gingen zij naar het Haagse Bos om te tekenen en probeerden zij het
Mauritshuis te bezoeken dat helaas gesloten bleek. Er was bovendien enig oponthoud
doordat Corot 's morgens zijn bril had laten liggen in een winkel, maar er was gelukkig
toch nog tijd over om wat schetsen in de duinen te maken. Op zondag kon dan alsnog
het Mauritshuis bezocht worden, waar vooral Rembrandts *Anatomische les* en *De Stier*
van Paulus Potter de aandacht trokken. *De Stier* maakte een "impression peu favorable".
Diezelfde dag nog reisden Corot en Dutilleux via Haarlem naar Amsterdam, waar ze
na het diner een wandeling maakten. Het was heerlijk weer en de kunstenaars waren
onder de indruk van de talloze schilderachtige plekjes die zij tegenkwamen.

Op maandag 4 september maakten zij studies van een huis onder de bomen en gingen
toen naar het Trippenhuis, waar we hun handtekeningen inderdaad in het gastenboek
terug kunnen vinden. Ze genoten van het werk van Rembrandt, vooral van *De
Nachtwacht* en van een schilderij dat omschreven wordt als "hommes auprès d'une
table" waarmee de *Staalmeesters* bedoeld moet zijn. Ook een werk van Jan van der
Heyden was de moeite waard om te vermelden; Van der Helst vonden ze daarentegen
maar weinig bevredigend. Dinsdags maakten ze studies aan de oever van de Amstel
buiten Amsterdam. De lunch werd gebruikt in een buitenwijk. Op woensdag gingen
ze terug naar Rotterdam. Onderweg maakte Corot nog een studie van molens aan de
oever van een rivier. 's Avonds dineerden ze met de neef van Corot. De volgende dag
vertrok Dutilleux, maar Corot bleef nog een week in Rotterdam om meer studies te
maken, alvorens hij afscheid nam van zijn neef en via Douai terugkeerde naar Arras.

59
C. Corot
*Landschap in de omgeving van Rotterdam,*
*1854*
*The Virginia Museum, Richmond*

Dit reisverslag is daarom zo interessant omdat het net als het sonnet van Arsène
Houssaye laat zien hoe de aandacht voor de oude schilderkunst samenging met die
voor het Hollandse landschap. Het aantal schetsen dat Corot maakte in potlood, in
houtskool en ook in olieverf op doek en paneel, is groot[51]. De hier afgebeelde olieverf-
schets schilderde hij in de omgeving van Rotterdam tussen 7 en 10 september, dus na
het vertrek van Dutilleux (afb. 59)[52].

Nog voor Corot, was Félix Ziem op aanraden van Decamps een paar maanden in
Nederland[53]. Ziem werkte regelmatig samen met Rousseau in Barbizon, waar hij in
1866 zelfs een huisje kocht. Het meest bekend was hij echter geworden om zijn bonte
*Vues de Venise*. Via Vlaanderen arriveerde Ziem op 18 augustus 1850 in Amsterdam, toen
al beschouwd als het Venetië van het noorden. Ook hij maakte een copie naar
*De Nachtwacht* (afb. 60) en verkende het landschap rond de stad. Vervolgens was hij op
25 september in Den Haag, waar hij zeker het Mauritshuis bezocht zal hebben, om
daarna door te reizen naar Dordrecht. Aan de oevers van de Maas bleef hij maar liefst
enkele weken. Een reeks landschappen met molens was hiervan het resultaat (afb. 61).
De reis was blijkbaar goed bevallen, want in de zomer van 1852 was Ziem weer te
vinden in Amsterdam, Scheveningen en Den Haag en het jaar daarop was hij weer vier
weken in ons land. In 1852 stuurde Ziem naast een *Vue de Venise*, twee Hollandse

60
F. Ziem
Kopie naar De Nachtwacht
Musée du Petit Palais, Parijs

61
F. Ziem
De molen, schets
Musée du Petit Palais, Parijs

landschappen in voor de *Salon*. Het hier afgebeelde schilderij *Le soir au bord de l'Amstel à Amsterdam* werd door de kritiek zeer goed ontvangen (afb. 62). Vooral het kleurgebruik viel in de smaak: "Een rij bomen, onderbroken door molens, tekent zich als een zwart silhouet af tegen de lucht, maar een silhouet dat nog geheel overgoten is met rossig rode en purperen tonen, die de zon achterlaat. De gele lucht gaat over in de groene tinten die men terug vindt bij Veronese. Het azuur is gevlekt met opalen wolken,

62
F. Ziem
Avond aan de oever van de Amstel
Musée des Beaux-Arts, Bordeaux

kleine violette wolkjes, aan de onderkant rose verlicht. Een onbeweeglijk kanaal ziet in zijn vergulde wateren de grote violette schaduwen, zacht en besluiteloos, langer worden, zolang zij niet tegengehouden worden door het goud van een zonnestraal, die zich door de bomengroep heen weet te dringen"[54]. Dat Ziem een volstrekt ander palet hanteerde dan Jacob Maris en Paul Gabriël, toen die twintig jaar later hun landschappen met molens schilderden, blijkt wel uit deze beschrijving.

Toen Daubigny in 1871 met zijn eveneens schilderende zoon Karl door Nederland reisde, schreef hij aan een vriend in Parijs: "Sinds acht dagen zijn wij in het blonde Holland. We hebben een boot gehuurd, waarmee we gaan varen op de Maas om de molens van Dordrecht te doen"[55].

En in een andere brief schreef hij: "Ik ben in Holland, wat een heerlijk land! Het is even blond als de vrouwen van Rubens. Het is van een bewonderenswaardige kleur". Vervolgens noemt hij een aantal schilderijen die hij onderweg gezien heeft.

Over *De Nachtwacht* merkt hij op: "Nooit heeft de schilderkunst zo'n indrukwekkend werk voortgebracht" en hij besluit de brief met de verzuchting: "Ik heb weinig gewerkt; reizend van stad naar stad, zonder de taal te spreken, zijn de kleine tussenliggende plaatsjes, waar ik het intieme en bekoorlijke Hollandse landschap gevonden zou hebben, me onthouden. Ik keer in vliegende haast terug naar Parijs om te proberen de goede lessen van Holland op doek samen te vatten". En in 1872 was Daubigny weer in ons land! Net als Ziem maakte Daubigny een reeks schilderijen van het landschap rond Dordrecht (afb. 63), waarvan er een in 1872 op de *Salon* tentoongesteld werd. De ontvangst was nogal koel: "Helaas!, dit doek heeft niets van de Hollandse School dan de eenvoud van onderwerp. Alles is warrig, zonder samenhang, gedaan zonder gevoel en als op goed geluk"[56]. Ook in de inleiding van de catalogus van de veiling van het atelier van Daubigny na zijn dood in 1878, klinkt nog een negatief oordeel door. Over de reis van vader en zoon wordt hier gezegd: "Zij aarzelden niet hun kaartje terug te nemen, voor altijd genezen van het bataafse land, waarvan de wat eentonige aanblik hen maar zeer matig had kunnen bekoren"[57].

63
*Ch. Daubigny*
*Molens bij Dordrecht, 1872*
*Detroit Institute of Arts*

Toch kocht Monet al in 1872 een van de *Moulins de Dordrecht* en toen er in 1896 een te zien was bij de Amsterdamse kunsthandel Buffa, schreef een criticus: "Een tintelende, teer roode avondlucht, weerspiegelend in de rivier. Aan haar oever, tegen den horizon, een stad. Een verrukking is deze subliem teere avondlucht. Men voelt dat dit landschap den schilder in de ziel geraakt heeft"[58].

64
*P. Thuillier*
*Landschap in de omgeving van Haarlem*
*verblijfplaats onbekend*

Eerder nog dan Troyon, Corot en Daubigny hebben ook andere kunstenaars uit de
omgeving van de School van Barbizon Hollandse landschappen geschilderd, zoals
Pierre Thuillier (1799-1858) die zowel in 1835 als in 1836 een reis maakte door België en
Nederland en in 1850 twee Hollandse landschappen instuurde naar de *Salon: Vue prise
aux environs d'Amsterdam* en *Vue des environs de Haarlem* (afb. 64)[59]. Deze twee werken
werden minder goed beoordeeld dan de drie Franse landschappen van zijn hand op
dezelfde *Salon:* "Hij wordt hard door een te grote fijnheid en helderheid in zijn twee
Hollandse landschappen"[60]. Ons valt in de eerste plaats op de verwantschap met het
werk van Ruisdael enerzijds en anderzijds dat de kunstenaar een sterk aan Barbizon
herinnerend plekje koos.

De veeschilder Raymond Brascassat (1804-1867) onderbrak in augustus 1835 de thuisreis
van Londen naar Parijs om een bezoek te brengen aan Rotterdam, Amsterdam en
Den Haag[61]. Hij was vooral enthousiast over het werk van Cuyp, Ruisdael, Dujardin
en natuurlijk Potter, die nu eenmaal gold als hét voorbeeld voor veeschilders, al was
Troyon er minder over te spreken. Brascassat stuurde in 1839 en 1841 werk in voor de
tentoonstelling van Levende Meesters in Den Haag, waarvoor hij beide keren een
onderscheiding kreeg.

In 1847 was hij weer in Nederland maar nu om een beetje tot rust te komen. Hij deed
dit op aanraden van zijn vriend de schilder Léon Fleury. Brascassat toonde zich
tegenover hem verbaasd over de aandacht die hij hier kreeg van de autoriteiten en
kunstenaars. In 1848 werd hij bovendien benoemd tot lid van de Koninklijke Academie

voor Beeldende Kunsten te Amsterdam. Blijkbaar herkende men hier in Brascassat kwaliteiten, die ook in het Hollandse 17de-eeuwse veestuk bewonderd werden.

Auguste Anastasi (1820-1889), leerling van Corot, bracht in de zomer van 1856 samen met de kunsthandelaar Beugniet en de schilder Lambinet een bezoek aan Jongkind in Rotterdam. Jongkind stelde dit blijkbaar zeer op prijs, want hij vond het jammer dat ze weer zo snel weggingen; ook in latere brieven kwam hij op dit bezoek terug[62].

Van Anastasi is een aantal Hollandse riviergezichten bekend, die zonder meer beïnvloed zijn door de *Clairs de lune* van Jongkind die de Fransen steevast aan Aert van der Neer deden denken (afb. 65). Een aantal van deze schilderijen is 1860 gedateerd, zodat het aannemelijk is dat Anastasi in dat jaar weer een bezoek aan ons land bracht[63].

"Niets zo vreemd als hoe dit kunstmatige, transparante land met zijn buitengewoon levendige kleur de dubbele reflectie van het water en de lucht opneemt; het licht dringt als het ware door de objecten heen". Met deze indruk verliet Paul Huet in 1864 Holland, nadat hij in Amsterdam, Den Haag en Dordrecht was geweest[64]. Zijn *Bois de la Haye* in het Musée d'Orléans oogstte op de *Salon* van 1866 veel lof; de criticus J. Rousseau noemde het zelfs "het mooiste landschap van de *Salon*" en de staat kocht het aan. Aangemoedigd door dit succes maakte Huet een ets van zijn *Bois de la Haye* (afb. 66)[65].

Tenslotte kunnen nog de Hollandse reizen van Charles de la Berge, Diaz, Roqueplan, Flers, Harpignies en Trouillebert vermeld worden[66].

De belangstelling van Franse kunstenaars voor het schilderachtige Hollandse landschap bleef echter niet beperkt tot de kring van Barbizon. Ook de jongere generatie van impressionistische en post-impressionistische landschapschilders zou niet uitgekeken raken op de combinatie van lucht, licht, water en ruimte in het vlakke polderland[67]. Zo schilderde Monet de groenhouten huisjes aan de Zaan in 1871 en in 1886 leefde hij zich uit in de kleurige bollenvelden in de omgeving van Haarlem. Maar vooral het rivierlandschap rond Dordrecht, bekend van de schilderijen van Cuyp en Van Goyen, maar ook van Jongkind, bleef een voorname trekpleister. Eugène Boudin bijvoorbeeld, een goede vriend van Jongkind, kwam na 1873 nog een aantal keren terug en maakte een lange reeks gezichten op de Maas. Bekende en minder bekende kunstenaars wisten de weg naar het noorden te vinden. Frank Boggs, Brugairolles, Delpy, Deshayes, Goeneutte, Guillaumin, Iwill, Lebourg, Luce, Marquet, Petitjean, Signac en Yon, zij allen en nog talrijke anderen kozen het Hollandse landschap met zijn molens en zware wolkenluchten meerdere malen tot onderwerp.

**1.** Cat.tent. *De Haagse School, Hollandse meesters van de 19de eeuw,* Grand Palais, Parijs; Royal Academy of Arts, Londen; Haags Gemeentemuseum, Den Haag 1983, p. 45.
**2.** M. Kolb, *Ary Scheffer et son temps,* Parijs 1937, p. 155; M.-Th. de Forges in: cat.tent. *Théodore Rousseau (1812-1867),* Louvre, Parijs 1968. Ary Scheffer gaf er vaker blijk van te sympatiseren met jonge vooruitstrevende kunstenaars. Zo hing hij in 1836 thuis werk op van Dupré dat geweigerd was op de *Salon* en in 1847 was hij mede-ondertekenaar van de statuten van een op te richten "Salon Indépendant", samen met Dupré, Decamps, Rousseau, Daumier, Jacque en Delacroix, zie: P. Miquel, *Le paysage français au XIXe siècle,* 3 dln., Maurs-la-Jolie 1975, dl. 2, p. 368 en p. 374.
**3.** Cat.tent. *De Haagse School, op.cit.* (noot 1), p. 267.
**4.** Het Haags Gemeentemuseum bezit een zestal tekeningen die Roelofs in Barbizon maakte. Tevens bevindt zich een gesigneerde en gedateerde tekening ("Forêt de Fontainebleau. Gorges d'Apremont. Août 1852") in een particuliere collectie in Nijmegen, zie: L. Ewals, "Enige notities betreffende de relatie tussen de Nederlandse en Franse schilderkunst in de 19de eeuw", *Tableau* VII, nr. 3, december 1984, pp. 33-42, afb. 19.
**5.** Cat.tent. *De Haagse School, op.cit.* (noot 1), cat.nr. 114.
**6.** idem, p. 161.
**7.** J. Kneppelhout (ed.), *A.G. Bilders, Brieven en dagboek,* 2 dln., Leiden 1876, dl. 1, p. 164 (brief gedateerd 28 september 1860).
**8.** J. Kneppelhout, *op.cit.* (noot 7), dl. 2, p. 53 (dagboek 24 maart 1860).
**9.** Cat.tent. *De Haagse School, op.cit.* (noot 1), cat.nr. 8.
**10.** M. Eisler, "Jacob Maris in Parijs", *Elsevier's Geïllustreerd Maandschrift* 23, (1913), pp. 25-40; cat.tent. *De Haagse School, op.cit.* (noot 1), p. 201, ook hier wordt het jaartal 1865 aangehouden.
**11.** Deze brief bevindt zich op het R.K.D. en is gedateerd 18 januari 1864. Mauve schrijft hierin aan Willem Maris: "Je zult het nu wel stilletjes krijgen als Kaemmerer en je broer naar Parijs zijn".
**12.** Een 1864 gedateerde schets bevindt zich in de collectie van de Rijksdienst Beeldende Kunst te Den Haag (inv.nr. W 331), de andere in een particuliere verzameling eveneens in Den Haag.

**13.** zie: M. Eisler, *op.cit.* (noot 10), p. 35; het hier afgebeelde schilderij *De hengelaar* (1869) herinnert in compositie en in uitvoering, wat betreft de boomgroep rechts, sterk aan Corot; het op p. 37 gereproduceerde schilderij *Branding* (1870) staat dicht bij de marines van Dupré.
**14.** Cat.tent. *De Haagse School, op.cit.* (noot 1), p. 275 en cat.nr. 127: *Zonsondergang bij Boskoop,* te dateren rond 1865; sluit vooral wat compositie betreft aan bij de rivierlandschappen van Daubigny uit die tijd.
**15.** D. Hannema, *Catalogue of the H.E. ten Cate collection,* 2 dln., Rotterdam 1955, cat.nr. 118, afb. 71. Voor andere werken die Weissenbruch in Barbizon maakte zie: idem, cat.nr.119, afb. 72 en cat.tent. *De Haagse School, op.cit.* (noot 1), cat.nr. 142.
**16.** H.F.W. Jeltes, "Brieven van Willem Roelofs aan Mr.P. Verloren van Themaat", *Oud Holland* XLII (1925), pp. 86-96 en pp. 131-140, zie p. 138 (brief vanuit Brussel 18 mei 1868).
**17.** Cat.tent. *J.F. Millet,* Pulchri Studio, Den Haag 1892, inleiding door Jozef Israëls p. 7.
**18.** Cat.tent. Den Haag 1892, *op.cit.* (noot 17), p. 8.
**19.** Cat.tent. *Koning Willem III en Arti,* Paleis op de Dam, Amsterdam 1984, p. 28, met afbeelding van een tekening van Kuytenbrouwer *Landschap in de omgeving van Fontainebleau,* gedateerd 1847, in bezit van Hare Majesteit de Koningin; V. Hefting, *Jongkind; sa vie, son œuvre, son époque,* Parijs 1975, pp. 321-323.
**20.** Cat.tent. *Schilder- en kunstwerken van Levende Meesters,* Den Haag 1847, nr.249; idem, Amsterdam 1848, nr. 186.
**21.** Ten onrechte vermeldt het *Lexicon van Nederlandse beeldende kunstenaars* van P.A. Scheen dat Hanedoes pas in 1863 in Fontainebleau was. Het hier afgebeelde schilderij, afkomstig uit het legaat van baron R. van Lynden, is gedateerd 1851 en gaat onder de naam *Uitstapje in 't Geldersche.* Het is duidelijk dat het om een gecomponeerd atelierstuk gaat, maar de hoge heuvels zijn toch wel erg on-Gelders. Aangezien Hanedoes in de jaren 'vijftig alleen Franse en geen Gelderse landschappen inzond naar de tentoonstellingen van Levende Meesters lijkt het aannemelijker dat ook dit een Frans landschap is. Mogelijk kan het geïdentificeerd worden met een van de twee schilderijen die Hanedoes in 1851 inzond naar de tentoonstelling van Levende Meesters in Den Haag.

Beide schilderijen zijn gestoffeerd door Rochussen en worden in de catalogus omschreven als *Herinnering uit het bosch van Fontainebleau* (nr. 180) en *Een gezigt in het bosch van Fontainebleau* (nr. 181). In 1852 werden in Rotterdam tentoongesteld *Souvenir uit het bosch van Compiègne* (nr. 127) en *Het bosch van Fontainebleau* (nr. 128), ook beide gestoffeerd door Rochussen. Misschien waren dat dezelfde werken als de een jaar eerder in Den Haag tentoongestelde.
Pas vanaf 1863 zond Hanedoes Gelderse landschappen naar de tentoonstellingen van levende Meesters. Deze werden niet gestoffeerd door Rochussen.

**22.** V. Hefting, in: cat.tent. *Johan Barthold Jongkind (1819-1891),* Dordrecht, Tokyo, Nagasaki, Mie 1982-83 (zonder paginering).

**23.** In haar studie *Jongkind, sa vie, son œuvre, son époque,* Parijs [1975] gaat Mevrouw Hefting uitgebreid in op Jongkinds contacten in Parijs.

**24.** V. Hefting, *Jongkind d'après sa correspondance,* diss. Utrecht 1968, p. 17 (brief van 17 februari 1853).

**25.** idem, p. 12 (brief van 14 december 1852).

**26.** Vincent van Gogh, *Verzamelde brieven,* dl. I, Amsterdam/Antwerpen 1973[5], brief 13, p. 17 (Londen, januari 1874).

**27.** idem, brief 23, p. 24 (Londen, 6 maart 1875) en brief 30, p. 29 (Parijs, 6 juli 1875).

**28.** Vincent van Gogh, *Verzamelde brieven,* dl. III, Amsterdam/Antwerpen 1974[6], brief 402, p. 18 (Nuenen 1885).

**29.** Vincent van Gogh, *Verzamelde brieven,* dl. IV, Amsterdam/Antwerpen 1974[4], brief W 6, pp. 157-158 (Arles, augustus 1888).

**30.** *Op.cit.* (noot 26), brief 51, p. 46 (Parijs, januari 1876).

**31.** idem, brief 142, p. 222 (Brussel, 2 april 1881).

**32.** Vincent van Gogh, *Verzamelde brieven,* dl. II, Amsterdam/Antwerpen 1974[6], brief 371, pp. 416-417 (Nuenen 1884).

**33.** *op.cit.* (noot 26), brief 29, p. 29 (Parijs, 29 juni 1875).

**34.** *op.cit.* (noot 29), brief R52, p. 126 (vóór 6 juli 1885).

**35.** *op.cit.* (noot 32), brief 315, p. 248 (Den Haag 1883); vgl. ook brief 241, p. 56.

**36.** *op.cit.* (noot 26), brief 180, p. 322 (Den Haag 1882); A Sensier en P. Mantz, *La vie et l'œuvre de Jean-François Millet,* Parijs 1881; vgl. ook *op.cit.* (noot 28), brief 400, pp. 14-15 (Nuenen 1885).

**37.** G. Pollock, *Vincent van Gogh in zijn Hollandse jaren,* cat.tent. Rijksmuseum Vincent van Gogh, Amsterdam 1981, p. 16 en p. 30.

**38.** M. Roskill, "Van Gogh's Blue Cart and his creative process; Appendix: A painting of wheatfields July 1890", *Oud Holland* LXXXI (1966) nr. 1, pp. 18-19; Twee "korenvelden" van Daubigny bevinden zich in het Kröller-Müller museum in Otterlo.

**39.** *op.cit.* (noot 32), brief 307, pp. 229-230 (Scheveningen, 1882/83); idem, brief 324, p. 270 (Nuenen, september 1883). Inderdaad maakt dit schilderij deel uit van de collectie Mesdag, zie *Catalogue de l'école française XIX siècle,* Museum Mesdag, Den Haag 1964, cat.nr. 123.

**40.** *op.cit.* (noot 28), brief 637, p. 518 (Auvers, mei 1890).

**41.** J.B. de la Faille, *The works of Vincent van Gogh,* Amsterdam 1970, pp. 298-299, nrs. F776 en F777.

**42.** zie ook L. Ewals, *op.cit.* (noot 4).

**43.** Houssaye schreef de drie sonnetten in Leiden aan het begin van de jaren 'veertig. Zij werden gepubliceerd in de *Kunstkronijk* 1844-45, p. 31, maar niet zonder kritiek op de dichter en zijn "zoogenaamde poëzy": "Degenen, die beweren mogten ,dat de Heer Arsène Houssaye beter zou gedaan hebben, met zijn bewondering in eenvoudige proza, liever dan in mislukte, schier belagchelijke verzen uit te drukken, zullen wij niet tegenspreken, maar ons vergenoegen met de goede bedoeling van den Franschen reiziger".

**44.** H. Kraan, "Holland in zwang", in cat. tent. *De Haagse School, op.cit.* (noot 1), pp. 115-124.

**45.** J. Verbeek, "Bezoekers van het Rijksmuseum in het Trippenhuis 1844-1885", *Gedenkboek uitgegeven ter gelegenheid van het honderdvijftigjarig bestaan van het Rijksmuseum,* Den Haag 1958, pp. 60-71.

**46.** zie L. Ewals, *op.cit.* (noot 4), p. 35. Ewals suggereert ten onrechte dat Franse kunstenaars met het schilderen van Hollandse onderwerpen inspeelden op de smaak van hun noordelijke cliëntèle. Er was in Frankrijk veel belangstelling voor ons land en dan vooral voor ons 17de-eeuwse verleden, zowel historisch als kunsthistorisch. Het schilderen van gebeurtenissen en anekdotes ontleend aan de geschiedenis van de Republiek en aan het leven van de grote schilders uit die tijd hing hiermee samen en was dan ook bepaald geen uitzondering in Frankrijk in de eerste helft van de 19de eeuw, waar werken als *Combat de Texel* en *Cérémonie dans l'église de Delft* van E. Isabey, *Les derniers moments de Rembrandt* van Dehaussy en Lepoittevins *Willem van de Velde dessinant une bataille navale* op de *Salon* te zien waren (respectievelijk in 1839, 1847, 1838 en 1843). Niet alleen de levens van Hollandse kunstenaars als Rembrandt, Potter, Van de Velde en Miereveld werden uitgebeeld, maar ook scènes uit het leven van bijvoorbeeld Raphael, Michelangelo, Reni, Rosso en Lippi. Via de bestudering van het werk van de oude Hollandse meesters kwamen kunstenaars als Troyon, Faure, Francia, De Grailly, Gudin, Mallebranche, Mozin, Roqueplan, Garneray, Bétencourt, Collignon, Ouvrié en Thuillier ertoe zelf Hollandse landschappen te schilderen, die lang niet alle op de tentoonstellingen van Levende Meesters te zien waren.

**47.** H. Dumesnil, *Troyon; Souvenirs intimes,* Parijs 1888, pp. 47-57; P. Miquel, *op.cit.* (noot 2), dl. 2, p. 330.

**48.** A. Hustin, *Constant Troyon,* Parijs 1893, pp. 16-17.

**49.** J. Gram, "De kunstverzameling Vincent van Gogh in Pulchri Studio", *Haagsche stemmen,* nr. 31, 30 maart 1889, p. 379.

**50.** A. Robaut, *L'Œuvre de Corot, catalogue raisonné et illustré,* Parijs 1905, 4 dln. met losse index, dl. I, pp. 154-158.

**51.** Voor een overzicht van het Hollandse werk van Corot, zie de index bij Robaut, *op.cit.* (noot 50), onder *Amsterdam, Gouda, La Haye, Hollande, Rotterdam* en *Scheveningue.* Een *Souvenir de Hollande* van Dutilleux bevindt zich in het Musée de Lille.

**52.** Robaut, *op.cit.* (noot 50), dl. 2, nr. 744; nu in The Virginia Museum, Richmond; zie ook cat.tent. *Corot,* Galerie Wildenstein, New York 1969, nr. 32.

**53.** P. Miquel, *Félix Ziem, Maurs-la-Jolie* 1978, 2 dln., dl. I, pp. 65-72; voor een overzicht van de werken die Ziem in Nederland maakte zie: idem, dl. 2, p. 266.

**54.** Cl. Vignon, *Salon de 1852,* geciteerd bij P. Miquel, *op.cit.* (noot 53), dl. I, p. 74.

**55.** P. Miquel, *op.cit.* (noot 2), dl. 3, pp. 698-699; J. Laran, *Daubigny,* Parijs 1913, pp. 101-102.

**56.** R. Hellebranth, *Charles-François Daubigny (1817-1878),* Morges 1976, pp. 242-244 en cat.nrs. 738-745; J. Laran, *op.cit.* (noot 55), p. 102; P. Miquel, *loc.cit.* (noot 55).

**57.** F. Henriet, in: veilingcatalogus Parijs, 6 mei 1878, p. IX; zie ook cat.nrs. 261, 262, 266 en 525.

**58.** *Nieuwe Rotterdamsche Courant* 31-5-1896; kritiek op een tentoonstelling van Hollandse en Franse kunst die kunsthandel Buffa dat jaar organiseerde in het gebouw Pro Patria in Rotterdam.

**59.** P. Miquel, *op.cit.* (noot 2), dl. 2, p. 254 en p. 261.

**60.** L. Geoffroy, in *Revue des Deux-Mondes* 1851, p. 957, geciteerd bij P. Miquel, *op.cit.* (noot 2), dl. 2, p. 138.

**61.** P. Miquel, *op.cit.* (noot 2), dl. 2, p. 254 en p. 261.

**62.** V. Hefting, *op.cit.* (noot 24), p. 42. brief 36; zie ook: p. 44, brief 39 en p. 77, brief 84.

**63.** Musée Magnin te Dijon, *Au bords de l'Escaut,* gedateerd *23 juillet 60;* Collection Jean Claude Barrié, Parijs, *Effet de lune sur Delft,* gedateerd 1860 (afb. 65). Een 1856 gedateerd gezicht op Dordrecht in pen en penseel was in Londen (Sotheby's) 21-6-1984, nr. 704. Anastasi was behalve in Rotterdam in ieder geval ook in Schiedam, Dordrecht, Delft en Amsterdam.

**64.** P. Miquel, *op.cit.* (noot 2), dl. 2, pp. 241-242; J. Rousseau, in: *Univers illustré* 26 mei, geciteerd door P. Miquel, *loc.cit.* (noot 64).

**65.** Deze ets werd gereproduceerd in *Gazette des Beaux Arts,* XXIII, 1867, p. 338.

**66.** Charles de la Berge kopieerde in Amsterdam naar Ruisdael in 1836. Ook kocht hij in opdracht van de verzamelaar Anatole Demidoff schilderijen in ons land (P. Miquel, *op.cit.* (noot 2), dl. 2, p. 276); Diaz was in 1838 in ons land; uit een brief blijkt dat dit niet de eerste keer was (vgl. p. 207); in 1870 was hij in Amsterdam om wat tot rust te komen en het Rijksmuseum te bezoeken (P. Miquel, *op.cit.* (noot 2), dl. 2, p. 315); Jacque was in 1839 in Den Haag een *Hollands landschap gestoffeerd met vee* op de tentoonstelling van Levende Meesters te zien; vgl. ook Veiling Londen (Phillips) 24-9-1979, nr. 100 en cat.tent. Kunsthandel Douwes, Amsterdam, maart-april 1981, cat.nr. 29.

**67.** H. Kraan, *loc.cit.* (noot 44); zie ook: "Vreemde Gasten", *Kunstschrift Openbaar Kunstbezit,* jrg. 26, mei-juni 1982.

# Jozef Israëls en Millet *

Dieuwertje Dekkers

De geïnteresseerde bezoeker van een Barbizon-tentoonstelling met werken van Millet zal zich al snel verbazen over de opvallende overeenkomsten tussen Millet en Jozef Israëls. Vooral in de latere werken van Israëls zijn thema's en motieven aanwezig, die vergelijkbaar zijn met Millet. Er is dus duidelijk sprake van beïnvloeding, maar, zo zal de bezoeker zich afvragen, hoe kwam Israëls in contact met de kunst van Millet, en wat voor indruk maakte deze op hem? Bestudering van de meest recente literatuur biedt weinig houvast. Het blijft bij enkele opmerkingen: van directe beïnvloeding zou geen sprake zijn geweest, wel zou het denkbaar zijn dat Israëls via Parijs, Barbizon en de Nederlandse kunsthandel kennis had gemaakt met het werk van Millet[1]. Ook is wel gesuggereerd dat de verwantschap tussen beide kunstenaars te herleiden is tot één gemeenschappelijke bron: de oude Hollandse meesters[2].

Ondanks het feit dat de relatie tussen beide schilders uiterst complex is – de over-geleverde bronnen zijn vaak door Israëls zelf bewerkt – gelden als belangrijke elementen die bijdroegen tot de groeiende belangstelling van Israëls voor het werk van Millet: zijn omgang met kunsthandel en collectionneurs, zijn bezoek aan Parijs in 1867, het voorhanden zijn van reproducties en de veranderende waardering voor Millet in het algemeen.

### Invloeden voor 1867

Jan Veth, een van de meest uitvoerige biografen van Jozef Israëls, bracht aan het begin van deze eeuw *Klein Jantje,* het schilderij waarop Israëls het motief van "de eerste stapjes" heeft uitgebeeld, met Millet in verband[3]. Hij deed dit met het doel om de aantijgingen vanuit het buitenland, als zou Israëls de "Hollandsche Millet" zijn, te weerleggen[4]. Israëls had het doek ingezonden naar de Parijse *Salon* van 1861[5]. Volgens Veth zou Millet toen zodanig onder de indruk van het thema gekomen zijn dat hij er verscheidene studies van maakte. Het eindresultaat, een pasteltekening met de titel *Les premiers pas* (afb. 67), lijkt inderdaad bijzonder veel op Israëls' schilderij, dat hier in een staalgravure van Rennefeld naar het origineel is afgebeeld (afb. 68). Bovendien – weet Veth ons te melden – heeft Israëls het motief al in 1855 uit-geprobeerd. In het zogenaamde eerste schetsboek uit Zandvoort staan een paar krabbels die in relatie staan tot *Klein Jantje*[6]. Inmiddels weten we echter dat *Les premiers pas* in 1859 ontstond, terwijl ik de datering van het Zandvoortse schetsboek betwijfel[7]. Dit bevat namelijk ook enige voorstudies die Israëls in vrijwel ongewijzigde vorm gebruikte voor gravures in het album *De kinderen der zee,* verschenen in 1861[8]. Daarnaast staan er nog andere schetsen in die betrekking hebben op boekillustraties uit 1860[9]. Dit alles wijst erop dat het schetsboek rond dat tijdstip in gebruik was en niet in 1855.

67
J. - F. Millet
*De eerste stapjes*
*pastel, 1859*
*Cleveland Museum of Art*
68
*J.H. Rennefeld*
*Klein Jantje*
*staalgravure naar J. Israëls, 1861*

Uit het bovenstaande kan men opmaken dat Millet onmogelijk door Israëls op de gedachten van het onderwerp gebracht kan zijn en de vraag is nu of het omgekeerde het geval is. Ondanks zijn eerdere bezoeken aan Parijs had Israëls volgens zijn zeggen vóór 1856 nog nooit van Millet gehoord[10]. In dat jaar kwam de destijds bekende Franse lithograaf Mouilleron naar Nederland om de *Nachtwacht* van Rembrandt op steen te tekenen. Zijn verblijf hier zou, met onderbrekingen, drie jaar duren; in die tijd leerde

Israëls hem goed kennen. Mouilleron verkeerde regelmatig in het atelier van Israëls; bij één van die gelegenheden zei hij tegen Israëls: "Ik wou dat Millet of Delacroix hier waren om je raad te geven; die zouden het beter doen dan ik"[11]. Misschien heeft Mouilleron, die het werk van Millet kennelijk goed kende, Israëls attent gemaakt op dit thema en op het feit dat hij hiervoor het werk van Rembrandt als voorbeeld kon gebruiken. In allerlei variaties heeft Rembrandt het leren lopen van een kindje getekend. Nu eens ondersteunt de moeder haar kind met een looptuigje, dan weer houdt zij liefdevol een oogje op de peuter, die voorzichtig in de richting van een andere vrouw schuifelt[12]. Het motief komt ook voor op de achtergrond van de bekende ets met de studie van twee naakten, waarvan Israëls een exemplaar bezat (afb. 69)[13]. Op de ets ziet men een kindje in een zogenaamd "rolwagentje", de beide handjes naar een oude vrouw uitstekend. Vooral de hurkende figuur in Israëls' *Klein Jantje* toont frappante gelijkenis met de oude vrouw op Rembrandts ets. Het jongetje en de moeder lijken ontleend te zijn aan een tekening van Rembrandt (recent toegeschreven aan Carel Fabritius) die zich ten tijde van Israëls in Amsterdam bevond (afb. 70)[14].

69
*Rembrandt*
*Het rolwagentje*
*ets, ca. 1646*
70
*Rembrandt (nu toegeschreven aan*
*C. Fabritius)*
*Twee staande vrouwen met een kind*
*pentekening, ca. 1636*
*Rijksprentenkabinet, Amsterdam*

Mogelijkerwijs is Millet op vergelijkbare wijze te werk gegaan[15]. Net als Israëls maakte ook hij vaker gebruik van bepaalde motieven in Rembrandts teken- en prentwerk. Het is dan ook niet verwonderlijk dat in zijn nalatenschap prenten van Rembrandt werden aangetroffen[16].
Een werk van Israëls dat altijd met Millet wordt vergeleken is *Hun dagelijks brood* of, zoals het doek oorspronkelijk heette, *De schaapherder* uit 1864 (afb. 71)[17]. Het schilderij heeft het onderwerp – het gebed voor de maaltijd buiten op het land – met het beroemde *Angelus* van Millet uit 1859 gemeen[18]. Grote bekendheid kreeg dit schilderij pas in 1865, toen het voor het eerst geëxposeerd werd. Vóór die tijd waren er geen reproducties in de vorm van losse prenten of afbeeldingen in tijdschriften van verschenen en toch is daar die verwante iconografie. De enige verklaring hiervoor is dat Israëls het schilderij kende van "horen zeggen". Dit zou dan tevens het aanzienlijke verschil in compositie verklaren.
Het *Angelus* (afb. 72) was in 1860 via de kunsthandelaar Alfred Stevens in Belgisch bezit gekomen. In 1864, hetzelfde jaar waarin Israëls *Hun dagelijks brood* schilderde, wisselde het doek tweemaal van eigenaar. Binnen afzienbare tijd was het *Angelus* een voorwerp van speculatie geworden[19]. Het is niet ondenkbaar dat Israëls, die nauwe contacten onderhield met de kunsthandel, geïnspireerd werd door de verhalen die hij hoorde, en besloot iets dergelijks te schilderen. Belangstelling voor het onderwerp was immers verzekerd.
Voordat Israëls in 1867 van nabij kennis maakte met het werk van Millet, maakte hij nog een schilderij dat duidelijke verwijzingen naar Millet bevat. De ongedateerde *Cottage Madonna* (afb. 73) herinnert sterk aan het in 1861 vervaardigde *La bouillie,* waarin Millet een vrouw afbeeldde die haar kind met een lepel te eten geeft[20]. Datzelfde jaar

maakte Millet hiervan een ets in opdracht van de kunstcriticus Burty (afb. 74), die een artikel over Millets etsen in de *Gazette des Beaux-Arts* publiceerde[21]. Israëls zal dit tijdschrift ongetwijfeld gekend hebben, daar de hem welgezinde criticus Théophile Thoré zijn tentoongestelde werken er in recenseerde[22].

71
*J. Israëls*
*De schaapherder (Hun dagelijks brood),*
*1864*
*The Toledo Museum of Art*

72
*J. - F. Millet*
*Het Angelus, 1859*
*Musée du Louvre, Parijs*

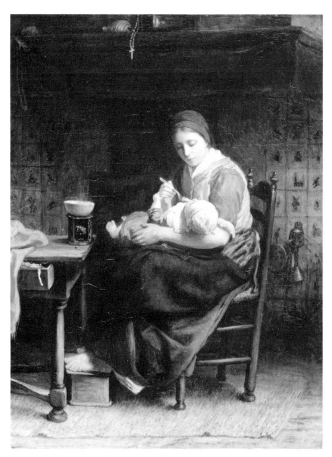

73
*J. Israëls*
*Cottage Madonna, ca. 1867*
*The Detroit Institute of Arts*

74
*J. - F. Millet*
*De pap*
*ets, illustratie uit "Gazette des Beaux-Arts", 1861*

## De ontmoeting met het "groot-eenvoudige" in 1867

Eigenlijk is het vreemd dat Israëls pas aan het einde van de jaren 'vijftig, geruime tijd na zijn herhaaldelijk verblijf in Parijs (1845-1847, 1853, en 1861) vertrouwd raakte met de naam van Millet. De eerste twee keren bezocht hij Barbizon. Dat dit voor een schilder niet ongebruikelijk was blijkt uit het feit dat vanuit de Franse academische traditie – en Israëls studeerde tijdens zijn eerste verblijf op het atelier van Picot – excursies naar het platteland sterk werden aanbevolen, en de omgeving van Barbizon een van de verzamelplaatsen was voor studenten van de Parijse ateliers[23].

Al zouden Israëls' uitstapjes niets met de schilders van de School van Barbizon te maken hebben gehad, hij moet toch  minstens iets vernomen hebben van de geruchtmakende kritieken die Millet in de pers kreeg[24].

Opmerkelijk genoeg is Israëls later tegen zijn biografen nogal vaag gebleven over zijn doen en laten in Parijs. Alleen Veth vertelt er uitgebreid over (althans over de eerste twee verblijven), anderen vermelden het oponthoud in 1853 eenvoudigweg niet, terwijl het verblijf in 1861 totaal onopgemerkt is gebleven[25]. Het relaas over zijn belevenissen in 1867, toen hij een groot aantal werken van Millet voor het eerst op de wereldtentoonstelling van Parijs zag, bevat tegenstrijdige elementen. Tegenover Eisler, die het verhaal in 1911 – het jaar van Israëls' dood – publiceerde, gaf hij te kennen dat hij diep van Millets werk onder de indruk was[26]. In een directe reactie op dit artikel, meende Veth daarentegen dat Eisler Israëls' woorden verkeerd geïnterpreteerd had[27]. Israëls zou helemaal niet "verrukt" geweest zijn over Millet, het "groot-eenvoudige" zag hij nog niet in diens werken. De ware toedracht zal ons altijd wel onthouden blijven. Het is evenwel aardig om Israëls' verhaal, dat niet geheel van eigendunk is gespeend, via Eislers pen te citeren.

"In de zaal hingen acht van zijn schilderijen aan een wand [. . .] aan den muur daar tegenover hingen er van Rousseau en Jérôme, maar Millet was toch de grootste. Niet tegenstaande dat hadden die twee anderen echter een veel grotere toeloop; om Millet bekommerde men zich maar weinig. Maar ik was diep getroffen. Wel stootte me de kleur af. Ze was gesmeerd en drabbig maar ik verbaasde me over dien kerel, die met zulke middelen zulk een buitengewone gedachte overtuigd vermocht weer te geven. [. . .] ik bewonderde in de hoogste mate de echtheid van zijn figuren, die zo vol leven zijn, de groote, hooge aanschouwing en opvatting der natuur en ik vond de lijnen zoo groot getrokken en vol uitdrukking"[28].

Het is maar de vraag of het publiek zo weinig interesse toonde voor de kunst van Millet. Waren zijn boerenstukken tot 1865 nog controversieel, daarna, en vooral tijdens de wereldtentoonstelling van 1867 begon de waardering. In de voorafgaande periode was het haast onmogelijk om als evenbeeld of tegenpool van de zo hoog gewaardeerde historiestukken, eenvoudige boerenlieden af te beelden.

Bovendien zagen rechts geörienteerde critici in de werken een bedreiging voor de heersende klasse: Millets boeren zouden een aanklacht tegen de sociale misstanden zijn. In de loop van de jaren 'zestig, toen de emoties rond de revolutie van 1848 tot rust waren gekomen, konden ook zij Millets werk gaan waarderen. De vertrouwde bijbelse en klassieke thema's van voorheen waren in een nieuw jasje gestoken[29].

Daarnaast droeg de kunst van Millet – vooral in het laatste kwart van de 19de eeuw – bij aan de opkomende idealisering van het pré-industriële tijdperk, waarin de landarbeid zo'n belangrijke rol had gespeeld. Kunst die het werken op het land tot onderwerp had werd bijzonder populair in kringen van grootindustriëlen in Engeland en Amerika[30]. In dit licht bezien is het niet verwonderlijk dat Israëls gaandeweg meer geïnteresseerd raakte in het maken van schilderijen die qua onderwerp nauw verwant waren aan Millets boerenstukken. Via de kunsthandel kon hij ze gemakkelijk in deze kringen kwijt[31].

### Invloeden na 1867

Schilderijen als *Berger ramenant son troupeau, Les glaneuses* of *La récolte des pommes,* die Israëls in 1867 zag, hebben in zijn latere periode hun uitwerking niet gemist[32].
Te denken valt aan *De schaapherder in de schemering* of de *Aardappeloogst,* schilderijen die ongetwijfeld in de smaak vielen bij liefhebbers van het landleven[33].
Behalve de directe kennismaking waren er nog andere mogelijkheden voor Israëls om het werk van Millet te bestuderen. De afbeeldingen in tijdschriften zijn al ter sprake gekomen, maar vooral van belang waren de losse prenten, al dan niet door Millet zelf vervaardigd[34]. Zo zijn enige etsen – Israëls bezat etsen van Millet, had deze zelfs in zijn huis hangen – onmiskenbaar van invloed geweest op Israëls' werk[35]. *Le départ pour le travail* uit 1863 staat in verband met Israëls' schilderij *De terugkeer van het werk* en zijn vele varianten[36]. *La grande bergère,* een breiend meisje met haar kudde schapen, waarvan de ets in 1862 ontstond[37] vertoont overeenkomsten met een latere variant van Israëls' *Breistertje* uit 1859[38].
De serie *Les travaux des champs,* die op Vincent van Gogh diepe indruk maakte, moet ook voor Israëls een bron van inspiratie zijn geweest. Oorspronkelijk verschenen deze houtgravures in *L'Illustration* van 1853 (afb. 75), vervolgens werden ze in 1855 als album uitgegeven, terwijl ze later ook als losse bladen verkrijgbaar waren[39]. In een schetsboek van Israëls komen talloze studies van houdingen en werkzaamheden voor die

onmiddellijk doen denken aan deze serie[40].

Israëls' nauwkeurige bestudering van Millets grafiek blijkt nog duidelijker uit een schets van een boerenmeisje[41]. Dit meisje draagt een voor Nederlandse begrippen wel zeer ongebruikelijk zonnehoedje. Als voorbeeld is dan ook veel te zeggen voor de uit 1868 daterende *Fileuse auvergnate*[42]. Deze ets had Millet in opdracht gemaakt van de reeds genoemde Burty, die bezig was met het samenstellen van een album met prenten voorzien van bijschriften[43]. Het boek, waarin naast de prent van Millet ook werken van Daubigny, Corot en Jongkind waren opgenomen, moet Israëls, die zelf al eerder betrokken was geweest bij een dergelijke onderneming, zeker geïnteresseerd hebben[44]. Een belangrijke bron, waaruit Israëls kon putten, was de collectie schilderijen en tekeningen, die de Engelse spoorwegmagnaat James Staats Forbes van Millet bezat[45]. Israëls was goed bevriend met deze uitzonderlijke verzamelaar en heeft tijdens zijn bezoeken aan Londen de werken in alle rust kunnen bestuderen[46]. Vooral de tekeningen van huiselijke taferelen en de studies voor *Les glaneuses* uit deze collectie zijn met het werk van Israëls in verband te brengen, terwijl als voorbeeld voor *De zandschipper* (ca. 1887) de studies van *Les lavandières* gediend hebben[47].

Tenslotte moet de befaamde biografie van Sensier over Millet genoemd worden[48]. Israëls had zich dit rijk geïllustreerde boek vrijwel onmiddellijk na de uitgave in 1881 aangeschaft[49]. De indertijd zeer omstreden *L'homme à la houe* staat hierin afgebeeld, die Israëls geïnspireerd moet hebben tot zijn *Rustende landbouwer*. Van Millets schilderij bestonden diverse uitvoeringen en ook etsen en houtgravures, terwijl het oorspronkelijke werk talloze malen gereproduceerd is[50].

75

*A. Lavieille*

*houtgravures naar J. - F. Millet*

*twee pagina's uit "L'Illustration", 1853*

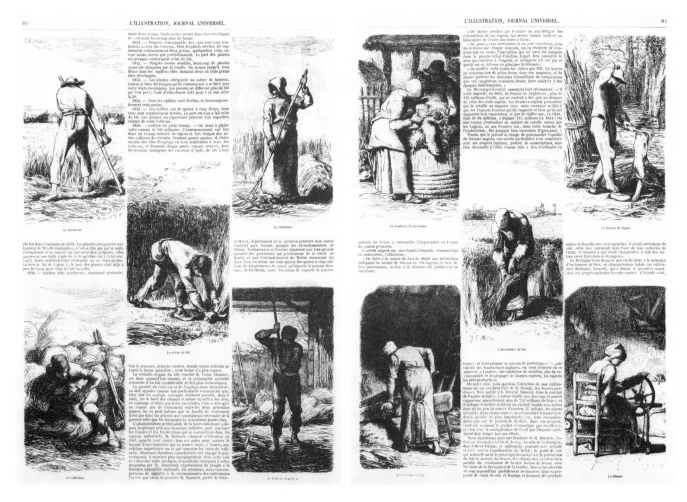

## Israëls' identificatie met Millet

Werd de gangbare mening over Millet in Frankrijk in de loop van de jaren 'zestig herzien, in Nederland sprak Carel Vosmaer in 1862 nog van "den beruchten Millet"[51]. Pas aan het begin van de jaren 'tachtig kwam hier de erkenning. Vosmaer roept dan uit: "en voilà un autre, die het *groote* kende [. . .] Wat een heerlijkheid, die *Glaneuses,* die *L'homme à la houe;* daar zijn trekken in die, als Israëls opmerkte, aan Michelangelo doen denken; soms doen het email zijner *pâte,* het groen en blauwgrijs zijner kleuren, zijn groote vlakke partijen, aan onzen Delftschen van der Meer denken. Daar is een maanlichtje van hem *Le parc à moutons, la nuit,* dat subliem is van eenvoud en waarheid"[52]. Niet alleen bevat deze passage een interessante verwijzing naar Israëls, die kennelijk met Vosmaer over Millets werk had gesproken, maar tevens blijkt hieruit dat boeren (en in Nederland ook vissers) als nieuwe helden waren geaccepteerd.

In 1883 hing op een tentoonstelling van schilderijen bij de kunsthandel Van Wisselingh een ets van Willem Maris naar *De zaaier* van Millet, een aanwijzing voor de belangstelling in het milieu van de Haagse School voor Millet[53]. Van Gogh bijvoorbeeld leende in 1882 Sensiers boek van Théophile de Bock en vond in Millet zijn leidsman[54]. Hem troffen de eenvoud, de waarheid, de noblesse en het sentiment in Millets werk; hij voegde Israëls daaraan vrijwel in één adem toe[55]. Dat is ook wat Vosmaer in feite deed. In de kenschets van Millet, over wie hij als "dichter-schilder" sprak, gebruikte hij dezelfde woorden, die hij twee jaar eerder voor Israëls had gereserveerd. Israëls legt in zijn werk "het dichterlijke gevoel", naast "groote waarheid" en "eenvoud" aan den dag, aldus Vosmaer in 1881[56]. Het is zonneklaar dat Vosmaer in Millets kunst veel van Israëls herkende. Ongetwijfeld onderschreef Israëls deze gedachten. In 1892, ter gelegenheid van de Millet-tentoonstelling in het Haagse *Pulchri Studio,* schreef Israëls de inleiding voor de catalogus[57]. Hierin karakteriseerde hij de kunst van Millet als – en hoe kan het ook anders – "echt natuurlijk, eenvoudig en doordacht". "De tijd ligt ver achter ons", zo schreef hij verder, "dat men Millet een grove schilder van leelijke menschen noemde; [...] dat men verbaasd en ongeloovig de schouders ophaalde als sommigen beweerden, dat hij zijn kunst van de antieken had afgezien...". Hij achtte Millet de meest oorspronkelijke kunstenaar van de 19de eeuw, omdat wij aan hem te danken hebben, "dat het gewoon menschelijke op den troon verheven is, die het toekomt. Dat niet alleen de geschiedenissen van koningen en veroveraars, van heiligen en beroemde mannen, de voorstellingen dienen te zijn, waarop zich een verheven kunstenaar mag inspireeren; maar dat den arbeider, die het land beploegt, en aan de moeder, die haar zuigeling drenkt, evenveel studie mag besteed worden en evenveel schoonheid mag toegewezen worden, als wat ook in de ons omgevende schepping"[58].

Israëls' inleiding is één groot eerbetoon aan een verwante ziel. De rol die hij toemat aan Millet, dacht hij zelf in eigen land te hebben vervuld. Een passage als: "Hartstochtelijk geloovig aan de alleen zaligmakende kracht, die er uitgaat van eigen aanschouwing der natuur, was hij tevens een ijverig werkman...", laat zijn vereenzelviging met Millet zien. Israëls heeft zichzelf herhaaldelijk als zodanig afgeschilderd[59].

Het voorafgaande toont duidelijk aan dat de kunst van Millet de werken van Israëls – vooral die van na 1867 – zowel direct als indirect heeft beïnvloed. Israëls, die vóór die tijd toch voornamelijk taferelen uit het vissersleven uitbeeldde, koos later vaker voor onderwerpen uit het boerenleven. Gesteld kan worden dat de herwaardering van Millet hierbij de meest bepalende factor is geweest. Ook kan worden aangenomen dat beide schilders zich in met name huiselijke taferelen hebben laten inspireren door Rembrandt en dat op deze manier vergelijkbare onderwerpen zijn ontstaan. Tenslotte rijst de vraag of de steeds toenemende invloed van Millet op Israëls uit commercieel belang of uit artistieke overwegingen voortkwam. Israëls' nauwe banden met handelaars en verzamelaars met een voorkeur voor de boeren van Millet, doen het eerste vermoeden, evenals Israëls' gekleurde uitspraken over Millet. Het blijft wonderlijk dat hij zich nooit uitgelaten heeft over de rol die een gelijkgestemde schilder als Millet in zijn leven heeft gespeeld, terwijl hij de invloed van de "oude" Rembrandt daarentegen met verve heeft benadrukt. Zou het kunnen dat ook zijn biografen Veth en Eisler in reactie op de aanvallen vanuit het buitenland de werkelijke relatie tussen beide schilders hebben willen verdoezelen om Israëls toch maar als de grootste schilder – te vergelijken met Rembrandt in de 17de eeuw – van "modern" Nederland te handhaven?

* Bij het tot stand komen van dit artikel ben ik veel dank verschuldigd aan Stella Tholhuijsen. Ook wil ik de wetenschappelijke staf van de afd. 19de eeuw van het Rijksbureau voor Kunsthistorische Documentatie in Den Haag en de medewerkers van de bibliotheek van het Kunsthistorisch Instituut in Utrecht hartelijk danken voor hun medewerking.
1. J. de Gruyter, *De Haagse School,* dl. I, Rotterdam 1968, p. 52.
2. R. de Leeuw, in: cat. tent. *De Haagse School. Hollandse meesters van de 19de eeuw,* Grand Palais, Parijs/Royal Academy, Londen/Haags Gemeentemuseum, Den Haag 1983, p. 33.
3. J. Veth, "Eenzelfde compositie bij Jozef Israëls en bij Millet", *Onze Kunst,* 11 (1912), I, pp. 41-48. Eerder verschenen in

De Amsterdammer, 31 jan. 1909. De herdruk (met enige uitbreiding) ontstond naar aanleiding van het artikel van M. Eisler, "J.F. Millet en J. Israëls", *Onze Kunst,* 10 (1911), II, pp. 117-128.
4. Veth, *op.cit.* (noot 3), p. 43. Veth noemt geen namen, maar we kunnen aannemen dat hij het invloedrijke werk van Meier-Graefe bedoelt. Deze laat zich nogal laatdunkend uit over Israëls: "Der Milletsche Gedanke gelangte nach Holland, und Israëls taufte den Fund und gab ihm die leichtere Zugänglichkeit. [...] Israëls hielt sich an das Gemüt und zum erstenmal wurde die holländische Kunst sentimental". J. Meier-Graefe, *Entwicklungsgeschichte der modernen Kunst,* dl. I, Stuttgart 1904, p. 110. Zie ook Eisler, *op.cit.* (noot 3), p. 118.

**5.** cat. tent. *Salon de 1861,* Parijs 1861, cat.nr. 1597 *Petit Jean.*
**6.** Het schetsboek bevindt zich in het Rijksprentenkabinet, Amsterdam, inv.nr. 59:532. De ene schets laat in grove omtrekken een opzet van de totale compositie zien, terwijl de andere meer een uitgewerkte studie van de hurkende man is. Zie voor afbeeldingen, Veth, *op.cit.* (noot 3), resp. pp. 45 en 46.
**7.** cat. tent. *Jean-François Millet,* Grand Palais, Parijs 1975 en Hayward Gallery, Londen 1976, cat.nr. 97. Voor afbeeldingen van enkele studies zie cat. tent. *Jean-François Millet,* Museum of Fine Arts, Boston 1984, cat.nr. 77 en E. Moreau-Nélaton, *Millet raconté par lui-même,* dl. III, Parijs 1921, afb. 343 en 344. De annotaties "Dit is *het* boek van Zandvoort J.I." en "J.I. allereerste jaar Zandvoort" lijken mij toevoegingen van latere datum te zijn. Het handschrift stemt in ieder geval niet overeen met dat van Israëls.
**8.** *Joost Atlas* op blad 2 en *Netten boeten* op blad 14 (verso) en blad 4 van het schetsboek (zie noot 6). Over dit album zal te zijner tijd een artikel van mijn hand verschijnen.
**9.** G. Eliot, *Adam Bede,* 3 dln., Haarlem 1860. Nederlandse vertaling door Mevr. Busken Huet uit het Engels (1859) met 3 illustraties van J.H. Rennefeld naar tekeningen van Jozef Israëls. Het betreft hier de personen Adam Bede, Hetty en Dina. Studies voor Adam bevinden zich zeker in het schetsboek, blad 5, 6, 13. Voor Dina komt misschien de schets van een vrouwtje met poes in aanmerking, omslag van schetsboek (vgl. noot 6).
**10.** Veth, *op.cit.* (noot 3), p. 43
**11.** *Ibid.,* p. 43.
**12.** O. Benesch, *The drawings of Rembrandt* (herziene ed. E. Benesch), Londen 1973, dl. 4, cat.nr. 706 en dl. 2, cat.nrs. 308, 391 en 412.
**13.** J.P. Filedt Kok, *Rembrandt etchings & drawings in the Rembrandt House. A catalogue,* Maarsen 1972, cat.nr. B194.
**14.** P. Schatborn, cat. tent., *Tekeningen van Rembrandt in het Rijksmuseum,* Rijksprentenkabinet, Amsterdam 1985, cat.nr. 65. Vooral de figuren uit de compositie in het genoemde schetsboek (zie noot 6) zijn met deze tekening in verband te brengen. De hurkende man vertoont nauwe overeenkomsten met een tekening die zich thans in de coll. F. Lugt bevindt, Benesch, *op.cit.,* (noot 12), dl. 2 cat.nr. 391.
**15.** In cat. tent. *Millet,* Boston, *op.cit.* (noot 7), p. 114 wordt gesteld dat Millet voor *Les premiers pas* geïnspireerd werd door Rembrandts tekening, *De pannekoekbakster* in het Louvre.
**16.** Veiling, Parijs (Hôtel Drouot), 24/25 april 1894, cat.nr. 381 "Un lot de gravures de Rembrandt, Jan Luyken, Van Ostade etc. 45 pièces".
**17.** cat. tent. *Rotterdam 1864,* cat.nr. 237 *De schaapherder.* Hiervan verscheen een prent in de almanak *Holland,* 1864, p. 119 met een gedicht van S.J. van den Bergh "Morgen in de duinen".
**18.** Zie cat. tent. *Millet,* Parijs, *op.cit.* (noot 7), cat.nr. 66.
**19.** *Ibid.,* p. 105.
**20.** Voor de *Cottage Madonna* zie ook cat. tent. *De Haagse School, op.cit.* (noot 2), cat.nr. 32; voor *La bouillie* zie cat. tent. *Millet,* Parijs, *op.cit.* (noot 7), cat.nr. 157 en voor de ets zie cat.nr. 130.
**21.** Ph. Burty, "Les eaux-fortes de M. J.F. Millet", *Gazette des Beaux-Arts,* XI (1861), pp. 262-266; de afbeelding van de ets op p. 266.
**22.** [Thoré] W. Bürger, "Exposition à la Haye", *Gazette des Beaux-Arts,* III (1859), pp. 104-107; id., "Exposition générale des beaux-arts à Bruxelles" *Gazette des Beaux-Arts,* VIII (1860), pp. 88-97 en id., "Exposition de la Haye", *Gazette des Beaux-Arts,* XV (1863), pp. 198-200.
**23.** A. Boime, *The Academy and French painting in the nineteenth century,* Londen 1971, p. 47.
**24.** R.L. Herbert, "Le naturalisme paysan de Millet hier et aujourd'hui", cat. tent. *Millet,* Parijs, *op.cit.* (noot 7), p. 14 en id., "City vs. country: The rural image in French painting from Millet to Gauguin", *Artforum,* 8 (1976), pp. 46-47.
**25.** J. Veth, "De jeugd van Israëls", *Portretstudies en silhouetten.* 2de vermeerderde uitgave, Amsterdam z.j. (1908[1]), pp. 98-102 en p. 133. Over Barbizon vermeldt Veth weinig meer dan dat Israëls er boerenhuisjes tekende en schetsen van interieurs maakte. (Latere auteurs, uitgezonderd Eisler in 1929, hebben hun gegevens over deze periode aan Veths artikel ontleend); C. Vosmaer, Israëls' eerste biograaf, schrijft zo goed als niets over de Parijse verblijven, zie zijn artikel "Jozef Israëls", *Onze hedendaagsche schilders,* 1881 en ; Ph. Zilcken, "Jozef Israëls. Naar aanleiding van zijn zeventigjarig jubileum", *De Gids,* (1894), I, pp. 380-382 beschrijft alleen het eerste verblijf; voor M. Eisler, *Jozef Israëls,* Londen 1929, pp. 9-10 geldt hetzelfde. Dat Israëls in de zomer van 1861 in Parijs was blijkt uit een brief: "Van mijne reis naar Parijs teruggekomen . . .", brief Israëls aan A.C. Kruseman, Noordwijk aan Zee, aug. 1861, U.B. Leiden, Ltk 1390, "N. Beets en J. Israëls. De kinderen der zee 1861".
**26.** Eisler, *op.cit.* (noot 3), p. 121.
**27.** Veth, *op.cit.* (noot 3), p. 43, noot 2 in het artikel.
**28.** Eisler, *op.cit.* (noot 3), pp. 121-122.
**29.** Herbert, *Le Naturalisme, op.cit.* (noot 24), pp. 13-19; B. Goldman, "Realist iconography: intent and criticism", *The journal of aesthetics and art-criticism,* XVIII (1959), pp. 183-192; A. Boime, "The Second Empire's official realism", *The European realist tradition,* Gabriel Weisberg ed., Indiana University Press 1982, pp. 106-107.
**30.** Herbert, *City, op.cit.* (noot 24), pp. 50-51.
**31.** Zie voor het verzamelen Ch. Dumas, "Haagse School verzameld", in cat. tent. *De Haagse School, op.cit.* (noot 2), pp. 125-136.
**32.** Voor de resp. werken zie cat. tent. *Millet,* Parijs, *op.cit.* (noot 7), cat.nrs. 154, 65 en 64.
**33.** Voor de afbeeldingen zie resp. Eisler, *op.cit.* (noot 25), afb. LV en E.G. Halton, "Josef Israëls: the leader of the modern Dutch School", *The Studio,* 54 (1911), p. 101.
**34.** Zie voor afbeeldingen in tijdschriften o.a. een serie gravures van de twaalf maanden, gegraveerd door A. Lavieille naar Charles Jacque in *L'Illustration,* 1852. Een aantal motieven in de maanden zijn gebaseerd op het werk van Millet, zonder dat dit vermeld was; E. Chesnau, "Jean-François Millet", *Gazette des Beaux-Arts,* 2de per. XI (1875), pp. 428-441; A. Piedagnel, *J.F. Millet, Souvenirs de Barbizon,* Parijs 1876.
**35.** Zilcken, *op.cit.* (noot 25), p. 371; Israëls leende voor de tentoonstelling van Millet in 1892 een achttal werken uit, waaronder 7 etsen, zie cat. tent., *J.F. Millet,* Pulchri Studio, Den Haag 1892, p. 11.
**36.** Zie voor *Le départ pour le travail,* cat. tent. *Millet,* Parijs, *op.cit.* (noot 7), cat.nr. 135 en cat. tent. Millet, Boston, *op.cit.* (noot 7), cat.nr. 106; zie voor het volledige grafische werk van Millet: M. Melot, *l'Œuvre gravé de Boudin, Corot, Daubigny, Dupré, Jongkind, Millet, Théodore Rousseau,* Parijs 1978; Voor *De terugkeer van het werk,* zie cat. tent. *De Haagse School, op.cit.* (noot 2), cat.nr. 36 en Eisler, *op.cit.* (noot 25), fig. LXI en LXXI, verder Halton, *op.cit.* (noot 33), pp. 87 en 95.
**37.** cat. tent. *Millet,* Parijs, *op.cit.* (noot 7), cat.nr. 131.
**38.** Zie voor het *Breistertje* uit 1859, cat. tent., *De Haagse School, op.cit.* (noot 2), cat.nr. 31. In de latere variant is het meisje *in* de deuropening geplaatst en neemt een vergelijkbare positie in als Millets *La grande bergère;* zie voor afbeelding RKD, afd. 19de eeuw.
**39.** Zie cat. tent. *Millet,* Parijs, *op.cit.* (noot 7), p. 25; Van Gogh spreekt in brieven uit 1880 over "10 feuilles", zie *Verzamelde brieven van Vincent van Gogh,* Amsterdam/Antwerpen 1952, dl I, brief nr. 135, p. 203.
**40.** Het schetsboek bevindt zich in het Rijksprentenkabinet, Amsterdam, inv.nr. 1981:459, de studies op blad 10, 22 (verso), 24, 25 (verso), 30 (verso).
**41.** *Ibid.,* blad 25 (verso).
**42.** cat. tent. *Millet,* Parijs, *op.cit.* (noot 7), cat.nr. 136 en cat. tent. *Millet,* Boston, *op.cit.* (noot 7), cat.nr. 139a, b.
**43.** Melot, *op.cit.* (noot 36), cat.nr. M20.
**44.** In het geval van Israëls betrof het alleen werk van hemzelf, de gravures werden door Rennefeld gemaakt, terwijl ook Nicolaas Beets de gedichten schreef; zie ook noot 8.
**45.** J. Cartwright, "The drawings of Jean-François Millet in the collection of Mr. James Staats Forbes", *Burlington Magazine,* 5 (1904), pp. 47-67, pp. 118-159 en 6 (1904), pp. 192-203, pp. 306-369.
**46.** *Ibid.,* 5, p. 159 en Dumas, *op.cit.* (noot 31), p. 126.
**47.** Zie voor een afbeelding van *De zandschipper,* cat. tent. *De Haagse School, op.cit.* (noot 2), cat.nr. 40; voor de studies van *Les lavandières,* zie Cartwright, *op.cit.* (noot 45), 5, pp. 63 en 65. Wat betreft de huiselijke taferelen moet nog diepgaander onderzoek worden verricht. De mogelijkheid van Rembrandt als iconografische bron is niet uitgesloten.
**48.** A. Sensier, *La vie et l'œuvre de Jean-François Millet,* Parijs 1881.
**49.** Deze informatie dank ik aan John Sillevis.
**50.** Voor afbeelding van de *Rustende landbouwer* zie RKD, afd. 19de eeuw; in het laatst besproken schetsboek (noot 40) komt tweemaal een rustende landbouwer voor: blad 20 (verso) en blad 24; Voor *L'homme à la houe* zie cat. tent. *Millet,* Parijs, *op.cit.* (noot 7), cat.nr. 161 en zie voor de grafische varianten Melot, *op.cit.* (noot 36), cat.nrs. M1 en M34.
**51.** C. Vosmaer, "Antwerpen in augustus 1861", *Kunstkronijk,* 1862, p. 70.
**52.** C. Vosmaer, "Cent chefs d'œuvre", *De Nederlandsche Spectator,* 1883, p. 232.
**53.** C. Vosmaer, "Berichten en Mededelingen", *De Nederlandsche Spectator,* 1883, p. 307.
**54.** Van Gogh, *op.cit.* (noot 39), dl. I, p. 322: "Ik heb van de Bock te leen het groote werk van Sensier" (brief van 10 maart 1882).
**55.** *Ibid.,* dl. II, pp. 53, 73 en 329.
**56.** Vosmaer, *op.cit.* (noot 25), pp. 4-5.
**57.** cat. tent. *Millet,* Den Haag *op.cit.* (noot 35), pp. 5-9.
**58.** *Ibid.,* p. 7.
**59.** Zie o.a.: Brief van Israëls aan een onbekende jonge kunstenaar, Den Haag 24 jan. 1911, RKD, afd. Moderne Kunst; F. Netscher, "Jozef Israëls", *Elseviers Geïllustreerd Maandschrift,* 1891, p. 231; M.J. Brusse, "Bezoek bij Jozef Israëls", *Het boek in 1905. Letterkundig jaarboek en catalogus,* VI (1905), p. 137.

# Barbizon en België*

Robert Hoozee

De hele 19de eeuw door, vanaf de tijd van het neo-classicisme tot het *fin-de-siècle* was het Belgische kunstleven sterk op Parijs gericht. De kunstkritiek volgde in Parijs de artistieke gebeurtenissen en vele Belgische kunstenaars verbleven een tijdlang in de Franse hoofdstad. De opeenvolgende stijlveranderingen in de Franse kunst werden in de loop van de 19de eeuw stelselmatig – en steeds vlugger – in België geïmporteerd. David's neo-classicisme kende in België grote navolging in het begin van de eeuw. De Vlaamse voorman van de Romantiek, Gustaaf Wappers, stuurde zijn opzienbarende *Zelfopoffering van Pieter Van der Werff* naar Brussel vanuit Parijs, waar hij het in bewondering voor Delacroix en Géricault had geschilderd. In 1850 schilderde Courbet zijn *Steenkloppers* en een jaar later hing dit werk op de *Salon* van Brussel, als eerste van de vele *actes de présence* van het Franse realisme in België. Werk van Manet en Monet werd respectievelijk in 1863 en in 1872 voor het eerst te Brussel tentoongesteld. Wanneer *La Grande Jatte* van Seurat tenslotte in 1886 bij *Les Vingt* in Brussel wordt getoond, volgt daarop vrijwel onmiddellijk een stijlverandering in pointillistische zin bij veel Belgische schilders.
In deze context is het niet verwonderlijk dat ook de nieuwe Franse schilderkunst van de jaren 'dertig van de 19de eeuw al vroeg in België bekend was, geïmporteerd werd en een stimulans vormde voor een groot aantal kunstenaars.

## Salons en kritiek

De contacten tussen het Belgische en het Franse kunstleven liepen voornamelijk via de driejaarlijkse kunstsalons die in alle grote steden van het land werden georganiseerd. Naast deze *Salons,* die een officiëel karakter hadden, werden ook kleinere tentoonstellingen gehouden door diverse kunstminnende genootschappen. De centrale betekenis van de *Salons* kan men afleiden uit de ruime belangstelling van de pers en de gespecialiseerde kunstkritiek, uit het toenemend aantal inzendingen en ook uit het feit dat de meest progressieve kunstenaars op de *Salons* probeerden te figureren, ook al namen zij intussen deel aan alternatieve, meer vooruitstrevende tentoonstellingen[1]. De *Salons* werden door een groot publiek bezocht en waren tevens een soort vakbeurs waar een dialoog ontstond tussen kunstenaars en critici. In deze dialoog waren de uitvoerige beschouwingen van vooraanstaande critici een belangrijk instrument; ze werden ook dikwijls afzonderlijk in boekvorm gepubliceerd.
De *Salons* stonden open voor buitenlandse kunstenaars; onder de deelnemers vinden we vooral Nederlanders, Fransen, Engelsen en Duitsers. Van hun kant probeerden veel Belgische kunstenaars door te dringen op de Parijse *Salons* en op de wereldtentoonstellingen in Europa. Net als de Belgische werden ook de Parijse *Salons* in de gespecialiseerde pers geanalyseerd; het leidt geen twijfel dat vele Belgische kunstenaars de gelegenheid hadden om de Parijse tentoonstellingen te bezoeken.
De progressieve Franse landschapschilders zijn in de Belgische *Salons* pas goed vertegenwoordigd in de jaren 'vijftig. Een uitzondering is Lapito die vanaf 1840 naar vrijwel alle Belgische *Salons* werken inzond; zijn eerste landschap uit de omgeving van Fontainebleau hing op de Brusselse *Salon* van 1845. Troyon was in 1844 reeds vertegenwoordigd te Gent en Huet toonde in 1848 op de *Salon* van Brussel vier werken.
In die tijd moeten de recente ontwikkelingen in de Franse kunst in België goed bekend geweest zijn. Dit blijkt althans uit een in 1845 gepubliceerd commentaar op Lapito, die een regelrechte uitnodiging inhoudt aan het adres van de moderne Franse schilders: "Het is jammer dat de goede landschapschilders van de moderne Franse school, zoals de HH. Français, Baron, Thuillier, Marilhat, Troyon, Jules Dupré, Cabat, Flers, Corot, Desgoffe en Aligny, niet hier komen om met hun brede stijl, hun krachtige lijnvoering en hun grandioze techniek, de bekrompen visie te corrigeren die zo kenmerkend is voor de Duitse, de Hollandse en de Vlaamse scholen. Tussen de zojuist geciteerde beroemdheden vergat ik de landschapschilder Rousseau; ik verontschuldig mij eerst bij de heer Rousseau zelf, en vervolgens bij de heer Thoré – van de *Constitutionnel* –, die hem heeft ontdekt. De heer Lapito kan ons echter al een idee geven van wat de voorhoede van de Franse landschapschilders voorstelt; maar hoewel hij een man van talent is, stapt de heer Lapito niet aan het hoofd van de moderne Franse school. De stijl van de heer Lapito is eerder klassiek, meer conventioneel wellicht, terwijl al de

kunstenaars die ik heb opgesomd overtuigde natuurschilders zijn, die de natuur waarheidsgetrouw in beeld brengen, maar het landschap blijven concipiëren in de geest van Claude Lorrain en Poussin. Hier in België primeert de detailweergave; men is op de eerste plaats realist. Of men nu driehonderd meter of honderd passen van een boom verwijderd is, men schildert hem steeds identiek; niet één bladje ontbreekt, niet één scheurtje in de schors. In Frankrijk begrijpt men de natuur als een poëtisch geheel, en om dat op het doek zichtbaar te maken begint men bij de massa's, en niet op de manier van een meetkundige, door penseeltrekjes op een rij te zetten alsof het om een wetenschappelijk probleem gaat. Zo hebben het de grote meesters altijd gedaan, van Titiaan tot Lorrain, tot Gaspar en tot Poussin"[2].

De anonieme auteur, wellicht de historieschilder Lutherau[3], doet verder een oproep tot een doorvoelde interpretatie van de natuur, door haar te vergelijken met de mens: "Zij heeft haar onzekerheden en haar passies, haar dwaasheden en haar verdriet. De poëtische zielen hebben voeling met dit mysterieuze leven dat ons omringt en ons onophoudelijk beïnvloedt. De grote kunstenaars zijn zij die er de essentie van vertolken"[4].

Tenslotte waarschuwt hij tegen de eenzijdigheid van de *peintres crépusculaires* – meteen een vroeg voorbeeld van het soort reacties tegen de Franse *école du gris* die men tot laat in de 19de eeuw zal aantreffen in de Belgische kunstkritiek[5].

De Brusselse *Salon* van 1851 scheen aan de hierboven geciteerde oproep te voldoen, want we vinden daar voor het eerst een belangrijke vertegenwoordiging van Franse landschapschilders, waaronder Cabat, Courbet, Diaz en Troyon, die met zes werken vertegenwoordigd was. Deze kunstenaars bleven tot het einde van de jaren 'zestig regelmatig deelnemen aan de Belgische *Salons;* vooral Courbet speelde in Gent, Antwerpen en Brussel een actieve rol in de verspreiding van het Realisme.

Corot verscheen voor het eerst te Gent in 1856, Dupré stelde slechts een drietal keren in België tentoon, voor het eerst te Brussel in 1860. Op die *Salon* was Rousseau voor de eerste en enige keer in België vertegenwoordigd. In 1861 vinden we Daubigny en Millet op de *Salon* van Antwerpen, het jaar waarin Courbet er deelneemt aan het kunsthistorische Congres en een pleidooi houdt voor de realistische visie.

Tot zover de namen die vooral in deze context van belang zijn. Wie de *Salon*-catalogi doorneemt, treft nog heel wat andere kunstenaars aan met werken die in het bos van Fontainebleau zijn geschilderd, zoals: Hostein (Brussel 1842 en 1845), Thierrée (Antwerpen 1846), Mannies (Antwerpen 1851), Huber (Gent 1853), Moyse (Gent 1856), Gassies (Brussel 1857), Aligny (Antwerpen 1858), Roelofs (Antwerpen 1858) en Hanedoes (Gent 1859).

De Belgische kunstkritiek stond over het algemeen belangstellend tegenover de landschapschilderkunst. Men erkende dat de historieschilderkunst achteruit ging, doch niet iedereen was het met deze gang van zaken eens. Traditionalisten zoals de criticus Adolphe Van Soust, bleven nog lang de suprematie van de historieschilderkunst verdedigen als "de allerhoogste uiting van de plastische kunsten"[6]. Anderzijds was men heel kritisch als het over de landschapschilders ging. In een in 1846 in Mons bekroonde studie *De l'état actuel de la peinture en Belgique*, stelde Adolphe Lacomblé: "Onze landschapschilders werken niet genoeg naar de natuur en laten zich te veel inspireren door hun fantasie. De natuur zoals zij haar schilderen is wel harmonieus, maar te conventioneel. Er heerst een geelachtige en vale toon, die niet alleen vals is, maar ook onaangenaam om te zien. ( . . . ) Alles samen is de Belgische landschapschilderkunst zwak, hoewel zich een zeer groot aantal jonge schilders op de studie van deze kunsttak toeleggen. De schijnbare gemakkelijkheid van dit genre is een lokaas dat de onzekere roepingen aantrekt. Van zodra ze de moeilijkheden van de studie ondervinden, zien ze te laat hun fout in en nemen ze genoegen met de slaafse imitatie van deze of gene meester, in de hoop zo tot vlugge resultaten te komen"[7].

Deze bijgedachte dat het landschap de gemakzuchtige beginnelingen zou aantrekken vinden we niet alleen bij deze auteur[8]. Zij was geïnspireerd door de ware invasie van landschapschilders in de *Salons,* waartussen inderdaad heel wat knoeiers gezeten kunnen hebben. De Franse landschapschilders van de generatie van 1830 werden als meesters begroet, hoewel met name Corot en Daubigny nog tot in de jaren 'zestig hevige kritiek uitlokten.

Het *Journal des Beaux-Arts,* een kunsthistorisch tijdschrift dat verscheen vanaf 1859, schreef enthousiast over de deelname van Corot, Troyon en Daubigny aan de Parijse *Salon,* en noteerde daarbij dat hun werken wel nog niet door iedereen begrepen werden. Het jaar daarop kreeg alleen Troyon evenwel een gunstige kritiek van Adolphe Siret, directeur van het tijdschrift: "Wat een waarachtigheid zonder zwaarte,

zwaarte, zonder trivialiteit, welk een mooi en sterk koloriet, wat een kracht in de lijnen, de schriftuur, in de compositie, dit is de hand van een grote meester"[9].
Het werk van Corot vond in zijn ogen geen genade: 'Ik neem aan dat het ons toegelaten is, vooraleer een oordeel te geven over deze kunstenaar die de naam hee de grootste landschapschilder van Frankrijk te zijn, te wachten tot de heer Corot ie anders naar België stuurt dan deze misplaatste grap die hij op het Salon tentoonstel onder de titel *Soleil couchant*. Men ziet er absoluut niets op, waardoor men vanzelf-sprekend veronderstelt dat het een *Soleil couché* is"[10].

Beide kritieken uit het *Journal des Beaux-Arts* kunnen model staan voor een algemen houding. Het vrij gematigde realisme van kunstenaars als Jacque en Troyon werd vrijwel door iedereen gunstig onthaald. Het *Journal des Beaux-Arts* rekent hen met Huet, Dupré en Rousseau tot "deze jonge en moedige school die streed voor de bevrijding van de kunst"[11]. De schetsmatigheid van Daubigny en de wazigheid vai Corot daarentegen werden door velen beschouwd als funeste voorbeelden voor de schilders van eigen bodem. De waarschuwingen tegen *l'à peu-près* en tegen het overmatig gebruik van grijze tinten onder invloed van de Franse *école du gris* zijn regelmatig terugkerende motieven in de Belgische kunstkritiek.
Nog een derde categorie vormde het zuivere Realisme van Courbet en Millet, dat een waar conflict uitlokte tussen voor- en tegenstanders. Men sprak in verband met Millet aan de ene kant van "vulgariteit gedreven tot de uiterste limiet"[12], terwijl de progressieve kritiek, bij monde van Camille Lemonnier, de Franse kunstenaar typeerde als "een robust schilderstemperament, dat zich niet wil plooien naar de gemaaktheid en de opgedirkte lieftalligheid van de *Salon*-schilderkunst"[13].
Lemonnier besteedde twee pagina's van zijn *Salon*-kritiek van 1863 aan Millet. In zijn inleiding signaleerde hij de definitieve doorbraak van het Realisme in de Belgische landschapschilderkunst: "De landschappen van onze schilders hebben lucht en diepte; het is een natuur die doordrongen is van levenssap, en die deel heeft aan alle vreugden en aan alle smarten van het leven"[14].
Wat verder verklaarde hij: "Het tijdperk van de waarheid is aangebroken; en het schone is, volgens Plato, de luister van de waarheid"[15]. Dat Lemonnier slechts één zijde van de opvattingen in de kunstkritiek vertegenwoordigt, blijkt uit een triomferende uitspraak van een traditionalist als Siret, naar aanleiding van dezelfde *Salon* van 1863: "Het realisme sterft, het realisme is dood. Wij hebben zeker het recht dit te beweren en het zelfs van de daken te schreeuwen, want wij hebben, in de mate van onze mogelijkheden, meegeholpen om dit monster te verslaan"[16].

### Barbizon in Belgische verzamelingen
Dat de Franse kunstenaars zo uitvoerig aan bod kwamen in de Belgische kunstsalons heeft ook te maken met het feit dat zij voor hun werk in België een gunstige markt vonden. In de negentiende eeuw werden in België immers heel wat belangrijke verzamelingen – zogenaamde *galeries* – gecreëerd. De meeste waren gespecialiseerd in Belgische kunst, maar er kwamen ook enkele verzamelingen tot stand van Franse kunst, met een flink aandeel uit de School van Barbizon. In dit verband moet gewezen worden op de betekenis van twee invloedrijke kunsthandelaars, Gustave Coûteaux en Arthur Stevens. Coûteaux was bankier, politicus, verzamelaar en handelaar. Hij was een merkwaardige figuur die heel wat Belgische kunstenaars onder contract had, zoals de Antwerpse realisten Henri Leys, François Lamorinière en Henri De Braekeleer. De Braekeleer schilderde in 1871 zijn portret en een gezicht op zijn landhuis[17]. Op een bepaald ogenblik werkte ook Edouard Huberti voor Coûteaux en in zijn brieven merkt men hoe deze schuwe landschapschilder door de invloedrijke *Monsieur C* geïntimideerd werd[18].
Coûteaux opereerde ook in Frankrijk. Hij was er een tijdlang geassocieerd met de handelaar Petit en deed zaken met Jacque, Diaz, Troyon, Millet en Rousseau. Eén bron vertelt iets over de intenties van Coûteaux, toen Jacque hem probeerde te winnen voor het werk van Millet: "Mijn dierbare Jacque, denkt U dat ik uw werk koop om U plezier te doen? Neen, het is omdat ik er zeker van ben het weer te kunnen verkopen"[19].
Wanneer men de figuur van Coûteaux vanuit de Franse bronnen benadert dan wordt het beeld weinig flatteus. Er is sprake van intriges, en blijkbaar kwamen Diaz, Rousseau en Jacque door Coûteaux in financiële moeilijkheden. Vooral Jacque, van wiens grafisch werk Coûteaux in 1859 een tentoonstelling inrichtte, geraakte vanaf 1862 in ernstige schulden, doordat hij zich geassociëerd had met Coûteaux, die zelf in

N. Diaz de la Peña
*Heuvels bij Jean de Paris, woud van*
*Fontainebleau (cat.no. 45)*

financiële problemen zat[20]. In 1865 beëindigde Coûteaux zijn zaken in Parijs en vestigde hij zich alleen te Brussel. Coûteaux' collectie werd in hetzelfde jaar te Brussel geveild, zogenaamd omdat de eigenaar door zijn actief zakenleven geen tijd meer vond om zich met het beheer en de uitbreiding van zijn verzameling bezig te houden. Merkwaardig is dat het voorwoord van de veilingscatalogus onderstreepte dat het om een *vente sérieuse* ging en dat alle schilderijen werkelijk verkocht zouden worden[21]. In elk geval bleef Coûteaux nà deze veiling handel drijven en verzamelen, en de veiling na zijn dood bevatte, net als die van negen jaar tevoren, tal van kwaliteits-werken[22]. In de collectie Coûteaux was naast Diaz, Dupré, Flers en Rousseau, vooral Charles Jacque met talrijke werken vertegenwoordigd. Coûteaux bezat ook een werk van Bonington en één van Géricault.

De tweede Belg die in Parijs en Brussel opereerde was Arthur Stevens, broer van de schilders Joseph en Alfred, die beiden lange tijd in de Franse hoofdstad woonden. Stevens was criticus – hij besprak onder meer de Parijse *Salons* – en handelaar. Camille Lemonnier, wellicht de meest betrouwbare getuige van het Belgische kunstleven vanaf de jaren 'zestig plaatst Arthur Stevens op gelijke voet met Proudhon en Courbet wanneer hij zijn invloed op de kunst van zijn tijd beschrijft: "Arthur Stevens tenslotte, broer van Alfred en Joseph, invloedrijk en subtiel criticus en tevens verstandig handelaar, had de geesten versoepeld en het besef bijgebracht dat de omstandigheden waarin de kunst leeft, veranderd waren. Daaraan had hij zélf vol vuur en overtuiging meegewerkt, in zijn strijd tegen het academisme en tegen de oude scholen, en in zijn verkondiging van een ernstige, eenvoudige, natuurlijke kunst, van een schilderkunst die op de eerste plaats schilderkunst is. Hij had geijverd voor de aanvaarding van kunstenaars als Rousseau, Millet, Delacroix, Corot, Dupré, Decamps, Courbet, Daubigny, Meissonier, door ze beetje bij beetje te laten circuleren in de stroom van de Belgische kunst en hen leerlingen en cliënten te bezorgen. Van de eersten maakte hij bekeerlingen, van de anderen verzamelaars, en hij vormde collecties zonder weerga, tot hij overal het zaad van de nieuwe en vruchtbare ideeën had verspreid, uit afkeer van het banale en het middelmatige, en gewapend met een onvermoeibare geestelijke ijver, een bewonderenswaardig begrip voor artistieke kwaliteit en een quasi religieus geloof in het evangelie dat hij predikte. Arthur Stevens was een actieve en krachtige arbeider aan de evolutie. Zijn passie en zijn onverzettelijkheid hebben méér voor de Belgische kunst gedaan dan ooit mogelijk ware geweest met een meer verzoenende aanpak. Zij hadden voor gevolg dat de kunstzin in België, door dit contact met de geniale vernieuwers van Frankrijk, werd verruimd, en dit zowel bij de kunstenaars als bij het publiek. Deze onophoudelijke en gepassioneerde propaganda voltooide het werk dat door de critici was begonnen, en men zag hoe de kunstenaars zich meer en meer in twee kampen splitsten: de enen bleven gehecht aan de oude doctrine, de anderen zetten resoluut de stap naar de nieuwe gedachte"[23].

Na deze lofrede volgt een rake typering van de fundamentele veranderingen die Romantiek en Realisme tegen het midden van de 19de eeuw in de kunst hadden teweeggebracht: "Vanaf dat moment werd het schilderij als een soort levend organisme waarin de mooie expressieve materie en de geestelijke sensibiliteit een eigen leven leiden, los van het onderwerp, dat tot dusver de bestaansgrond van het schilderij had uitgemaakt. Het was in die tijd dat de liefhebber evenveel begon te betalen voor kleine chevalet-schilderijen als voor grote formaten. Er ging een soort on-weerstaanbare aantrekkingskracht uit van de natuur en van de waarheid, die een bevrijding vormde uit de conventie, de leugen en het academisme"[24].

Arthur Stevens ging in Barbizon op dezelfde wijze te werk als Coûteaux. Hij plaatste Diaz en Dupré onder contract, en samen met een andere Belgische handelaar, Blanc, bestelde hij in 1860 vijfentwintig doeken van gemiddeld formaat bij Millet, tegen de prijs van 1.000 à 2.000 F[25]. Ook hij kwam echter met de meeste van zijn schilders in conflict[26]. De ruzie met Dupré begon in 1857 en sleepte jarenlang voort[27]. Te Parijs zou Arthur Stevens het loterij-systeem van de Belgische *Salons* in de Parijse *Salons* geïntroduceerd hebben, wat misschien iets zegt over zijn status in de Franse hoofdstad[28]. In elk geval was hij een centrale contactfiguur tussen de Parijse en Brusselse kunstmilieus. Baudelaire spreekt in zijn notities voor *Pauvre Belgique* meer dan eens van Arthur, die hem blijkbaar in Brussel wegwijs maakte[29]. Dezelfde Arthur bracht op 2 juli 1866 de stervende Baudelaire, samen met zijn moeder, naar Parijs terug[30]. Lemonnier vermeldt als belangrijkste Belgische verzamelaars die onder Stevens' invloed stonden: Jules Van Praet, baron Goethals, Prosper Crabbe, Bischoffsheim,

J. Allard, Alph. Allard, V. Allard, Jean Cardon, Kums, Isidore Van den Eynde, Arthur Warocqué en Cattoir[31].

Een speurtocht in oude saloncatalogi en veilingen bevestigt inderdaad dat België in de jaren 'vijftig-'zestig reeds een aanzienlijk aantal modern gerichte verzamelaars telde. Aan Lemonniers opsomming kan men nog toevoegen: Baron de Hauff, Emile Wolff, de gebroeders Van Roye, F. de Poortere, Jules Lequime, Henri Olin, J.F. Van Becelaere en de gebroeders Vander Donckt.

Enkele van die collecties verdienen enige toelichting. Een van de oudste was de galerie van Jean Ferdinand Van Becelaere, eigenaar van een populair café te Brussel. Zijn collectie was volgens het *Journal des Beaux-Arts* in Europa bekend en had een min of meer publiek karakter[32]. Vóór 1860 vinden we daar werk van Brascassat, Coignard, Diaz, Dupré, Isabey, Jacque en Troyon – deze laatste hing volgens De Taeye op een ereplaats[33].

Toen Baudelaire in de jaren 'zestig in Brussel vertoefde had hij het voornemen de belangrijkste collecties te bezoeken: duc d'Aremberg, Coûteaux, baron Goethals en Van Praet stonden op zijn programma[34]. Hij bezocht in 1864 de collectie Crabbe en stelde er een korte catalogus van samen, waarin hij een Cabat signaleert, – één der mooiste die hij ooit zag[35] (zie cat. no. 6). Voorts was er werk van alle leden van de School van Barbizon en ook van Bonington. De collectie Crabbe werd in 1890 te Parijs geveild door Sedelmeyer, bijgestaan door Arthur Stevens[36]. Vele werken bevinden zich thans in bekende openbare verzamelingen.

Ten huize van Jules Van Praet, een belangrijk Belgisch politicus en kunstverzamelaar, kreeg Baudelaire de indruk dat de Belgen over kunst enkel konden spreken in termen van geld[37]. De verzameling Van Praet, in de Hertogstraat, was hoe dan ook een van de belangrijkste van haar tijd. Ze werd gevormd vanaf omstreeks 1845, en in 1880[38] omvatte zij topstukken van Millet, Troyon, Rousseau, Dupré, Corot en verscheidene Belgische landschapschilders; daarnaast onder meer ook werken van Bonington, Gainsborough, Delacroix en Géricault. Van deze laatste bezat Van Praet de studie van vijfentwintig paarden op rug gezien, geplaatst in drie rijen boven elkaar. De pendant met paarden in vooraanzicht bevond zich in de collectie Coûteaux[39].

Na de dood van Van Praet werden onderhandelingen gevoerd met zijn neven om de collectie voor de staat te verwerven. Na hùn overlijden kwam ze terecht bij diverse verwanten die de verzameling stuksgewijs van de hand deden.

Ook in de verzameling van Baron de Hauff waren de schilders van Barbizon bijzonder goed vertegenwoordigd. De collectie De Hauff werd tussen 1875 en 1878 in diverse veilingen verkocht[40]. De topstukken werden in Parijs geveild in 1877 en men voegde er nog *Les planteurs de pommes de terre* van Millet en de *Chien de berger* van Troyon uit een anonieme collectie aan toe; dit wijst erop dat De Hauff in Parijs een commercieel interessante naam was[41].

76
*J. - F. Millet*
*De herderin 1862/64*
*Musée du Louvre, Parijs*

Het is trouwens opvallend dat heel wat collecties in het buitenland werden verkocht, een situatie die in de pers werd betreurd. Wie de herkomst van belangrijke schilderijen van de School van Barbizon nagaat, moet het opvallen hoe dikwijls Belgische verzamelaars als de eerste eigenaars genoemd worden. Vooral Millet is met een indrukwekkende lijst hoofdwerken in Belgische verzamelingen terug te vinden.
Van Praet bezat het *Angelus* (Louvre, Parijs) dat hij van de Belgische in Barbizon verblijvende schilder de Papeleu (zie verder) gekocht had en dat hij nadien met de Parijse verzamelaar Tesse ruilde voor *La grande bergère* (Louvre, Parijs) (afb. 16).
Van Millet bezat hij ook een *Ganzenhoedster* en *L'hiver aux corbeaux* (Kunsthistorisches Museum, Wenen).
Prosper Crabbe bezat *Le vanneur* (Louvre, Parijs), het zeer bekende *L'homme à la houe* (privé-verzameling USA) en *La famille du paysan* (National Gallery of Wales).

Men kan stellen dat de School van Barbizon, evenals andere Franse kunst, in België op grote schaal verzameld werd. Dat géén van de Belgische musea een belangrijke collectie Franse kunst bezit, zelfs niet van de toen zo verspreide grafiek, ligt aan het feit dat deze collecties in de privé-sfeer bleven en reeds in de jaren 'zeventig en 'tachtig werden verkocht. Bij de nieuwe generatie verzamelaars van het einde van de eeuw waren vooral de Belgische realisten, zoals Artan, Boulenger en De Braekeleer, erg in trek. Barbizon is dan nog steeds vertegenwoordigd, maar eerder met klein werk.
Een interessant voorbeeld is de verzameling van Edmond Picard, de man die in de jaren 'tachtig de progressieve kunstenaarskring *Les Vingt* en hun tijdschrift *L'art moderne* organiseerde. Hij bezat drie werken van Courbet, een kleine Corot, een Goya, maar ook een Seurat, wat meer in overeenstemming was met zijn rol als protagonist in de moderne kunst van het *fin-de-siècle*. De collectie werd geveild in 1904[42]. Twee andere collecties die tegen het einde van de 19de eeuw een sterke invloed hebben uitgeoefend, waren de verzamelingen Kums en Huybrechts in Antwerpen.
Edouard Kums overleed in 1891, nadat hij twintig jaar lang onder invloed van Van Praet had verzameld. Zijn dochter richtte tussen 1891 en 1897 het Musée Kums in, en stelde een catalogus samen. In 1898 werd het Musée Kums in Antwerpen geveild[43]; landschappen van Corot, Diaz, Marilhat, Millet, Rousseau en Troyon maakten deel uit van deze collectie.
Uit dezelfde periode dateert de verzameling Edmond Huybrechts die in 1902 onder de hamer kwam. Hier was werk van Troyon, Rousseau, Diaz, Daubigny, Corot, Hervier en zelfs John Constable aanwezig. Deze collectie was begonnen door Pierre-Jean Huybrechts omstreeks het midden van de eeuw[44].
Met deze veilingen die rond de eeuwwisseling plaats vonden, komen we tot een laatste generatie verzamelaars die zich voor de School van Barbizon interesseerden. Van het einde van de vorige eeuw tot de Eerste Wereldoorlog werden talrijke nieuwe verzamelingen gevormd waarin de Franse kunst met veeleer bescheiden werken vertegenwoordigd was. Men kocht niet alleen op Belgische veilingen, maar ook en vooral in Parijs waar heel wat grote collecties, zoals die van Chéramy en Sedelmeyer, werden verkocht.
Een gedeelte van de verzameling van het Museum voor Schone Kunsten van Gent is in deze context ontstaan. De industrieel Fernand Scribe, die in 1913 zijn hele collectie aan de stad Gent legateerde, was immers zo'n typisch op Parijs gerichte verzamelaar. Onder zijn invloed kochten ook de Vrienden van het Gentse museum regelmatig werken te Parijs. Hierdoor komt het dat Gent sinds het begin van deze eeuw een kleine, maar voor België unieke verzameling van Franse kunst uit de 19de eeuw bezit, met enkele goede werken van Géricault, Daumier, Daubigny en Rousseau.
Het Museum van Doornik staat in een soorgelijke relatie tot de verzamelaar Henri Van Cutsem, doch deze kocht vooral werk van Belgische kunstenaars, terwijl hij bij de Fransen meer actuele kunst aankocht, onder meer van Manet, Monet en Seurat[45].

## De betekenis van Barbizon voor de Belgische landschapschilders

De School van Barbizon was een stimulans voor de vernieuwing van de Belgische landschapschilderkunst vanaf het midden van de 19de eeuw.
In die periode kwam een eigen Belgische "School" tot stand die qua stilistische homogeniteit vergelijkbaar is met bijvoorbeeld de Haagse School, hoewel zij nooit een gelijkaardig internationaal imago heeft gekregen.
De ontwikkeling doorloopt twee fasen. De eerste wordt gevormd door een generatie

J. - F. Millet
*Het voorjaar (cat.no. 77)*

kunstenaars die reeds in de jaren 'vijftig, temidden van het nog heersende classicistische landschap, blijk geeft van meer natuurlijkheid; de tweede fase betekent de doorbraak van het romantische-realistische landschap in de jaren 'zestig en 'zeventig, met de vorming van verscheidene lokale scholen.

Camille Lemonnier verwoordde de aankondiging van meer natuurlijkheid in de jaren 'vijftig als volgt: "Een vochtige geur van buitenlucht begint zich los te maken. Men voelt hoe de intieme natuurbeleving, de passie voor het licht, de directe ontroering van dageraad en zonsondergang nabij zijn. Men voelt hoe de geest wakker wordt bij de trilling van de bladeren, de vreugde van de klaarte en het gedonder van de wind. Terzelfdertijd zoeken de schilders naar een juistere toon om de natuurverschijning weer te geven, de harmonie van vlakten en loofwerk, het wit van de kalkgesteenten, de geelachtige schimmel van de mossen, en het diepe en zachte blauw van de lucht."[46]

Théodore Fourmois (1814-1872) was de belangrijkste figuur in deze overgangsfase, en hij werd ook als zodanig erkend door kunstenaars en critici. We weten niet of hij in Barbizon is geweest, wel werkte hij graag in de Dauphiné. Zijn werk biedt een interessante combinatie van een klassieke compositie met een koloriet en schriftuur die op directe waarneming gebaseerd zijn. In de jaren 'veertig maakte Fourmois natuurstudies die voor zijn tijd en omgeving vooruitstrevend waren. Een panoramisch landschap van 1841 (afb. 77) wijst bijna zeker op invloed van John Constable.

77
*Th. Fourmois*
*Panoramisch landschap, 1841*
*Koninklijke verzameling, Brussel*

Hoewel Thoré-Bürger in 1862, naar aanleiding van de wereldtentoonstelling te Londen, getuigde dat Fourmois behoorde tot de beste landschapschilders, "die zich niet op de navolging hebben gestort van de Franse school"[47], werd hij door de Belgische critici wél met de Fransen in verband gebracht. Men verweet hem onder meer een tendens te volgen die genoegen nam met de uiterlijke verschijning van de natuur "alsof de vorm in de realiteit niet bestaat, een tendens die zoveel aanhangers kent in Frankrijk"[48].

Tot de overgangsgeneratie behoren tal van verdienstelijke, maar thans weinig bekende landschapschilders zoals Jean-Baptiste Kindermans (1821/22-1876), Paul Lauters (1806-1875), François de Marneffe (1793-1877), Edmond De Schampheleer (1824-1899), François Van Luppen (1834-1899), Joseph Quinaux (1822-1895), Alfred de Knyff (1819-1886), en de gebroeders Xavier (1818-1896) en Cesar (1823-1904) De Cock.

Al deze figuren, op Kindermans na, stelden op een bepaald ogenblik landschappen uit Barbizon tentoon of hebben een tijdlang in het bos van Fontainebleau gewerkt. Quinaux toonde reeds gezichten in het bos van Fontainebleau op de Brusselse *Salon* van 1845; in 1846 toonde De Marneffe er twee op de *Salon* van Antwerpen. Voor zover bekend zijn dat de eerste Belgen met Barbizon-thema's op Belgische tentoonstellingen.

Alfred de Knyff was een aristocraat die heel lang in Parijs verbleef en zelfs een
landhuis bezat in de buurt van Fontainebleau. Hij genoot tijdens zijn leven een
aanzienlijk succes als landschapschilder. Te Barbizon was hij goed bevriend met de
Franse kunstenaars, van wie hij zelf verscheidene werken kocht[49].
Du Jardin citeert een anecdote die door Alfred Stevens werd verteld: "De Knyff kreeg
Corot op bezoek en toonde hem zijn werk voor de komende *Salon,* waarop Corot
zei: 'Het is slecht, het is waarlijk slecht.' Enigszins van zijn stuk gebracht door deze
openhartigheid, doch zonder dat te willen laten blijken, antwoordde de Knyff, die een
volleerd man van de wereld was: 'Dat dacht ik ook, waarde meester, en ik had al het
vage idee mijn doek af te krabben. Nu aarzel ik niet meer en morgen zal ik mijn werk
opofferen.' Daarop schoot Corot enigszins uit: 'En wat als ge vanavond zoudt sterven?',
vroeg hij. Waarop De Knyff op zijn beurt vol vuur repliceerde: 'Ge doet er mij aan
denken, en hij nam een mes en sneed terstond zijn doek in stukken."[50]
Een andere kunstenaar die een tijdlang in Barbizon woonde was de thans nagenoeg
vergeten Gentse baron Victor de Papeleu, leerling van Dupré[51].
Hij nam vanaf 1856 regelmatig deel aan de Belgische *Salons* met gezichten in het bos
van Fontainebleau, en was de eerste eigenaar van Millets beroemde *Angelus,* dat later in
de verzameling Van Praet terecht kwam, en van *De aardappeloogst,* thans in het
Museum van Baltimore.
Tot de meest op Frankrijk georiënteerde Belgische landschapschilders moeten we de
gebroeders Xavier en Cesar De Cock rekenen. De oudste, Xavier, trok in 1852 naar
Parijs en van daaruit naar Barbizon. Zijn vijf jaar jongere broer arriveerde in 1856 te
Parijs. Toen Xavier in 1860 naar België terugkeerde om alleen 's winters nog in Parijs
te verblijven, bleef Cesar in Frankrijk werken, vooral in Normandië, in de omgeving
van Parijs, en te Barbizon. In 1857 werden de gebroeders De Cock op de Parijse *Salon*
opgemerkt als *émules inspirés* van Corot en Daubigny. In een brief aan zijn biograaf,
Jozef Van Hoorde, schreef Cesar De Cock: "Ik heb een goede kans gehad te Parijs
gestadig de werken te zien van de grote schilders: Corot, Decamps, Rousseau,
Daubigny, Diaz, Dupré, Français, Troyon en anderen nog en ik 'at' van hunne werken,
in zooverre soms dat mijn hoofd er ziek van was . . ."[53]
Cesar De Cock kan men beschouwen als één der belangrijkste navolgers van Corot
in België: kenmerkend voor zijn stijl zijn de vlokkige schriftuur en het gebruik van een
ingehouden koloriet in gamma's van grijs en groen. Xavier De Cock was meer

78
*X. de Cock*
*Landschap in Barbizon, 1867*
*particuliere verzameling, Gent*

gespecialiseerd in de weergave van mensen en vee in de natuur (afb. 78). Tussen de
honderden bewaard gebleven tekeningen van zijn hand[54], bevinden zich talrijke
detailstudies en enkele landschappen uit Barbizon. Uit zijn werk spreekt vooral de
invloed van Millet en Troyon.
In 1859 arriveerde de vijfentwintigjarige schilder Camille Van Camp (1834-1891) te
Parijs, waar hij kennis maakte met de artistieke *colonie belge,* waaronder de gebroeders
Stevens, Paul-Jean Clays, Charles Verlat, Gustave Wappers, Louis Gallait, Florent
Willems en Gustave De Jonghe. Van Camp noteerde zijn indrukken in brieven die een
interessante getuigenis geven van de Belgische aanwezigheid in Parijs. Over de in België

gevierde meesters merkte hij al meteen lakoniek op: "Wappers noch de anderen verkopen in Parijs; al wat hij maakt is voor het buitenland"[55]. Van Camp studeerde vooral in het Louvre, maar leerde ook de moderne Franse kunst kennen: "Met enkele penseeltrekken de nieuwe impressie leren samenvatten die men bij de studie van de natuur krijgt, ziedaar het doel van de kunstenaars die werken in de zin van Corot. Corot zélf, die hen tot voorbeeld strekt, bereikt met dit systeem succes; enkele vlekken kleur, enkele gedurfde toetsen, *et voilà!* Zeer mooi, maar onvoltooid, dat is nu de tendens. Het is trouwens met deze elementen dat ook Troyon en Daubigny te werk gaan. Ik buig dus het hoofd, alle stijlen zijn goed als men ze maar gebruikt zoals Troyon en Daubigny."[56]

De schapen op een werk van Daubigny contrasteerde hij met die van de in België nog steeds populaire Verboeckhoven: "Ze zien er niet uit als symbolen, die schapen, en de heer Verboeckhoven zou verbaasd zijn over de beweging en het leven in deze mooie groep dieren, waarvan de vormen zich verliezen in de vluchtige en duistere tinten van de nacht."[57]

Uiteindelijk trok Van Camp zelf naar Barbizon. Op 7 augustus 1859 schrijft hij: "Ik bevind mij thans te Barbizon. Van zeven uur 's morgens tot de avond doorkruis ik het bos; het bos is prachtig en ik vind er alles wat ik maar wensen kan om de uitvoering van mijn schilderij te vergemakkelijken. 's Avonds keer ik terug naar de herberg waar Hermans en ikzelf gelogeerd zijn. Er staat een zeer goed diner klaar en verscheidene kunstenaars eten aan dezelfde tafel, zodat de avonden zeer aangenaam verlopen."[58]

Van Camp bleef slechts veertien dagen in Barbizon en schilderde er hooguit enkele werken. Toch komt in zijn brieven het intussen door buitenlanders en toeristen overrompelde schildersdorp heel levendig tot uiting: "Ik ben geïnstalleerd in Barbizon, en maak studies van de mooie combinaties van bomen en rotsen. Er bevindt zich momenteel een massa volk in Barbizon en overal in het bos hoort men vrolijke kreten."[59]

De Antwerpenaar François Lamorinière (1828-1911) is binnen de Belgische landschapschilderkunst een eerder aparte figuur, omdat hij minder Frans georiënteerd was, maar, net als Henri Leys, ook invloeden vanuit Duitsland verwerkte. Lamorinière creëerde een uiterst gedetailleerd realisme waarvoor hij reeds in 1857 het verwijt te horen kreeg te veel gebruik te maken van de fotografie[60]. Lamorinière verbleef in 1853 te Barbizon. Hiervan getuigen enkele studies en de titels van een aantal schilderijen in de catalogi van veilingen en *Salons*[61]. Sommige olieverfstudies van Lamorinière herinneren door hun beperkt koloriet en het gebruik van een harde borstel met duidelijk zichtbare schriftuur, aan het werk van Rousseau (afb. 79). De austeriteit van Rousseau boeide ook de met Lamorinière verwante schilder Joseph Van Luppen, die een tijdlang bij Rousseau in de leer ging en in 1864 te Antwerpen een *Souvenir de Fontainebleau* tentoonstelde.

Tot zover de voornaamste vertegenwoordigers van de groep landschapschilders die Sander Pierson[62] de "half-stoutmoedigen" heeft genoemd, omdat zij, ondanks de natuurstudie en de assimilatie van Franse invloeden, bleven vasthouden aan een klassiek opgevat schilderij.

Inmiddels waren in de jaren 'zestig de principes van het realisme en de opvatting van het schilderij als vrije, niet aan wetten gebonden uiting van de kunstenaar, definitief doorgedrongen in de vooruitstrevende Belgische kunstmilieus. De weerstand die de progressieven nog steeds ondervonden leidde in 1868 te Brussel tot de oprichting van de *Société Libre des Beaux-Arts*, die zélf tentoonstellingen organiseerde en zich in 1871 met het tijdschrift *L'art libre* ook van een theoretisch wapen voorzag[63]. Bij de oprichting van de *Société Libre* aanvaardden heel wat Franse kunstenaars het erelidmaatschap: onder meer Corot, Millet, Daumier, Courbet, Daubigny en Jacque[64]. Onder de actieve leden en sympathisanten van het nieuwe genootschap bevonden zich alle Belgische landschapschilders die in de jaren 'zestig en 'zeventig het toneel beheersten. Een van de initiatiefnemers was Louis Dubois (1830-1880) geweest. Hij was figuur- en landschapschilder, sterk beïnvloed door Courbet, waarvan hij een soort Belgische apostel werd. Courbets vlakke en schetsende materie-behandeling vindt men terug in de meeste van zijn landschappen. Ook op theoretisch vlak introduceerde hij de Franse vernieuwingen in België door het realisme in *L'art libre* te verdedigen; zijn artikelen tekende hij met het pseudoniem *Hout*.

De zeeschilder Louis Artan (1837-1890) was een der oorspronkelijkste beoefenaars van het romantisch Realisme uit de jaren 'zestig-'zeventig. Volgens de niet

C. Corot
*Strand aan de voet van de krijtrotsen van*
*Yport (cat.no. 16)*

J. Dupré
*Zonsondergang (cat.no. 52)*

gepubliceerde biografie van zijn zoon[65] trok hij in 1858 naar Parijs en werkte hij ook in het bos van Fontainebleau, waar hij Corot leerde kennen. Zijn specialisatie in zeestukken dateert van het einde van de jaren 'zestig, toen hij weer in België woonde en regelmatig naar Bretagne trok om te schilderen. Artan behoort tot die schilders die, nog ten tijde van het Impressionisme, donkertonige landschappen en *marines* produceerden.

Een der meest actieve realisten[66] was de dierschilder Alfred Verwee (1838-1895). Hij verbleef in de jaren 'zestig in Parijs, stelde er regelmatig tentoon en kende er volgens De Taeye alle moderne kunstenaars[67]. Zélf evolueerde hij naar een zeer zakelijk realisme in de weergave van paarden en runderen in de open vlakte van de Vlaamse polders.

De centrale figuur van de generatie landschapschilders die in de jaren 'zestig en 'zeventig doorbrak, was Hippolyte Boulenger (1837-1874), een zwaarmoedige romanticus die reeds op 37-jarige leeftijd overleed.

Boulenger debuteerde op de *Salon* van Antwerpen in 1861 en werd vrij vlug als een veelbelovend kunstenaar begroet, hoewel men ook hem zijn gebrekkige afwerking verweet (afb. 80). In 1863 vestigde Boulenger zich te Tervuren, in de omgeving van Brussel. Daar bouwde hij zijn landschapsvisie uit en werd hij omringd door verscheidene andere kunstenaars. Hijzelf plaatste in de *Salon*-catalogus van 1866 achter zijn naam de vermelding *élève de l'école de Tervueren.*

Het is niet bekend of Boulenger in Barbizon heeft gewerkt. Dat hij met het werk van de Franse schilders goed vertrouwd was, is inmiddels evident, gelet op de vele mogelijkheden die een Brusselse kunstenaar had om hun werk te leren kennen.
In de reeds vermelde saloncatalogus van 1866 liet hij twee adressen achter zijn naam drukken, één in Tervuren en één in Parijs[68].
In 1867 was hij een maandlang in Parijs waarna hij volgens Pierre Colin een plotse en sterke invloed te verwerken kreeg van Dupré en Diaz[69]. In elk geval is het werk van Boulenger in zijn geheel genomen zeer verwant met dat van de meest romantische en "donkere" schilders van Barbizon, zoals Dupré, Diaz en Rousseau.
Zelden of nooit gebruikte Boulenger een soepele en vlotte schriftuur om de natuur in beeld te brengen. Daarentegen is zijn handschrift steeds nadrukkelijk en soms hortend, iets wat sterk opvalt in sommige van zijn wolkenluchten. Tot zijn belangrijkste werken behoren enkele zeer schetsmatig gehouden landschappen, die hij wellicht nooit tentoonstelde. Het zijn expressieve interpretaties van een dramatische, zelfs tragische natuur, geschilderd door een getourmenteerde, reeds zieke kunstenaar.
De tendens tot zwaarmoedige landschappen, de voorliefde voor slechte of duistere weersomstandigheden, en het gebruik van een zware verfmaterie, zijn niet alleen kenmerkend voor Boulenger, maar ook voor andere Belgische landschapschilders uit deze periode. Dat geldt in de eerste plaats voor de kunstenaars die in Boulengers omgeving hebben gewerkt, zoals Alphonse Asselbergs (1839-1916) en Joseph-Théodore Coosemans (1828-1904). Beiden hebben in 1875 een tijdlang in Barbizon gewerkt en er grote landschappen geschilderd (afb. 81).

81

*A. Asselbergs*
*Maartse dag aan de Mare-aux-fées, 1876*
*Koninklijke Musea voor Schone Kunsten,*
*Brussel*

Andere landschapschilders waren minder geneigd tot een dramatische natuur-uitbeelding en sloten veeleer aan bij de onder Franse invloed internationaal geworden *école du gris*, wat hen overigens door de kritiek werd kwalijk genomen. Hier moeten vooral Edouard Huberti (1818-1880) – de Belgische Corot –, Adrien-Joseph Heymans (1839-1921) en Théodore Baron (1840-1899) worden vermeld. Baron, die een tamelijk stroeve manier van schilderen had, was zeker in Barbizon; er bevonden zich verscheidene studies van het bos van Fontainebleau in zijn nalatenschap[70]. Van alle grijsschilders weten we dat ze Franse kunstenaars als Corot en Daubigny bewonderden. Hun brieven en biografieën bevatten hierover voldoende gegevens. Zowel de schilders van de School van Tervuren als de verspreid werkende grijsschilders vestigden in België een typische landschapstijl die nog lang werd nagevolgd en verder uitgewerkt, onder meer door Willem Vogels (1836-1896), Frans Courtens (1854-1943), Isidore Verheyden (1846-1905) en de vroege James Ensor (1860-1949).
Camille Lemonnier, actief betrokken bij de *Société Libre des Beaux-Arts,* generatiegenoot en vriend van de meeste hierboven vermelde landschapschilders, karakteriseerde hun werk ten opzichte van de Franse kunst, als volgt: "Men moet hieruit niet besluiten dat de Belgische kunstenaars volstonden met een slaafse toepassing van de Franse doctrine in hun werk. Zij gaven er integendeel een vrije interpretatie van, zonder hun oorspronkelijke achtergrond te verloochenen. In hun toepassing van deze nieuwigheid, die bij hun Franse collega's soms tot oppervlakkigheid leidde, bleven zij wie zij van nature waren: ernstig, gematigd, voorzichtig en een beetje zwaar."[71]

* Voor de hulp bij het opzoeken van *Salon*- en veilingcatalogi dank ik de medewerkers van het RKD te Den Haag, mevrouw S. Houbart in de Koninklijke Musea te Brussel en mevrouw M. de Wit, medewerkster van het Museum voor Schone Kunsten te Gent.

**1.** Bijvoorbeeld na de oprichting van de *Société Libre des Beaux-Arts*. Modernisten als Artan, Baron en Verwee namen nog deel aan de Brusselse *Salons*.

**2.** *Album du Salon de 1845. Examen critique de l'exposition par M.J.A.L. Peintre d'histoire*, Brussel z.j., p. 80-81.

**3.** J.G.A. Luthereau publiceerde een *Revue de l'exposition générale des Beaux-Arts de Bruxelles* in 1854.

**4.** *Album du Salon de 1845, op. cit.,* (noot 2), p. 81.

**5.** *Album du Salon de 1845, op. cit.,* (noot 2), p. 82.

**6.** A. van Soust, *Etudes sur l'état présent de l'art en Belgique et sur son avenir. L'école belge de peinture en 1857.,* Brussel-Leipzig 1858, p. 127.

**7.** A. Lacomblé, *De l'état actuel de la peinture en Belgique, Mémoire couronné par la Société des Sciences, des Arts et des Lettres du Hainaut. Concours de 1845-1846,* Mons 1847, p. 42.

**8.** Bijvoorbeeld bij J. Pety, *A propos de l'Exposition universelle des Beaux-Arts,* Luik 1855, p. 44.

**9.** *Journal des Beaux-Arts,* 2, (1860), p. 167.

**10.** *Journal des Beaux-Arts,* 2, (1860), p. 168.

**11.** *Journal des Beaux-Arts,* 8, (1866), p. 13.

**12.** *Journal des Beaux-Arts,* 3, (1861), p. 151.

**13.** *Salon de Bruxelles,* Brussel 1863, p. 38.

**14.** *op. cit.,* (noot 13), p. 7.

**15.** *Ibid.*

**16.** *Journal des Beaux-Arts,* 5, (1863), p. 115.

**17.** Beide in het Koninklijk Museum voor Schone Kunsten, Antwerpen.

**18.** M.E. Belpaire, *Edouard Huberti,* Antwerpen 1912, p. 12 e.v.

**19.** Uit de *Livre d'or de Millet,* geciteerd in P. Miquel, *Le Paysage français aux XIXe siècle, 1824-1874. L'école de la nature,* Maurs-la-Jolie 1975, dl. III, p. 540.

**20.** Zie P. Miquel, *op. cit,* (noot 19), dl. II, p. 310 e.v., idem dl. III, p. 464 en p. 542 e.v.

**21.** *Catalogue de la collection de tableaux anciens et modernes (....) composant la galerie de M. Gustave Coûteaux,* Brussel, 20, 21 en 22 maart 1865, inl. p. III.

**22.** veiling G. Coûteaux, Brussel, 17 april 1874.

**23.** C. Lemonnier, *L'école belge de peinture, 1830-1905,* Brussel 1906, p. 87-88. Dit boek volgt op de eerder gepubliceerde studie *Cinquante ans de liberté, dl. III, Histoire des Beaux-Arts en Belgique,* Brussel 1881.

**24.** *Op. cit.,* (noot 23), p. 88.

**25.** Cat. tent. *Jean-François Millet,* Grand Palais, Parijs 1975 p. 26. De namen van Alfred en Arthur werden verwisseld.

**26.** Hij kreeg moeilijkheden met Daubigny, Millet en Rousseau. Zie P. Miquel, *op. cit.,* (noot 19), dl. III, resp. p. 677, 594 en 464.

**27.** P. Miquel, *op. cit,* (noot 19), dl. III, p. 381 e.v.

**28.** Artikel in *Journal des Beaux-Arts,* 1, (1859), p. 6.

**29.** Ch. Baudelaire, "Pauvre Belgique", in: *Œuvres complètes,* Bibliothèque de la Pléiade, Parijs 1961.

**30.** Ch. Baudelaire, *op. cit.,* (noot 29), inleiding p. XXVIII.

**31.** *Cinquante ans de Liberté, dl. III. Histoire des Beaux-Arts en Belgique,* Brussel 1881, p. 205.

**32.** *Journal des Beaux-Arts,* 2, (1860), p. 45.

**33.** Hij kreeg er zelfs een bijnaam "Bonjour Trognon" door. Zie E.L. de Taeye, *Les artistes belges contemporains,* Brussel 1894, p. 45-46.

**34.** Ch. Baudelaire, *op. cit.,* (noot 29), p. 1454.

**35.** *Catalogue de la collection de M. Crabbe,* in: Ch. Baudelaire, *op. cit.,* (noot 29), p. 1200.

**36.** Veiling P. Crabbe, Parijs, 12 juni 1890.

**37.** Ch. Baudelaire, *op. cit.,* (noot 29), p. 1427.

**38.** Volgens *L'Art,* 4, (1880), p. 279 en 299. Zie E. Discailles, Notities over Jules Van Praet in de *Biographie Nationale de Belgique.*

**39.** *Journal des Beaux-Arts,* 7, (1865), p. 41.

**40.** Veilingen Baron Jules de Hauff, Brussel, 14 april 1875, 20 april 1876 en 15 mei 1878; Parijs, 13 maart 1877.

**41.** Inleiding in veilingcatalogus Parijs, 13 maart 1877.

**42.** Veiling E. Picard, Brussel, 26 maart 1904.

**43.** Veiling E. Kums, Antwerpen, 17-18 mei 1898.

**44.** Veiling E. Huybrechts, Antwerpen, 12-15 mei 1902.

**45.** S. Pierron, *Collection Henri Van Cutsem. Musée de Tournai,* Parijs 1926.

**46.** C. Lemonnier, *op. cit.,* (noot 23), p. 57.

**47.** Geciteerd in J. Du Jardin, *L'art flamand,* dl. IV. *La Renaissance du XIXe siècle,* Brussel 1898, p. 78.

**48.** A. Van Soust, *op. cit.,* (noot 6), p. 143.

**49.** Veiling A. de Knyff, Parijs, 22 maart 1877, o.m. Corot (3), Courbet (1), Dupré (1), Jacque (1), Millet (2), Rousseau (4), Troyon (1) en div. tekeningen.

**50.** J. Du Jardin, *op. cit.,* (noot 47), p. 142.

**51.** Brief van Bodin aan de conservator van het Museum voor Schone Kunsten, Gent, gedateerd 30 juni 1912. Bodin verbleef samen met De Papeleu in Barbizon.

**52.** E. About, *Nos artistes au Salon de 1854,* Parijs 1858, p. 230.

**53.** J. Van Hoorde, *De Gebroeders Xavier en César De Cock,* Gent 1897, p. 69.

**54.** Prentenkabinet van de Centrale Bibliotheek van de Rijksuniversiteit te Gent.

**55.** S. Speth-Holterhoff, *Camille Van Camp 1834-1891,* Brussel 1952, p. 25.

**56.** *Ibidem,* p. 23.

**57.** *Ibidem,* p. 31.

**58.** *Ibidem.*

**59.** *Ibidem,* p. 32.

**60.** Cat. tent. *Fr. Lamorinière (1828-1911),* Antwerpen 1974, onder 1857.

**61.** *Salon des Bruxelles,* Brussel 1854, nr. 573, *Paysage: effet de matin dans la forêt de Fontainebleau.* Zie ook cat. tent. *Fr. Lamorinière, op.cit.,* (noot 60), onder 1853.

**62.** S. Pierron, "Edouard Huberti", *L'art flamand d'Hollandais,* 19, (1913), p. 8.

**63.** Zie A.A. Moerman, in: cat. tent. *Vrij en realistisch. De kunstenaars van de Brusselse "Société Libre des Beaux-Arts",* Koninklijke Musea voor Schone Kunsten, Brussel 1968-1969.

**64.** C. Lemonnier, *op. cit.,* (noot 23), p. 122-123.

**65.** L. Artan, *Louis Artan "peintre de la mer" 1837-1890,* s.l. 1930. Gestencilde tekst in de bibliotheek van het Museum voor Schone Kunsten, Gent.

**66.** Over zijn contacten in Brussel, vooral met H.W. Mesdag, zie S. De Bodt, "Hendrik Willem Mesdag en Brussel",: *Oud Holland,* 95, (1981), p. 59-87.

**67.** E.L. De Taeye, *op. cit.,* (noot 33), p. 7.

**68.** Place du Marché, 1, à Tervueren, et Boulevard Montmartre 8, à Paris.

**69.** P. Colin, *Hippolyte Boulenger,* Brussel 1934, p. 50.

**70.** Veiling T. Baron, Brussel, 10 december 1901.

**71.** *Cinquante ans de liberté,* dl. III, *Histoire des Beaux-Arts en Belgique,* Brussel 1881, p. 233.

J. - F. Millet
*Ruïne van een oude molen in de vlakte van*
*Chailly (cat.no. 78)*

# Catalogus

\*     afbeelding in kleur
\*\*    alleen geëxposeerd in Den Haag
\*\*\*   alleen geëxposeerd in Parijs
\*\*\*\* alleen geëxposeerd in Den Haag en in Gent

Van de schilderijen wordt ook de Franse titel gegeven als die uit bronnen of literatuur bekend is; als geen Franse titel bekend is, wordt met de Nederlandse volstaan.

In de beknopte literatuuropgave bij de catalogusnummers wordt uitsluitend verwezen naar bronnen of, indien voorhanden, naar monografieën, waarin soms een volledige bibliografie van het betreffende werk te vinden is.

## Gebruikte afkortingen

| | |
|---|---|
| b. | boven |
| cat. | catalogus |
| coll. | collectie |
| gedat. | gedateerd |
| gemon. | gemonogrammeerd |
| gesign. | gesigneerd |
| herk. | herkomst |
| inv. | inventaris |
| l. | links |
| lit. | literatuur |
| m. | midden |
| o. | onder |
| p. | pagina |
| r. | rechts |
| tent. | tentoonstelling |
| vgl. | vergelijk |

## Afgekorte literatuur

Bouret    J. Bouret, *l'Ecole de Barbizon et le paysage français au XIXe siècle*, Neuchâtel z.j. [1972]

Jennings    H.H. Jennings, "Adolphe Appian" *Print Collector's Quarterly*, vol.12, no.1 (1925)

Robaut    A. Robaut, *L'Œuvre de Corot. Catalogue raisonné et illustré, précédé de l'histoire de Corot et de ses œuvres*, 4 dln. + index, Parijs 1905

Hellebranth    R. Hellebranth, *Charles-François Daubigny 1817-1878*, Morges 1976

Barbizon revisited    R.L. Herbert, cat. tent. *Barbizon revisited*, San Francisco, Toledo, Cleveland, Boston 1962/63

Mosby    D.F. Mosby, *Alexandre-Gabriel Decamps 1803-1860*, 2dln., New York/Londen 1977

Aubrun    M.-M. Aubrun, *Jules Dupré 1811-1889, catalogue raisonné de l'œuvre peint, dessiné et gravé*, Paris 1974

Mesdag    P.N.H. Domela Nieuwenhuis, *Catalogue des collections du Musée Mesdag, Ecoles étrangères XIX siècle*, Den Haag 1964

# Claude Félix Théodore Caruelle d'Aligny (Chaume 1798 – Lyon 1871)

*Aligny wordt dikwijls slechts met het laatste deel van zijn naam aangeduid; zijn vaders naam was Caruelle. Aligny was een van de eerste kunstenaars die het bos van Fontainebleau als werkterrein koos; hij kan beschouwd worden als een voorloper van de School van Barbizon. Opgeleid in de klassicistische traditie schilderde hij gedurende zijn gehele carrière voornamelijk mythologische en bijbelse scènes in geïdealiseerde landschappen met klassieke architectuur. In 1822 nam hij voor het eerst deel aan de Salon met een schilderij getiteld* Daphnis et Chloë au bain.*
Tijdens zijn verblijf in Rome van 1824 tot 1827 trok hij veel op met Corot en Edouard Bertin. Gedrieën maakten zij studies in de Campagna. De vriendschap hield stand na terugkeer in Frankrijk waar zij elkaar regelmatig troffen in de herberg van Ganne in Barbizon. De overeenkomst in stijl van Aligny, Corot en Bertin werd in die tijd door de critici opgemerkt. Later huurde Aligny een huis in het rustiger Marlotte iets ten zuiden van Barbizon. Op de Salon van 1831 werd zijn werk voor het eerst onderscheiden. In 1842 kreeg hij de eretekenen van het Légion d'Honneur en in 1843 werd hij van regeringswege naar Griekenland uitgezonden, waar hij materiaal verzamelde voor de prentbundel* Vues des sites les plus célèbres de la Grèce artistique. *Niettemin werd hij in 1846 afgewezen als lid van de Académie. Op voorspraak van bevriende collega's vond in 1860 zijn benoeming plaats tot directeur van de Ecolé des Beaux-Arts in Lyon. Hoewel hij nog regelmatig werk naar de Salon inzond, legde hij zich vanaf dat moment voornamelijk toe op het onderwijs.*

**De rotsen van Fontainebleau: Gorge-aux-loups en Long-rocher** Les rochers de Fontainebleau: **1***
Gorge-aux-loups et Long-rocher○OLIEVERF OP PAPIER OP DOEK○33,4 X 49,2○GEMON. L.O. ○MUSÉE DU LOUVRE,
PARIJS○INV. NO. RF 1951-8

De artistieke vorming van Caruelle d'Aligny in Italië is zeer merkbaar aanwezig in dit landschap bij Fontainebleau. De heldere, tekenachtige manier van schilderen is uitgesproken verschillend van de werkwijze van Rousseau en Diaz, die bij voorkeur een zwaar verfgebruik of een borstelige penseelvoering in hun landschappen toepasten.
Het schilderij is nauw verwant aan een tekening van hetzelfde onderwerp, die wordt bewaard in het Musée des Beaux-Arts in Bordeaux. Het schilderij is ongedateerd, maar de tekening draagt het opschrift: *8 octobre 1842, Gorge-aux-Loups.*

lit.: Bouret, p. 85
cat. tent. *Théodore Caruelle d'Aligny et ses compagnons,*
Orléans, Duinkerken, Rennes 1979, no. 14

De omgeving van Fontainebleau bleef Caruelle d'Aligny boeien. Hij vestigde zich echter niet, zoals zoveel andere schilders, in Barbizon, maar hij betrok een huis in het iets zuidelijker gelegen Marlotte, waar hij bevriende kunstenaars zoals Corot, Edouard Bertin, Diaz en Rousseau ontving. In 1851 werd dit huis aan de rue Delort 22 in Bourron-Marlotte zijn eigendom. In diezelfde periode ontstond dit schilderij.

lit.: cat. tent. *Théodore Caruelle d'Aligny et ses compagnons,* Orléans, Duinkerken, Rennes 1979, pl. I, II (het huis van Aligny in Marlotte)

# Adolphe Appian (Lyon 1818 – Lyon 1898)

*Appian kreeg zijn opleiding aan de Ecolé des Beaux-Arts in Lyon, waar hij debuteerde op de Salon van 1847 met een landschap uit de omgeving van Marseille. In 1853 werd hij voor het eerst toegelaten tot de Salon in Parijs, waar hij vanaf 1855 regelmatig exposeerde. In die tijd werkte hij in Optevoz bij Lyon, waar hij Corot en Daubigny leerde kennen. Vooral zijn contacten met Corot zouden bepalend zijn voor zijn verdere carrière. Met Lavieille, Chintreuil en Trouillebert behoort hij tot die kunstenaars die voortborduurden op de dromerige rivieroevers en schimmige sous-bois van Corot, waarin grijzen domineren. Later voerde hij weer een wat zonniger palet. Appian werkte onder meer in de omgeving van Lyon, de Auvergne, Savoye, Optevoz, Crémieu en in de bossen van Fontainebleau. Hij maakte schilderijen en aquarellen maar werd in het bijzonder geroemd om zijn houtskooltekeningen en etsen. Ook maakte hij een aantal litho's naar zijn eigen schilderijen en die van Daubigny.*

**Grijs weer** Un temps gris ○ OLIEVERF OP DOEK ○ 71 X 130 ○ GESIGN. EN GEDAT.: R.O.: APPIAN 1868 ○ MUSÉE DES BEAUX-ARTS, PALAIS SAINT-PIERRE, LYON ○ ENVOI DE L'ETAT 1868      **3**

Aan de hand van een ets (Jennings 23) van Appian uit hetzelfde jaar kan de voorstelling worden geïdentificeerd als het Marais de la Burbanche (Ain.) (zie p. 199). Appian wordt doorgaans niet tot de schilders van de School van Barbizon gerekend, hoewel zijn werk een sterke verwantschap met Daubigny en Corot vertoont.

In 1854 werkte Appian in Fontainebleau, en in 1857 exposeerde hij in zijn geboortestad Lyon een schilderij met als titel *Forêt de Fontainebleau*. In 1859 zond Appian *De sluis van Optevoz* in voor de Parijse *Salon*, een werk dat een treffende overeenkomst vertoonde met het gelijknamige doek van Daubigny (vgl. cat. no. 19). Behalve met Daubigny onderhield Appian ook met Corot vriendschappelijke betrekkingen. In zijn grafische œuvre sloot Appian nauw aan bij de prentkunst van de School van Barbizon.

lit.: cat. *Musée des Beaux-Arts*, Lyon 1912, p. 2

# Antoine Barye (Parijs 1795 – Parijs 1875)

Barye was in de eerste plaats beeldhouwer, maar ook een verdienstelijk landschapschilder en aquarel-list, die regelmatig in het gezelschap van de schilders van Barbizon verkeerde. Als zoon van een goudsmid was hij al op jonge leeftijd geboeid door het vak van beeldhouwer. In 1818 werd hij toe-gelaten tot de Ecole des Beaux-Arts, waar hij vooral genoot van de lessen in anatomie. Toen al vervaardigde hij sculpturen van exotische dieren, waarvoor hij nauwgezette studies maakte in de Jardin des Plantes. Na zijn studietijd ging hij voort op de ingeslagen weg en al spoedig werd hij om zijn bronzen geroemd. Op de Salons exposeerde hij niet alleen beelden maar ook dierstudies, uitge-voerd in aquarel.

Van rond 1840 dateert zijn vriendschap met kunstenaars als Dupré, Rousseau en Decamps, die hem in Barbizon introduceerden. Daar schilderde hij landschappen naar de natuur, waarbij hij het niet kon nalaten daar tijgers of leeuwen in af te beelden. De rotsen van Apremont vormden op deze manier een tropisch decor!

Van de kant van het publiek was de belangstelling voor zijn aquarellen, die hij zelf erg serieus nam, gering. In kunstenaarskringen waren het echter geliefde verzamelobjecten; vooral Delacroix, die Barye een 'sculpteur paysagiste' noemde, was er een groot bewonderaar van. Zijn olieverfschilderijen heeft Barye nooit tentoongesteld; hij had ze zorgvuldig opgeborgen in een kast, en alleen zijn vrienden mochten ze zien. In 1847 nam hij het initiatief tot het oprichten van een Salon Indépendant, waarvan Scheffer, Dupré, Decamps, Jeanron, Jacque en Daumier deel uitmaakten, terwijl Delacroix, Delaroche en Vernet er hun adhesie aan gaven. Tegen 1860 was Barye steeds vaker in Barbizon te vinden; aan Troyon liet hij zien hoe hij koeien moest schilderen, en met Corot, Decamps, Huet, Diaz en Rousseau trok hij regelmatig de bossen in. In 1867 huurde hij een huis aan de Grande Rue in Barbizon. Op 72-jarige leeftijd werd hij gekozen tot lid van de Académie des Beaux-Arts in Parijs en in 1869 volgde zijn benoeming tot buitengewoon lid van de academie in Brussel.

In hetzelfde jaar nam hij plaats in de jury van de Salon. Na zijn dood werden maar liefst drie-honderd schilderijen en aquarellen, die achtergebleven waren in zijn atelier, tentoongesteld in de Ecole des Beaux-Arts en vervolgens geveild. Een groot aantal hiervan was geïnspireerd door de omgeving van Barbizon.

4 **Het woud van Fontainebleau, de heuvels van Jean de Paris** Forêt de Fontainebleau, hauteurs de Jean de Paris ∘ OLIEVERF OP DOEK ∘ 30,5 X 38,5 ∘ GESIGN. R.O.: BARYE ∘ MUSÉE DU LOUVRE, PARIJS ∘ INV. NO. RF 2071 ∘ COLL. ZOUBALOFF 1914

Barye is vooral bekend geworden om zijn beeldhouwwerk, met name zijn bronzen dierfiguren. Toch liet hij bij zijn dood meer dan driehonderd schilderijen en tekeningen na, waarvan zeventig Barbizon en omgeving als voorstelling hadden.

Sinds 1841 was Barye bevriend met Ca-ruelle d'Aligny, Corot en Rousseau. Hij behoorde tot de regelmatige gasten van de herberg van Ganne. Later bezat hij een huis aan de Grande Rue in Barbi-zon. Van de *Hauteurs de Jean de Paris* maakte ook Diaz een fraai, herfstig schil-derij. (vgl. cat. no. 45). Barye plaatste in zijn schilderijen dikwijls wilde dieren, zoals tijgers en leeuwen, die hij in de Parijse dierentuin schetste, tegen de ach-tergrond van rotsformaties die hij bij Barbizon aantrof.

lit.: A. Arsène, *A.L. Barye*, Parijs 1889
C. Saunier, *Barye*, Parijs 1925; Bouret, p. 246

# Louis Cabat (Parijs 1812 – Parijs 1893)

*Net als Troyon, Dupré en Diaz was Cabat in zijn jeugd werkzaam als porseleinschilder.*
*In diezelfde tijd kreeg hij in de avonduren les in tekenen en schilderen van Flers. Via hem leerde hij*
*Decamps en Diaz kennen. In gezelschap van Flers en later van Dupré tekende hij in de omgeving*
*van Parijs bosranden en met bomen omzoomde poelen.*
*Vanaf 1832 behoorde hij tot de trouwste bezoekers van Barbizon en het jaar daarop exposeerde hij*
*voor het eerst op de Salon. Met Michel, Decamps en Dupré behoorde hij tot de protégés van baron*
*d'Ivry, die meer dan eens werk van hem kocht. In 1836 werd een van zijn dromen werkelijkheid,*
*toen hij met een beurs van de regering in de gelegenheid was zijn eerste reis naar Italië te maken.*
*In de daarop volgende jaren zou hij er nog een aantal malen terugkeren. Tijdens één van deze rei-*
*zen trok hij met Decamps de Romeinse Campagna in. Hij stond op vriendschappelijke voet met*
*Corot en schilderde met Troyon in Barbizon. Voor Aligny had hij grote bewondering en de invloed*
*van deze kunstenaar op zijn werk is dan ook onmiskenbaar.*
*Cabat was een zeer religieus man; evenals Aligny introduceerde hij vaak religieuze of allegorische*
*figuren in zijn landschappen. In 1867 werd hij verkozen tot docent aan de Académie des Beaux-*
*Arts als opvolger van Brascassat. Zijn kandidatuur werd gesteund door Barye, Corot en Huet, die*
*hem beschouwden als de ideale* trait d'union *tussen de nieuwe landschapschilderkunst en de tra-*
*ditie. De kroon op zijn werk vormde zijn benoeming tot directeur van de* Académie de France *in*
*Rome in 1878.*
*In 1885 droeg hij zijn directoraat over aan Hébert, en keerde hij terug naar Parijs. Zijn laatste schil-*
*derijen maakte hij in Etretat. Vincent van Gogh vergeleek Cabat met Ruisdael op grond van de*
*grootse eenvoud van zijn werk.*

**De vijver van Ville d'Avray** L'Etang de Ville d'Avray ∘ OLIEVERF OP DOEK ∘ 73 X 113 ∘ GESIGN. EN GEDAT. R.O.: **5**
LS CABAT 1833 ∘ MUSÉE DU LOUVRE, PARIJS ∘ INV. NO. 3094

Cabat was een leerling van Camille Flers
(vgl. cat. no. 53), die hem opleidde tot
landschapschilder. Cabat was als kind al
bevriend met Jules Dupré, die evenals
Cabat een voorstander was van de vernieuwing van de landschapskunst.
Met Dupré deelde hij zijn bewondering
voor de landschappen van de Hollandse
17de-eeuwse meesters.
Met dit schilderij debuteerde Cabat op
de Parijse *Salon* van 1834. In datzelfde jaar
werd het stuk voor de koninklijke musea
verworven. Cabat behoorde aanvankelijk
tot de *habitués* van de vrolijke herberg
van Ganne. Hij voelde zich echter het
meest verwant met de ernstige Caruelle
d'Aligny.
In latere jaren keerde Cabat terug naar
de klassicistische schoonheidsidealen.

lit.: cat. tent. *Le Musée du Luxembourg en 1874*,
Grand Palais, Parijs 1974, cat. no. 42

Dit schilderij, dat werd tentoongesteld
op de Parijse *Salon* van 1846, belandde
naar alle waarschijnlijkheid later in de
collectie van Prosper Crabbe. Daar zag
Baudelaire het werk in 1864, – naar zijn
zeggen één van de mooiste die hij
kende.
De verzameling Crabbe bevatte meer
belangrijke werken, zoals van Millet
*Le vanneur* (nu in het Louvre) en
*L'homme à la houe* (zie p. 118).
Het schilderij van Cabat vertoont duidelijk de hernieuwde oriëntatie op het historische landschap, die bij Cabat volgde
op zijn meer vooruitstrevende werk uit
de beginjaren van de School van Barbizon.

Lit.: cat. tent. *Baudelaire,* Petit Palais, Parijs 1968/69,
no. 176, p. 40

# Jean Baptiste Camille Corot (Parijs 1796 – Parijs 1875)

Als zoon van een welgesteld lakenhandelaar kwam Corot als negentienjarige in dienst bij een collega van zijn vader. Pas in 1822 gaven zijn ouders hem toestemming een opleiding tot schilder te volgen. Hij kwam in de leer bij Michallon, de eerste winnaar van de Prix de Rome in de categorie van het paysage-historique, en vervolgens bij Victor Bertin bij wie hij zich gedurende drie jaar bekwaamde in het schilderen van klassieke landschappen naar het voorbeeld van Poussin en Lorrain.

IJverig maakte hij studies in de vrije natuur in de omgeving van Rouen en Parijs, in de bossen van Fontainebleau en van Ville d'Avray, waar zijn ouders een buitenhuis bezaten. Ook maakte hij copieën naar Joseph Vernet en de Hollandse 17de-eeuwse meesters.

In 1825 bezocht hij Rome, waar hij drie jaar zou blijven. Hij ontmoette er Lapito en met Caruelle d'Aligny en Edouard Bertin schilderde hij in de Campagna. Vanuit Rome zond hij in 1827 zijn eerste schilderij naar de Salon: Vue prise de Narni. Corot's vroege werk wordt gekenmerkt door het streven de nieuwe opvattingen onder de landschapschilders in overeenstemming te brengen met de eisen die de officiële kritiek stelde. Schilderde hij aanvankelijk landschappen geheel volgens de regels van het paysage-historique, later bracht hij niet meer dan een historisch tintje aan door een stoffering met nimfachtige vrouwenfiguren. Corot reisde veel in eigen land, maar hij keerde ook nog tweemaal terug naar Italië en hij bezocht Zwitserland, Engeland en Nederland. In 1854 maakte hij een reeks schetsen in de omgeving van Den Haag, Rotterdam en Amsterdam.

Het eerste blijk van officiële erkenning kreeg Corot in 1846 toen hij werd onderscheiden met het Légion d'Honneur. Critici als Baudelaire, Champfleury en Thoré-Bürger waren hem gunstig gezind en in 1848 werd hij voorgedragen als jurylid van de Salon. Corot was kritisch ten opzichte van het werk van Rousseau, en Millet kon hij helemaal niet waarderen. Hij bewonderde echter Courbet en met Daubigny was hij sinds 1852 goed bevriend. Impressionisten als Pissarro en Monet beschouwden hem als hun grote voorbeeld. Corot heeft niet alleen landschappen geschilderd. Veel succes had hij met zijn 'Italiaanse meisjes' en peinzende vrouwenfiguren in een interieur.

Na zijn dood schreef de Nederlandsche Spectator: 'Hoewel, als uit zijne vele studies blijkt, een trouwe beoefenaar van de natuur, was en bleef hij een idealist, een dichter'.

**De Romeinse Campagna** La Campagne romaine ○ OLIEVERF OP DOEK ○ 28 X 42 ○ GESIGN. R.O.: COROT ○    **7**
MUSEUM BOYMANS-VAN BEUNINGEN, ROTTERDAM ○ INV. NO. 2894 ○ LEGAAT V. BLOCH

Dit kleine schilderij is een landschapstudie van Corot uit zijn Italiaanse periode die duurde van 1825 tot 1828; het stelt voor de Ponte Nomentano over de Aniene bij Rome. Corot had in Rome vriendschap gesloten met Caruelle d'Aligny, met wie hij samen de omgeving van Rome introk, op zoek naar schilderachtige motieven. In sommige gevallen is zelfs niet geheel duidelijk wie de maker van bepaalde schilderijen is, Corot of Aligny, zoals in het geval van de *Engelenburcht in Rome* in het Musée des Beaux-Arts in Lille. Van dit schilderij van de Ponte Nomentano bestaat een variant, waarbij de brug van dichterbij is gezien. (Veiling Luzern 25 juli 1925). Vanuit Italië zond Corot zijn eerste landschappen naar de *Salon* (1827): de *Brug van Narni*, en een schilderij met dezelfde titel als deze schets.

lit.: Robaut II no. 72
cat. tent. *De Schenking Vitale Bloch*, Rotterdam, Parijs 1978/79, cat. no. 8

**Rand van het woud van Fontainebleau met een muurtje** Lisière de forêt de Fontainebleau avec un petit mur ○ OLIEVERF OP PAPIER OP DOEK ○ 32,3 X 44 ○ GESIGN. R.O.: COROT ○ KUNSTHALLE, BREMEN

In 1830, kort na zijn terugkeer uit Italië, begon Corot regelmatig in de bossen van Fontainebleau te werken. Zijn eerste kennismaking met deze schilderachtige omgeving dateerde al van 1822.

Corot heeft nooit zoals Millet of Rousseau een eigen huis in Barbizon gehad. Hij logeerde of in Chailly of bij Ganne, of bij zijn vriend Aligny in Marlotte. Vanaf 1831 exposeerde Corot landschappen uit de omgeving van Fontainebleau op de *Salon*. In 1855 verbleef hij als gast bij Decamps, en in 1859 was hij getuige bij het huwelijk van de dochter van 'père Ganne' met de schilder Eugène Cuvelier. Tot kort voor zijn dood was Corot regelmatig in Barbizon te vinden. In dit vroege werk is nog geen sprake van de transparante, nevelige sfeer die de latere Corots kenmerkt.

lit.: Robaut II no. 275
cat. tent. *Zurück zur Natur*, Bremen 1977/78, no. 8, afb. 9

**9\*** **Gezicht op Soissons** Vue de Soissons ○ OLIEVERF OP DOEK ○ 80 X 100 ○ GESIGN. EN GEDAT. R.O.: C. COROT 1833 ○ RIJKSMUSEUM KRÖLLER-MÜLLER, OTTERLO ○ INV. NO. 61-12\*\*

In mei en juni van 1833 verbleef Corot in Soissons. De heer Henry, een stoffenfabrikant ter plaatse, gaf Corot opdracht om twee schilderijen te maken, één vanuit het raam van zijn kantoor, en één van zijn fabriek (thans in het Philadelphia Museum of Art).

Prachtig is de lichtval op de torens van de abdij St. Jean des Vignes links op het doek; de kathedraal van Soissons rechts ligt in de schaduw. De sterke lichtcontrasten horen nog bij het vroege werk van Corot, waarin hij een zuidelijke atmosfeer overbrengt op het Franse landschap. Dit werk werd geëxposeerd op de *Salon* van 1837.

lit.: Robaut II no. 244;
H.L.C. Jaffé, 'Corot, Gezicht op Soissons', *Openbaar Kunstbezit* 13e jrg. (1969) no. 5
cat. *Schilderijen van het Rijksmuseum Kröller-Müller*, Otterlo 1970, no. 58, p. 90

Evenals het vorige werk is dit schilderij vanuit een venster geschilderd, ditmaal aan de rue du Pot-du-Fer 10 in Orléans. Als zodanig doet het denken aan de studies van daken en kerktorens die Valenciennes maakte tijdens zijn verblijf in Italië (zie P. Galassi, cat. tent. *Before Photography, Painting and the Invention of photography,* New York 1981, p. 33). De hier afgebeelde toren van de Saint Paterne werd afgebroken in 1914. Opvallend is de ongewone compositievorm en de bijzondere weergave van het licht. Volgens Robaut zou het werk uit 1840 tot 1845 dateren. Thans plaatst men het tussen 1830 en 1835.

lit.: Robaut II no. 555;
cat. tent. *Het Franse Landschap,* Rijksmuseum, Amsterdam 1951, no. 22
cat. tent. *Dans la lumière de Vermeer,* Orangerie, Parijs 1966, no. 41 (niet in de Nederlandse versie van deze catalogus)
cat. tent. *Théodore Caruelle d'Aligny et ses compagnons,* Orléans, Duinkerken, Rennes 1979, no. 90

**Villeneuve-les-Avignon** ∘ OLIEVERF OP DOEK ∘ 37 x 74 ∘ GESIGN. R.O.: COROT ∘ RIJKSMUSEUM H.W. MESDAG,    **11\***
DEN HAAG ∘ CAT. NO. 70

Corot verbleef in 1836 in Villeneuve-les-Avignon. Hij maakte er diverse schilderijen van het Fort Saint-André, zoals onder andere *Avignon uit het westen* in de National Gallery in Londen, en een vergelijkbaar stuk in de collectie van het Musée des Beaux-Arts van Reims.
Dit schilderij kocht Mesdag van de kunsthandel Goupil in 1882.
Het schilderij uit de collectie Mesdag vertoont een zekere tweeslachtigheid; de achtergrond met het fort is helder en tekenachtig uitgevoerd, maar de voorgrond met bomen en figuren is vaag en schetsmatig. Robaut veronderstelde dat Corot dit werk in 1836 begon en er dertig jaar later in zijn lossere stijl de voorgrond aan toevoegde.

lit.: Robaut II no. 333
Mesdag no. 70
P.N.H. Domela Nieuwenhuis 'Villeneuve-les-Avignon', *Openbaar Kunstbezit* 4 (1960), p. 39a

**12*** **Molen** Le moulin à vent ○ OLIEVERF OP DOEK ○ 25 X 39,5 ○ GESIGN. R.O.: COROT ○ ORDRUPGAARDSAMLINGEN, KOPENHAGEN**

In de periode tussen 1835 en 1840, waarin dit schilderij ontstond, reisde Corot opnieuw naar Italië. Ook verbleef hij weer in de omgeving van Barbizon en Chailly. Dit landschap met molen is waarschijnlijk ontstaan naar aanleiding van een tocht door Picardië. Later schilderde Corot molens in de omgeving van Rotterdam. (afb. 59)

Een zeer verwant landschap met molens bevindt zich in het Musée du Louvre, waarbij de compositie sterk overeenkomstig is met het hier afgebeelde stuk. De werkwijze is echter geheel verschillend. Hier volgt Corot nog de scherp omlijnde schildertrant; in het Parijse stuk (*Moulins à vent sur la côte de Picardie*, R.F. 1631, ca. 1855-1865) vertoont Corot de losse schilderwijze van zijn latere periode.

lit.: Robaut II no. 343
Ordrupgaard no. 6

**13*** **Steengroeve te Fontainebleau bij Chaise-à-Marie** La carrière de la Chaise-à-Marie à Fontainebleau ○
OLIEVERF OP DOEK ○ 34 X 59 ○ GESIGN. R.O.: COROT ○ MUSEUM VOOR SCHONE KUNSTEN, GENT ○ INV. NO. 1914 D I

Het is interessant om te vergelijken hoe Corot een eigen ontwikkeling doormaakte ten opzichte van zijn studiegenoot en vriend Caruelle d'Aligny, die in zijn rotslandschappen in de omgeving van Fontainebleau nog een klassieke inspiratie wist te leggen (vlg. cat. no. 1). Bij Corot nam het tekenachtige element gaandeweg af om plaats te maken voor een kleurgebruik waarin de tonen op elkaar afgestemd waren. Sommige critici verweten hem dat hij teveel grijs in zijn kleuren mengde, maar juist de harmonie van kleuren was iets waar Corot nadrukkelijk naar streefde. In de National Gallery of Art in Washington bevindt zich een verwant stuk uit 1860-1865. Vgl. ook cat. no. 14.

lit.: Robaut II no. 271
R. Cauwels, 'Steengroeve te Fontainebleau', *Openbaar Kunstbezit in Vlaanderen*, jrg. 17 (1969) no. 5
F.W.S. van Thienen, *Algemene Kunstgeschiedenis*, 1950 dl V, p. 289-290

Volgens Robaut dateert dit werk uit ongeveer 1850; Corot zou het in 1872 in zijn
atelier opnieuw hebben opgewerkt.
Deze groep rotsen staat bekend als Le
*Dormoir de Lantara,* dicht bij Barbizon.

lit.: Robaut II no. 890
Mesdag no. 62

Door sommige bewonderaars werd
Corot wel beschreven als de tovenaar
die de natuur ziet, als ze nog gehuld is in
ochtendnevels. De scherpomlijnde visie
van zijn vroegere jaren heeft inderdaad
plaatsgemaakt voor een dromerige, dichterlijke atmosfeer die nu eens herinneringen aan Italië, dan weer aan Franse
steden en dorpen oproept. De ijle nymfen die Corot aanvankelijk dikwijls aan
zijn landschappen toevoegde, hebben
hier plaats gemaakt voor een boeren-
vrouwtje leunend op een stok.
Robaut lokaliseerde dit landschap in de
omgeving van Brest.

lit.: Robaut III no. 1547
cat. *Verzameling R.J. Veendorp,* Groninger Museum, Groningen 1979. p. 3, p. 15 no. 5

In 1872 bezocht Corot zijn vrienden
Badin en Dieterle in Yport en Crique-
boeuf. In gezelschap van Dieterle schilderde Corot dit strandgezicht. Dieterle
maakte een landschap zonder figuren;
mogelijk deed Corot hetzelfde en voegde hij later in zijn atelier ter verlevendi-
ging enkele figuren aan zijn zeegezicht
toe.

Het schilderij behoorde aan Dr. Cambay,
een arts die met Corot bevriend was.
Mesdag kocht het schilderij van de Parijse kunsthandel Arnold & Tripp in 1884
voor 7000 francs.

lit.: Robaut III no. 2053
Mesdag no. 67

17      **Een mandolinespeelster (De Muziek)** La Musique ∘ OLIEVERF OP DOEK ∘ 46,5 X 31 ∘ GESIGN. L.O.: COROT ∘
STEDELIJK MUSEUM, AMSTERDAM, SCHENKING VAN DE VERENIGING TOT HET VORMEN VAN EEN OPENBARE
VERZAMELING VAN HEDENDAAGSE KUNST ∘ INV. NO. A 2218

Naast vele landschappen maakte Corot
ook talrijke vrouwenfiguren, soms in een
landschap, soms in een atelier. De kle-
ding heeft wel eens een vage associatie
met de dracht van de boerenvrouwen uit
de Romeinse Campagna. Van deze mandolinespeelster, die ook wel *La Musique*
wordt genoemd, bestaan enige varianten,
zoals de *Zigeunerin met gitaar* in het Museu
de Arte in Sao Paulo, en *Pensive woman
with a mandolin* in de collectie Paul Rosenberg.

lit. Robaut III no. 1263

**Vrouwenfiguur bij een bron** Femme à la fontaine ○ OLIEVERF OP DOEK ○ 65 X 42 ○ GESIGN. R.O.: COROT ○
RIJKSMUSEUM KRÖLLER-MÜLLER, OTTERLO ○ INV. NO. 1108-42

**18***

Evenmin als het bij Corot's landschappen ging om een topografische precisie, ging het bij zijn vrouwenfiguren om gelijkende portretten. Corot's bedoeling was vooral een dromerige stemming op te roepen, niet alleen door de peinzende houding van het model, maar ook door de keuze van op elkaar afgestemde, ingetogen kleuren. In The Montreal Museum of Fine Arts bevindt zich een verwant schilderij, *La rêveuse à la fontaine,* daterend uit de periode tussen 1855 en 1863, en in de Öffentliche Kunstsammlungen van Basel is een *Italienne à la fontaine* die tussen 1865 en 1870 gedateerd wordt. Voor dit stuk in Otterlo wordt deze laatste datering aangehouden.

lit.: Robaut III no. 1343
cat. *Schilderijen van het Rijksmuseum Kröller-Müller,* Otterlo
1970, no. 57, p. 89

# Charles-François Daubigny (Parijs 1817 – Parijs 1878)

Charles-François kreeg de eerste schilderlessen van zijn vader – zelf een leerling van Bertin – die landschappen schilderde in de traditie van het paysage-historique.

Als jongeman was Daubigny werkzaam als decoratieschilder (o.a. van klokken), daarnaast ging hij in de leer bij een graveur. Later zou hij juist als graficus zeer gewaardeerd worden.

Vanaf 1834 tekende en schilderde hij in de omgeving van Parijs, onder meer in het bos van Fontaine-bleau. In 1836 maakte hij een reis naar Italië waar hij schetste in de Campagna; in Rome copieerde hij naar Poussin en Lorrain. Op de Salon van het jaar daarop werden zijn Italiaanse landschappen echter geweigerd. Inmiddels had hij een baantje gevonden als restaurateur in het Louvre; daarnaast verdiende hij wat bij met het maken van gravures en etsen naar werk van Lorrain en de Hollandse 17de-eeuwse landschapschilders.

Vanaf 1847 trok Daubigny regelmatig op met een groepje collega's (le groupe de l'Ile St. Louis), waartoe ook Daumier en Corot behoorden. Met Corot schilderde hij in diverse streken in Frank-rijk. Erkenning kreeg Daubigny pas in 1853 toen zijn La Moisson op de Salon met een gouden medaille bekroond werd.

Sinds 1856 voer hij regelmatig met zijn schildersboot 'le Botin' op de Oise en de Seine, vaak in gezel-schap van zijn zoon Karl die ook schilder was. Met het werk dat hij tijdens deze boottochten maakte vestigde Daubigny zijn naam als schilder van rivierlandschappen.

Vanaf 1860 woonde hij in Auvers-sur-Oise, waar hij les gaf aan een aantal leerlingen. Toen hij in 1868 gekozen werd tot jurylid van de Salon, werd voornamelijk door zijn toedoen het omstreden werk van schilders als Pissarro en Monet toegelaten. Daubigny toonde steeds grote belangstelling voor de jongere generatie landschapschilders. Zelfs Cézanne die hij in 1872 in Auvers aan het werk zag, wist hij onmiddellijk naar waarde te schatten. In zijn eigen schilderijen uit de latere jaren zijn dui-delijk impressionistische tendensen waarneembaar.

In 1871 maakte Daubigny met zijn zoon Karl een reis naar Nederland. Hij bezocht het Rijks-museum en maakte een reeks schilderijen van het rivierlandschap rond Dordrecht. Toen Van Gogh vernam dat Daubigny gestorven was schreef hij: 'Ik werd er, wil ik gerust bekennen, bedroefd om toen ik het hoorde, want het werk van zulken, indien men het begrijpt, treft dieper dan men zichzelf be-wust is'.

**19    De sluis van Optevoz** L'Ecluse d'Optevoz ○ OLIEVERF OP DOEK ○ 92 X 162 ○ GESIGN. EN GEDAT. L.O.: DAUBIGNY 1855 ○ MUSÉE DES BEAUX-ARTS, ROUEN

Al op jeugdige leeftijd maakte Daubigny studies naar Hollandse 17de-eeuwse meesters in het Louvre, zoals Ruisdael, hiertoe aangemoedigd door zijn leer-meester Brascassat.

Zijn eerste tekeningen in het woud van Fontainebleau ontstonden al in 1834. In 1846 had hij inmiddels kennis gemaakt met Jules Dupré en Théodore Rousseau. Een jaar later maakte hij deel uit van de zogenaamde 'groupe de l'Ile Saint-Louis', waarvan ook Corot, Daumier en Lavieille deel uitmaakten. In 1849 werkte hij voor het eerst samen met Corot, in de omgeving van Lyon, waar hij ook zijn eerste schets van De sluis van Optevoz maakte. Corot bewonderde de jonge landschapschilder. Hij schreef eens aan zijn vriend Dutilleux: 'Rousseau est bien. Daubigny très bien'.

De sluis van Optevoz werd tentoongesteld op de Exposition Universelle van 1855, en aangekocht door het Musée du Luxem-bourg. De criticus Théophile Gautier be-wonderde het schilderij, ook al vond hij het te schetsmatig van opzet.

lit.: Hellebranth no. 520
P. Miquel, Le paysage français au XIXe siècle, Maurs-la-Jo-lie, 1975, dl. III, p. 664-678
D. Durbè, La scuola di Barbizon, Milaan 1969, p. 57, afb. 31

Al vanaf 1849 maakte Daubigny riviergezichten van de Seine bij Bezons.
Dit schilderij staat ook wel bekend als
*L'Ile d'Amour.* De riviergezichten van
Daubigny waren bij Nederlandse verzamelaars al vroeg geliefd, mogelijk omdat
ze een gemakkelijke associatie met Nederlandse landschappen opriepen.
Daubigny maakte enkele versies van dit
wildbegroeide Seine-eiland, zoals in de
verzameling van de Pennsylvania Academy of Fine Arts in Philadelphia, en de
National Gallery of South Australia in
Adelaide.

lit.: Hellebranth no. 33
cat. tent. *Collectie Van Baaren,* Centraal Museum,
Utrecht 1976, cat. no. 18

Het stadsleven had weinig aantrekkelijks
voor de schilders van Barbizon; het liefst
verbleven ze in de vrije natuur.
Bij uitzondering treffen we in de reeks
riviergezichten van Daubigny ook het
grootsteedse havengezicht, zoals in dit
geval de haven van Bordeaux.
Daubigny geeft duidelijk aan dat hij niet
geïnteresseerd is in een topografisch
nauwkeurige weergave van Bordeaux
met herkenbare gebouwen of monumenten. Hij verkiest een stemming, en
een toon, bepaald door grijze wolkenluchten, boven de drukke bedrijvigheid
van arbeid aan een haven.
De datering wordt door sommigen als
1864, door anderen als 1869 gelezen.

lit.: Hellebranth no. 565
D. Hannema, *Catalogue of the pictures in the collection of
Willem van der Vorm,* Rotterdam 1950, p. 13, no. 14

Daubigny heeft veel invloed gehad op de Hollandse schilders van de 19de eeuw, met name door zijn horizontale compositievorm. Bij schilders van de Haagse School komen we deze opzet dikwijls tegen, met name bij Jacob Maris in zijn stadsgezichten en landschappen. Ook bij Vincent van Gogh, vooral in zijn Drentse periode, is de doorwerking van Daubigny, die hij zeer bewonderde, duidelijk te traceren. Dit schilderij droeg als titel *Boerderijen in Normandië;* Kerity ligt echter in Bretagne.

lit.: Hellebranth no. 576
D. Hannema, *Catalogue of the H.E. ten Cate collection,*
2 dln., Rotterdam 1955, no. 50

**23*** **Ondergaande zon bij Kerity** Soleil couchant, Kerity ◦ OLIEVERF OP DOEK ◦ 55 X 100 ◦ R.O.: VEILINGSTEMPEL
VENTE DAUBIGNY ◦ RIJKSMUSEUM H.W. MESDAG, DEN HAAG ◦ INV. NO. 92

In de catalogus van het Museum Mesdag staat dit schilderij aangeduid als *Crépuscule à Villerville.* Hellebranth geeft het schilderij echter als titel mee: *Soleil couchant, Kerity.* De betiteling van Mesdag is gebaseerd op een veiling van werken van Daubigny uit 1878, waar dit schilderij gedateerd wordt als 1866, met als titel *Soleil couchant, Villerville.* Vergelijkt men echter de overige schilderijen van Daubigny, die Kerity in Bretagne tot onderwerp hebben (Villerville is in Normandië), dan valt er veel voor Hellebranth's standpunt te zeggen (vgl. Hellebranth 570-573, p. 192). Hellebranth dateert dit schilderij 1864. Moreau-Nélaton duidt het werk neutraal aan als *Village au bord de la mer.*

lit.: Hellebranth no. 571
E. Moreau-Nélaton, *Daubigny raconté par lui-même,*
Parijs 1925, afb. 103
Mesdag no. 92

Ook hier zou men vermoeden dat het gaat om een landschap uit de omgeving van Kerity in Bretagne. (vgl. Hellebranth 570, 574, 575). Dit schilderij is niet vermeld bij Hellebranth.

Figuurstukken zijn een zeldzaamheid in het werk van Daubigny. Toch passen ze goed in het beeld van de School van Barbizon, met name in vergelijking met de figuren van Decamps, met wie Daubigny al vroeg bevriend was (vgl. cat. no. 34, 36, 38). Daubigny schilderde diverse wijnoogsten in Bourgogne in 1863, 1864 en 1866.

lit.: Hellebranth no. 492

Dit riviergezicht stond aanvankelijk bekend als *Village de Bonnières;* inderdaad vertoont het schilderij sterke overeenkomsten met een vijftal uitbeeldingen van dit dorpje aan de Seine. (vgl. Hellebranth no. 76-80) Niettemin geeft Hellebranth als titel *Les bords de l'Yonne.*

In ieder geval moet gezegd worden dat topografische nauwkeurigheid bij Daubigny niet voorop stond en bovendien dat hij bepaalde thema's die hem na aan het hart lagen in vaste compositieschema's herhaalde, soms met tussenpozen van vele jaren.

Daubigny stond bij Nederlandse kunstliefhebbers hoog aangeschreven.

Dit werk maakte deel uit van de collectie Langerhuyzen, en werd in 1918 voor een hoog bedrag aangekocht ten behoeve van de collectie moderne kunst van het Stedelijk Museum te Amsterdam.

lit.: Hellebranth no. 456

Het aantal voorstellingen van Barbizon en omgeving in het œuvre van Daubigny is beperkt. Hoewel in de Grande Rue in Barbizon een gevelsteen is aangebracht in het huis waar hij gewoond en gewerkt heeft, bracht Daubigny toch meestal de zomermaanden door in zijn huis in Auvers-sur-Oise. Bovendien reisde hij veel, zowel in Frankrijk als daarbuiten. Daubigny bezocht Nederland, Spanje en Engeland. Dit nachtgezicht bij Barbizon is zeer los van schildertrant, iets wat door tijdgenoten als bijzonder modern werd ervaren.

lit.: Hellebranth no. 445

De bewondering die Vincent van Gogh koesterde voor Daubigny associeert men vooral met onderwerpen zoals bloeiende boomgaarden en wuivende korenvelden (zie cat. no. 29). Regelmatig vinden we in zijn brieven opsommingen van schilders die hij in de aandacht van zijn broer Theo of zijn vrienden aanbeveelt, zoals Dupré, Corot, Diaz, Jacque en Daubigny. Zowel in de periode waarin hij voor de kunsthandel werkte, als later in Den Haag en Parijs had Van Gogh volop gelegenheid om tentoonstellingen en reproducties van Barbizon-schilders te zien. Dit schilderij van een bloeiende boomgaard wordt omstreeks 1870 gedateerd.

lit.: Hellebranth no. 966

In sommige schilderijen van Daubigny is de verbinding tussen de School van Barbizon en het Impressionisme duidelijk zichtbaar. Er is een onmiskenbare afstand tussen de vroege werken van Rousseau en Corot, waarin de invloed van de Romantiek nog een sterke rol speelde, en de 'momentopnamen' van een landschap in al zijn stralende eenvoud zoals Daubigny op zijn doek wist te vangen.
Voor de Impressionisten waren de schilders van de School van Barbizon kunstenaars van een oudere generatie.
De verworvenheden op het gebied van de landschapskunst van de zijde van de Barbizon-schilders zagen ze zeker als waardevol, maar de Impressionisten maakten zich op om de volgende stap in de ontwikkeling te nemen.

lit.: Hellebranth no. 992
D. Durbè, *La scuola di Barbizon*, Milaan 1969, p. 75, afb. 49

In het najaar van 1857 begon Daubigny de rivierlandschappen die hem dierbaar waren te bestuderen vanuit een drijvend atelier, of liever een klein scheepje dat hij 'le Botin' (het doosje) had gedoopt. Hij reisde ermee langs de Seine en de Oise, soms in gezelschap van zijn zoon Karl, die later ook schilder zou worden. Daubigny heeft in de vorm van een serie etsen een kostelijk verslag van zijn reis-avonturen met zijn 'Botin' gegeven, onder de titel *Voyage en bateau* (zie cat. no. p. 10). Deze reeks verscheen in 1861. In 1872 maakte hij opnieuw een korte reis met de 'Botin', en hij schilderde aan de Oise in de omgeving van l'Isle-Adam. In dit landschap zien we het kleine boot-je van Daubigny gemeerd liggen.

lit.: Hellebranth no. 342

Daubigny exposeerde dit schilderij al in 1864 op de Parijse *Salon,* maar later nam hij het stuk nog eens ter hand en voegde toen de datering 1872 toe. Henriet be-schreef het ontstaan van het werk als volgt: '*Villerville-sur-Mer* van de *Salon* van 1864 is evenals andere stukken geheel ter plekke vervaardigd. Daubigny had het doek bevestigd aan palen die stevig in de grond zaten, en het bleef daar per-manent blootgesteld aan de horens van het vee en de guitenstreken van kwajon-gens, tot het helemaal klaar was. De schilder had een grijze onrustige wolkenlucht gekozen, met grote wolken die de wind woedend wegblaast. Hij loerde op het juiste moment en kwam dan gauw aanhollen zodra het weer leek op de indruk die het schilderij moest geven'. Mesdag kocht dit schilde-rij in 1885 bij Goupil & Cie in Den Haag. In 1890 maakte het stuk deel uit van de Daubigny-tentoonstelling die Mesdag in de zalen van het schilderkundig genoot-schap 'Pulchri Studio' organiseerde.

lit.: F. Henriet, *Charles Daubigny et son œuvre gravée* Parijs 1878
E. Moreau-Nélaton, *Daubigny raconté par lui-même,* Parijs 1925, p. 84, 85
Mesdag no. 96
cat. tent. 'French paintings from the Mesdag Museum', Galerie Wildenstein, Londen 1969
Hellebranth no. 607 (vgl. Hellebranth no. 599 *Falaises de Villerville* 1868, Städelsches Museum, Frankfurt; vgl. ook Hellebranth no. 617, *Près de Graves, Villerville,* Museum voor Schone Kunsten, Luik)

Dit opgewekte, zomerse schilderij zou bijna kunnen dienen als pendant van *Jong koren* uit de collectie van het Rijksmuseum Kröller-Müller. (cat. no. 29) Ook hier heeft Daubigny zijn schilderij opgebouwd uit bonte verftoetsen, een werkmethode die door de conservatieve kunstkritiek als veel te luchthartig werd gezien, maar die zeer veel waardering oogstte bij de toen nog jonge Impressionisten, met name bij Renoir, die zelf ook een voorkeur had voor een uitbundig kleurgebruik. Typisch voor Daubigny is weer de sterke accentuering van horizontale lijnen in de compositie van het landschap. (vgl. cat. no. 22) Hellebranth dateert het stuk in 1872.

lit.: Hellebranth no. 144

In 1872 ging Daubigny naar Cauterets in de Pyreneeën om een kuur te doen voor zijn asthma-aanvallen. Herbert wees in de catalogus *Barbizon revisited* op de overeenkomst tussen deze bergbeek en Jacob van Ruisdael's *Waterval* (The National Gallery no. 627) die Daubigny gezien zou kunnen hebben bij zijn bezoek aan Londen in 1871. Interessant is om te constateren dat dit voor Daubigny ongewone landschap hem er toe bracht zijn losse schildertrant enigszins te verlaten en terug te vallen op een hechtere, tekenachtige werkwijze waarin de contouren van de rotsen duidelijker zijn aangegeven dan in sommige van zijn stukken gebruikelijk was.
In de collectie van het Rijksmuseum H.W. Mesdag bevindt zich een tekening (cat. no. 102, pl. 22) die verwant is met dit schilderij. Bij Sotheby in Londen werd op 1 december 1965 (cat. no. 138) een vergelijkbaar stuk geveild, waarbij de Mahoura in Algerië werd gelocaliseerd (!). Een andere versie was te zien in de tentoonstelling *The neglected 19th century* in de Shickman Gallery in New York in 1970.

lit.: Hellebranth no. 558
*Barbizon revisited* cat. no. 33, p. 110
D. Hannema, *Catalogue of the pictures in the collection of Willem van der Vorm*, Rotterdam 1950, p. 13

# Alexandre-Gabriel Decamps (Parijs 1803 – Fontainebleau 1860)

Decamps bracht het grootste deel van zijn jeugd door op het platteland in Picardië. Hij was bevriend met generatiegenoten als Flers, Cabat, Dupré en Huet, met wie hij zijn belangstelling voor de landschapschilderkunst deelde. Daarnaast schilderde en aquarelleerde hij genrestukken en Oosterse tafereeltjes. In 1827 maakte hij een reis via Griekenland naar het Nabije Oosten, aangetrokken door de schilderachtigheid van het Arabische leven. Hij kwam beladen met Turkse kostuums, ingelegde wapens en exotische dieren terug, die hij gebruikte voor een reeks schilderijen en tekeningen. Een aantal hiervan zond hij in voor de Salon van 1831 waar zij gunstig ontvangen werden. Gestimuleerd door dit succes ging hij zich steeds meer toeleggen op het schilderen van Oosterse scènes. Tevens specialiseerde hij zich in jachttaferelen en zogenaamde singerieën, voorstellingen met als mensen geklede en handelende apen. De critici waren vol lof en hij kreeg talrijke opdrachten, waardoor hij in staat was op grote voet te leven. Zijn historiestukken werden echter veel minder goed beoordeeld, tot groot ongenoegen van de kunstenaar, die zichzelf in de eerste plaats als historieschilder beschouwde.

Hij maakte verscheidene reizen naar Italië waar hij tekende in de Campagna in een stijl die herinnert aan Aligny. Aan het begin van de jaren 'veertig vestigde hij zich in Chailly. Hij schilderde er een aantal landschappen op groot formaat, al dan niet gestoffeerd met religieuze voorstellingen. Decamps koos voor een tamelijk geïsoleerd bestaan en werkte het liefst alleen in Apremont, bij de Gorges de Franchart of de Roche-qui-pleure. Van de talrijke landschappen, die hij in Fontainebleau tekende en schilderde zijn er weinig bewaard; een groot gedeelte ervan ging verloren toen tijdens de opstand van de Commune zijn huis in Parijs door een granaat getroffen werd. In 1847 sloot hij zich aan bij de Salon indépendant, opgericht door Barye, Rousseau, Dupré, Daumier e.a. en vanaf 1850 woonde hij in Fontainebleau, waar hij toen wat regelmatiger contact had met schilders als Corot en Diaz. In 1851 kocht de Amsterdamse verzamelaar Fodor voor een recordbedrag zijn Turkse School; ook in andere Nederlandse verzamelingen in die tijd was Decamps goed vertegenwoordigd. In 1860 kon men in de Nederlandsche Spectator de dood van Decamps vernemen: 'De oorzaak is bekend: zijn paard was doorgegaan, een zware tak trof den ruiter te midden van het ligchaam en deed hem op den grond storten, waar zijn hoofd een andere zware wond bekwam en zijn rechterhand gebroken werd. Den avond van dien dag gaf hij na velen smarten doorstaan te hebben den geest'.

**34\*** **De jager** Le garde-chasse ○ OLIEVERF OP DOEK ○ 36 X 54 ○ GESIGN. L.O.: DECAMPS ○ STEDELIJKE MUSEA, GOUDA ○
COLL. PAUL ARNTZENIUS

Sommige auteurs hebben gesuggereerd dat Decamps voor zijn vroege jachtscènes zou hebben gewerkt naar prenten van de Engelse kunstenaar Samuel Howitt (1765-1822). Niettemin dringt zich ook de vergelijking op met het schilderij *De jager* van Adriaen Beeldemaker (1618-1709) in het Rijksmuseum te Amsterdam. Er zijn geen rechtstreekse aanwijzingen dat Decamps dit werk gekend heeft, maar de plaatsing van de figuur van de jager in het landschap, en ook de wat dreigende atmosfeer zijn verwant.

In het geval van *De jager* van Decamps was de werkwijze wat ongebruikelijk. Decamps maakte in 1829 een serie litho's met jachttaferelen. Pas daarna maakte hij twee geschilderde versies naar één van de litho's. Het tweede stuk bevindt zich in het Museée Périgord in Périgueux.

lit.: niet in Mosby; vgl. Le garde-chasse (Mosby no. 411, afb. 17A); voor de litho zie C. Clément, *Decamps*, Parijs 1886, p. 29
A.W. Reinink, 'De Jager', *Openbaar Kunstbezit*, 11e jrg. (1967), p. 57 a, b

Deze uitzonderlijke compositie behoort
tot de vroege werken van Decamps, en
wordt gedateerd circa 1829. Decamps
heeft een zeer rijk geschakeerd œuvre
nagelaten. Behalve om zijn dierstukken
raakte hij bekend om zijn jachttaferelen,
zijn oriëntaalse voorstellingen, zijn landschappen en zijn genrestukken. Hij was
ook een bekwaam etser en lithograaf.
Het was in zijn tijd een waagstuk om
zijn breed uitgevoerde *Waakhonden* als
definitief schilderij te presenteren.
De losse uitvoering werd door de Acade-
misten uitsluitend geschikt geacht voor
het maken van schetsen. Al in de jaren
'twintig onderhield Decamps contacten
met Paul Huet, Cabat, Flers, Diaz en
Dupré. Niet zeker is of Decamps al in
die tijd Barbizon bezocht; de lage huizen
op de achtergrond van de *Waakhonden*
doen weliswaar aan de boerenhoeven in
Barbizon denken, maar ze kunnen niet
met zekerheid als zodanig geïdentificeerd worden.

lit.: Mosby no. 112
Mesdag no. 110

Behalve in de reeds genoemde genres,
blonk Decamps ook uit als caricaturist.
De types die hij in zijn genrestukken uitbeeldde, hebben soms ook caricaturale
trekken.
*De scharenslijper* uit Amsterdam wordt
gedateerd rond 1833. In 1834 maakte
Decamps een uitgebreide variant, waarin
de scharenslijper zijn ambacht uitvoert
op de binnenplaats van een boerenhoeve, zoals men wel aantreft in de omgeving van Barbizon. Interessant is het om
de uitbeelding van werklieden van
Decamps en Millet te vergelijken.
Bij Decamps krijgt men de indruk dat
het gaat om schilderachtige typen, bij
Millet is er een dimensie aan toegevoegd over de leef- en werkomstandig-
heden van de afgebeelde figuur.

lit.: Mosby no. 3
A. Moreau, *Decamps et son œuvre*, Parijs 1869, p. 213

De voorkeur voor jachtscènes van Decamps brengt een zekere verwantschap naar voren met de Hollandse romantische schilder Johannes Tavenraat (1809-1881). Beide kunstenaars waren zelf liefhebbers van de jacht. Bij Decamps kunnen twee soorten jachtscènes onderscheiden worden: van heren op jacht, en van boeren-stropers. In de laatste groep overheerst bij Decamps dikwijls het caricaturale element. Decamps behoorde tot de geliefde schilders van Hollandse 19de-eeuwse verzamelaars. De Amsterdamse collectionneur Fodor bezat drie schilderijen en zes aquarellen van Decamps. Mosby wijst op de verwantschap van dit stuk met een schilderij getiteld *L'affût* uit 1853 waaraan Decamps en Diaz gezamenlijk werkten.

lit.: Mosby no. 4
vgl. cat. tent. *The Fodor Collection, Nineteenth Century French Drawings and Watercolors from Amsterdams Historisch Museum*, New York/Amsterdam 1985, cat. no. 36-41

C.G. 't Hooft schreef in 1901 in de *Premieuitgave van de Vereniging tot bevordering van Beeldende Kunst* over de collectie Fodor: 'De verzameling Fodor geeft gelegenheid het talent van Decamps naar waarde te schatten. De mooi doorwerkte *Turksche School* met zijn krachtig effect, de treffend gedramatiseerde *Schaapherder* welke sterk den invloed der Romantiek verraadt, behoren tot het allerbeste wat hij heeft voortgebracht'. Inderdaad behoort dit schilderij tot de meest aantrekkelijke uit het œuvre van Decamps. De Nederlandse kunstliefhebbers herkenden in Decamps het op Rembrandt terug te voeren *clair-obscur* effect, dat vooral in dit stuk sterk tot uitdrukking komt. Het dramatische element is binnen de kring van Barbizon-schilders iets uitzonderlijks. Decamps exposeerde dit werk op de Parijse *Salon* van 1846.

lit.: Mosby no. 5
J. Hagenbeek-Fey, 'Carel Joseph Fodor (1801-1860) en zijn schilderijenverzameling', *Antiek* 9e jrg. (1975), pp. 909-947

# Alexandre Defaux (Bercy 1826 – Parijs 1900)

*Defaux was een leerling van Corot. Hij debuteerde op de Salon van 1859. In latere jaren zou hij er diverse onderscheidingen in de wacht slepen voor zijn landschappen en boerenhoeven. Hij schilderde en aquarelleerde vooral in Barbizon en omgeving, maar ook aan de oevers van de Loire en de Oise, en in Normandië. Hij schilderde het huis van Millet; met Jacque deelde hij zijn belangstelling voor pluimvee.*

**Het huis van Millet** La maison de Millet ∘ OLIEVERF OP DOEK ∘ 55 X 45,5 ∘ GESIGN. R.O.: A. DEFAUX ∘ COLL. VILLE DE FONTAINEBLEAU ∘ INV. NO. 23

**39**

Defaux was een leerling van Corot. Hij behoort tot de kleinere meesters van de School van Barbizon. Hij werkte in Normandië, in het dal van de Loire, en er zijn ook enkele zeestukken van hem bekend.

Defaux schilderde bij voorkeur landschappen met eenden of pluimvee. Dit stuk *Het huis van Millet* toont in atmosfeer en opzet enige verwantschap met het schilderij van Charles Jacque en Adolphe Hervier, zie cat. no. 57.

lit.: cat. tent. *Cent ans de paysage français, de Fragonard à Courbet*, Fontainebleau 1967, cat. no. 32
Bouret, p. 251
cat. tent. *Maler der Schule von Barbizon*, Gemäldegalerie Konstanz, 1975, cat. no. 9
cat. tent. *Zurück zur Natur*, Bremen, 1977/78 cat. no. 143

# Narcisse Diaz de la Peña (Bordeaux 1807 – Menton 1876)

*Evenals Troyon en Dupré begon Diaz – zoon van Spaanse ouders – zijn carrière als porselein-schilder. De beperkingen die hem daarbij werden opgelegd benauwden hem en deden hem verlangen naar een loopbaan als vrij schilder. Hij nam lessen en kwam al spoedig in contact met Cabat, Flers en Decamps. De landschappen die hij in 1831 inzond voor de Salon, werden geweigerd. Om te kun-nen leven maakte hij litho's en kleine populaire genrestukjes. De eerste gunstige kritieken kreeg hij op een aantal Turkse voorstellingen ingezonden voor de Salon van 1834. Diaz was zelf niet in Turkije geweest, maar haakte in op de mode van het oriëntalisme, waartoe hij ongetwijfeld werd aangezet door Decamps die zich met veel succes op dit pad had begeven.*

*Vanaf 1835 verbleef Diaz jaarlijks in Barbizon. Hij logeerde vaak in de herberg van Ganne, van waaruit hij de omgeving verkende. Later kocht hij er een huis. Met Aligny schilderde hij in Apre-mont, maar hij voelde zich in zijn begintijd in Barbizon meer aangetrokken tot het grove penseel-werk van Rousseau. Naast landschappen ging Diaz door met het schilderen van historische en oos-terse taferelen. Van de kant van de kunsthandel bestond echter vooral veel vraag naar zijn land-schappen met badende of slapende nimfen, van een quasi-mythologisch karakter. Ook schilderde hij bloemstillevens en kreeg hij portretopdrachten.*

*Officiële erkenning ondervond Diaz pas in 1844 toen hij op de Salon werd onderscheiden en Thoré-Bürger een zeer lovende kritiek over hem schreef. Daarna ging het bergopwaarts, de ene onderschei-ding volgde op de andere en zelfs de kleinste schetsjes verlieten voor hoge prijzen het atelier. Regelma-tig organiseerde hij veilingen van zijn eigen werk, waarbij hij zijn hele voorraad uitverkocht.*

*Diaz was nu in staat kunstenaars die het minder gemakkelijk hadden, zoals Millet en Rousseau, en later ook Jongkind, financieel te ondersteunen. Bovendien was hij in de positie hun werk onder de aandacht te brengen van vooraanstaande critici en kunsthandelaars. In 1863 ontmoette hij in het vlakbij Barbizon gelegen Bas-Bréau Monet, Renoir, Bazille en Sisley, die hem bewonderden om zijn levendig kleurgebruik.*

*In 1870 was Diaz enkele dagen in Amsterdam. Dit was niet de eerste keer want ook in de jaren 'dertig had hij Nederland minstens twee maal bezocht. In 1872 stelde hij tentoon in Brussel, waar hij met Corot was benoemd tot ridder in de Leopoldsorde. Naar aanleiding van zijn dood schreef de Kunstkronijk: 'Hij wilde schoonheid en kleurenpracht in de natuur zien; hij stoffeerde haar met ideale beeldjes. Schitterende kleur was zijn grootste kracht; de vorm werd wel eens verwaarloosd'.*

**40** **Veerpont bij ondergaande zon** Passage du bac, effet de soleil couchant ○ OLIEVERF OP DOEK ○ 76 X 117 ○ GESIGN. L.O.: N. DIAZ 1837 ○ MUSÉE DE PICARDIE, AMIENS

Diaz was al vroeg bevriend met andere Barbizon-schilders. Dupré was een vriend uit zijn kinderjaren. Aan het eind van de jaren 'twintig ontmoette hij Ca-bat en Flers. Later sloot hij vriendschap met Decamps en Rousseau. Vanaf 1835 was Diaz regelmatig in Barbizon te vin-den. In 1837 zond hij dit werk, met zijn typische inspiratie op Hollandse 17de-eeuwse voorbeelden, in voor de Parijse *Salon.* Een kunstcriticus van het *Journal de Paris* van 9 april 1837 schreef naar aanlei-ding van zijn inzending: 'Een jonge man, Diaz genaamd, doet van zich spreken door de krachtige effecten die hij weet weer te geven, en door zijn warm colo-riet. In zijn *Passage du bac* en zijn *Moulin* zijn de luchten helder en transparant. In zijn *Vue des Gorges d'Apremont* had de kunstenaar er beter aan gedaan de on-weerslucht niet zo bizar en uitzonderlijk te maken. De *Passage du Bac* uit Fontai-nebleau heeft nog die kopertinten die verwantschap tonen met Decamps. Sommige figuren heeft Decamps inder-daad voor zijn rekening genomen'.

lit.: P. Miquel, *Le paysage français au XIXe siècle*, dl. II, Maurs-la-Jolie 1975, p. 287
cat. tent. *Paysages et paysans français au XIXe siècle*, Peking, Shanghai 1978, cat. nr. 32

Dit werk, dat wordt gedateerd tussen
1840 en 1845, is uitzonderlijk in het
œuvre van Diaz de la Peña. Hij werkte
liever aan dicht begroeide vennen in het
woud van Fontainebleau, in soms vage
vormen en duistere tonen. Hier zien we
een helder omlijnd rotslandschap bij helder blauwe hemel, zoals Diaz het snel
noteerde in de omgeving van Barbizon.

lit.: cat. tent. *Cent ans de paysage français, de Fragonard à
Courbet*, Fontainebleau 1957, cat. no. 48
M.-Th. de Forges, *Barbizon, lieu-dit*, Parijs 1962, p. 60
Bouret, p. 109
cat. tent. *Zurück zur Natur*, Bremen, 1977/78 cat. no. 51

Dit schilderij dat sterke verwantschap
vertoont met Théodore Rousseau
(vgl. cat. no. 84), werd geëxposeerd op de
Parijse *Salon* van 1854.
De 19de-eeuwse criticus Burty schreef in
later jaren over Diaz: 'Zonder dat hij de
kracht van Th. Rousseau bereikte, noch
de poëzie van Corot, noch de emotie
van Dupré, hoort Diaz thuis in dezelfde
rangorde als deze meesters.
Het is een landschapschilder van een
zeldzame *élégance*. Hij is de kunstenaar
die het best de charme en de speelsheid
van het bos van Fontainebleau heeft aan-
gevoeld; het bos moet hem nu missen.
Hij heeft het niet groots weergegeven.
Hij heeft het op een verrukkelijke manier ondergaan'.

lit.: Ph. Burty, *Maîtres et petits maîtres*, Parijs 1877, p. 336
Ordrupgaard no. 44

*Narcisse Virgilio Diaz de la Peña* 155

**De oudste zuster** La sœur aînée ○ OLIEVERF OP PANEEL ○ 49,5 X 32 ○ GESIGN. L.O.: N. DIAZ F. ○
HAAGS GEMEENTEMUSEUM, DEN HAAG ○ INV. NO. 4-1942 ○ COLL. CRONE

Pas vanaf 1840 legde Diaz de la Peña zich toe op het landschap, maar daarnaast bleef hij genretaferelen uitbeelden, waarbij het uitbundige kleurgebruik en de veelal zoete voorstellingen het grote publiek moeiteloos aanspraken. Terwijl hij in zijn landschappen uit de omgeving van Barbizon juist een natuurgetrouwe weergave nastreefde, nam hij het in zijn genrestukken dikwijls niet zo nauw met de natuur. Zijn tijdgenoten zeiden wel van hem 'Hij laat sinaasappelen aan zijn appelbomen groeien'.
Een variant werd in 1921 in Barbizon House in Londen verkocht onder de titel *L'heureuse famille*.

**44*   Zonsondergang** Crépuscule ○ OLIEVERF OP PANEEL ○ 30 X 43 ○ GESIGN. L.O.: N. DIAZ ○ MUSEUM BOYMANS-
VAN BEUNINGEN, ROTTERDAM ○ STICHTING WILLEM VAN DER VORM

Naast de uitbundigheid van zijn genrestukken wist Diaz op overtuigende wijze ook de melancholie van een landschap bij ondergaande zon vast te leggen. Soms deed zijn opzet wel denken aan Théodore Rousseau, maar bij Diaz is de uitvoering vrijwel steeds minder gedetailleerd, en vrijer in contour en kleur. (vgl. ook cat. no. 60).

lit.: D. Hannema, *Catalogue of the pictures in the collection of Willem van der Vorm*, Rotterdam 1950, no. 20, p. 16
D. Hannema, *Beschrijvende catalogus van de schilderijen uit de kunstverzameling Stichting Willem van der Vorm*, Rotterdam 1962, no. 19, p. 23

Dit fraaie herfstlandschap uit de omgeving van Barbizon behoort tot de hoogtepunten uit het œuvre van Diaz. Het is
tevens illustratief voor de problemen die
de bestudering van het werk van Diaz
opleveren. Hij vertoont in genen dele de
ontwikkelingsgang van de meeste Barbizon-schilders, die in hun vroege jaren
zeer gedetailleerd werkten en in later
tijd een lossere schildertrant vertoonden.
Integendeel. Dit stuk, dat negen jaar
voor zijn dood ontstond, zou men geneigd zijn veel vroeger te dateren ware
het niet dat hij in zijn œuvre heel dikwijls teruggreep naar zijn vroegere
werkwijze en naar onderwerpen uit het
begin van zijn schildersloopbaan.

lit.: Bouret p.199
cat. tent. *Cent ans de paysage français, de Fragonard à
Courbet*, Fontainebleau 1957, no. 38, p. 28
D. Durbé, *La Scuola di Barbizon*, Milaan 1969, p. 68,
afb. 52

In werkwijze is dit schilderij zeer verwant aan *De heuvels bij Jean de Paris*
(cat. no. 45); het wordt in dezelfde periode, aan het eind van de jaren 'zestig gedateerd. Men veronderstelt dat het hier
gaat om een rotspartij bij de Gorges
d'Apremont. Deze *sous-bois*-voorstelling
behoorde tot de specialiteiten van Diaz.

lit.: Mesdag no. 116

Van dit type landschap, dat Diaz in zijn laatste levensjaren graag schilderde bestaan een groot aantal varianten, onder andere in het Musée St. Denis te Reims, in the City of York Art Gallery en in het Museum Boymans-van Beuningen in Rotterdam. De opzet verschilt weinig; Diaz was zo vertrouwd met de wouden van Fontainebleau, met zijn plotselinge openingen naar het licht, en het water van kleine vennen dat de lucht reflecteert, dat men zich afvraagt, of al deze landschapstukken wel in de open lucht ontstonden, of dat Diaz met zijn buitengewone vaardigheid de varianten in zijn atelier bedacht.

lit.: P. Miquel, *Le paysage français au XIXe siècle*, Maurs-la-Jolie 1975, dl. II, p. 317; ibidem; vgl. afb. p. 318

# Jules Dupré (Nantes 1811 – L'Isle-Adam 1889)

De vader van Jules Dupré was eigenaar van een porseleinfabriekje in Parmain, gelegen aan de Oise. Net als Diaz, Troyon en Renoir zette de jonge Dupré zijn eerste schreden op het schilderspad met het decoreren van porselein. Daarnaast kreeg hij les van de landschapschilder Michel Diebolt.

Hij werd beïnvloed door het werk van Cabat en Decamps, maar ook van de studie naar Ruisdael en Hobbema leerde hij veel. Tijdens zijn reizen naar Engeland maakte hij bovendien kennis met o.a. het werk van John Crome. In 1831 exposeerde hij voor het eerst op de Salon met Decamps, Barye, Scheffer en Delacroix. Regelmatig verkeerde hij in gezelschap van Troyon en Rousseau.

Met Rousseau werkte hij in L'Isle-Adam en aan de oevers van de Seine. Uiterst verontwaardigd was Dupré wanneer zijn vriend geweigerd werd op de Salon. Uit solidariteit stuurde hij dan zelf ook geen werk in. Teleurgesteld trokken ze vanaf 1840 meer dan eens samen naar Barbizon. Ook in latere jaren had Dupré regelmatig conflicten met de jury van de Salon. In 1844 maakten Dupré en Rousseau een reis naar Les Landes en de Pyreneeën, die van grote invloed zou zijn op hun beider werk. Talrijke belangrijke schilderijen van Dupré uit de jaren 'zestig gaan terug op tekeningen en schetsen die hij tijdens deze reis maakte.

Rond 1847 ontstond de zogenaamde groupe de L'Isle-Adam, een groep schilders waaronder Dupré, Daumier, Daubigny, Corot, Lavieille en Flers, die elkaar 's winters troffen in L'Isle Saint-Dénis en 's zomers in L'Isle-Adam. Ook het bos van Compiègne was een geliefd werkterrein van Dupré. In 1865 kreeg hij met Millet, Rousseau, Corot en Fromentin opdracht van prins Paul Demidoff decoraties te ontwerpen voor diens eetzaal, en vanaf 1868 vertoefde hij bijna jaarlijks in Cayeux-sur-Mer om marines te schilderen. Regelmatig had hij contact met Cabat en ook Corot zocht hem op in L'Isle-Adam waar hij zich in 1872 definitief vestigde.

Na zijn dood in 1889 werd hij in de Nederlandsche Spectator bestempeld als een van de grootste coloristen onder de landschapschilders: 'Als teekenaar evenaarde hij bijna Rousseau, terwijl zijne stukken meer gloed vertoonden. Eene vergelijking tusschen hem en de levende landschapschilders viel steeds in zijn voordeel uit'.

**Avond aan de kust** Le soir sur la côte ○ OLIEVERF OP DOEK ○ 50,5 X 61,5 ○ GESIGN. R.O.: JULES DUPRÉ ○ **48**
KUNSTHALLE BREMEN ○ INV. NO. 1020-1970/7

De invloed van Engelse landschapschilders op het werk van Jules Dupré is duidelijk afleesbaar. In 1834 maakte hij zijn eerste reis naar Engeland, waar hij mogelijk kennis maakte met werken van Turner en Constable. Dupré behoorde niet tot de generatie die de eerste presentatie van Engelse landschappen op de Parijse *Salon* van 1824 bewust had meegemaakt, maar de nagalm van de Engelse schilders op hun Franse kunstbroeders, was in de jaren 'dertig nog niet verklonken. Behalve de invloed van de toen moderne Engelse kunst kan ook gewezen worden op de betekenis van het Hollandse 17de-eeuwse landschap in de artistieke vorming van Dupré.

lit.: Aubrun no. 129
cat. tent. *Zurück zur Natur*, Bremen 1977/78 cat. no. 60, afb. 12

In 1843 maakten Troyon en Dupré een reis naar Les Landes; een jaar later ging Dupré opnieuw dezelfde richting uit, maar nu in gezelschap van Théodore Rousseau. Ze bezochten samen Peyrehorade, Tartas, Oloron en Bayonne.
Dit landschap moet in die periode ontstaan zijn. (vgl. Aubrun no. 172, 173)
Door de intensieve samenwerking met Rousseau is in deze jaren het werk van Dupré het sterkst met hem verwant.
In latere tijd, wanneer tussen beide kunstenaars een verwijdering is ontstaan, volgen ook hun werkwijzen een eigen ontwikkeling.
Bijzonder fraai in dit werk is de ruimtelijke suggestie en de grootse werking van de natuur in een simpele compositie.

lit.: niet afgebeeld in Aubrun

**50** **De sluis** La vanne○OLIEVERF OP DOEK○51 X 69○GESIGN. L.O.: JULES DUPRÉ ○MUSÉE DU LOUVRE, PARIJS○ INV. NO. RF 1832○COLL. CHAUCHARD○

In de jaren 'veertig van de vorige eeuw deelde Jules Dupré vaak het lot van zijn vriend Théodore Rousseau, die wel genoemd werd 'le Grand Refusé', omdat hij zo dikwijls was geweigerd bij de Parijse *Salon*.
Dit schilderij, één van de belangrijkste werken van Jules Dupré, waarin bovendien de nauwe verwantschap met Rousseau het duidelijkst tot uitdrukking komt, werd pas voor het eerst geëxposeerd op de *Exposition Universelle* van Parijs in 1867 (no. 232). Volgens Sensier werd het al in 1846 geschilderd.

lit.: Aubrun no. 192
*Barbizon revisited* no. 48, afb. 135
D. Durbé, *La scuola di Barbizon*, Milano 1969, p. 18, afb. 12

De werkwijze van dit ruig geborstelde
schilderij is typisch voor de latere periode van Dupré. Aubrun dateert dit werk
rond 1865. De detaillering van de vroege
stijl is verlaten; het handschrift is dat van
een schets zoals men die in de 19de
eeuw opvatte. Het formaat is echter zodanig dat Dupré hiermee een voltooid
schilderij bedoelde. Na de verbroken
vriendschap met Rousseau, leefde Dupré
teruggetrokken in l'Isle-Adam, waar hij
bleef wonen tot zijn dood in 1889.

lit.: Aubrun no. 351

**Zonsondergang** Coucher de soleil ∘ OLIEVERF OP DOEK ∘ 45,5 X 54,3 ∘ GESIGN. R.O.: J. DUPRÉ ∘ **52***
MUSEUM BOYMANS-VAN BEUNINGEN, ROTTERDAM ∘ INV. NO. 2151

In tegenstelling tot zijn vroege werk,
waarin zeegezichten uitzondering waren, heeft Dupré in zijn latere levensjaren in Normandië een reeks marines geschilderd, een echo van de verworvenheden van de Romantiek en de nieuwe
opvattingen over de landschapskunst.
Het schilderij dateert uit omstreeks 1870.

lit.: Aubrun no. 545

# Camille Flers (Parijs 1802 – Parijs 1868)

Flers was al op jeugdige leeftijd porseleindecorateur in de fabriek van zijn vader. Tijdens omzwervingen met zijn vriend Cabat in de omgeving van Parijs besloot hij tot een loopbaan als artistepeintre. In 1827 zond hij een schilderij in voor de Salon maar dit werd geweigerd. Pas in 1831 werd hij toegelaten. Intussen was hij in contact gekomen met Diaz, Dupré en Decamps en was hij een graag geziene figuur in de kring van jonge kunstenaars.

Hij reisde veel door Frankrijk en werkte onder meer in Normandië, Auvergne en Picardië.

In 1840 was Flers in gezelschap van Dupré in het bos van Compiègne en kreeg hij de eerste lovende kritieken. Na een reis door Zwitserland en de Jura bracht hij in 1845 een bezoek aan Nederland. Flers zou in de eerste plaats bekendheid krijgen als schilder van het Normandische weidelandschap, maar hij heeft ook vaak in de bossen van Fontainebleau gewerkt en wordt zelfs gerekend tot een van de eersten die de schoonheden ervan ontdekte. In 1853 sloot hij zich aan bij de groupe de Marlotte met Brascassat, Barye, Decamps en Aligny. Met Dupré bleef hij zijn hele leven bevriend en regelmatig trokken zij er samen op uit. In de kritiek werden vooral zijn landschapstekeningen geprezen; met name de effecten die hij met pastelkrijt wist te bereiken oogstten veel bewondering.

**53** **Landschap in de omgeving van Parijs** Paysage, environs de Paris∘OLIEVERF OP DOEK∘102 X 146∘
GESIGN. EN GEDAT. R.O.: FLERS 1854∘MUSÉE DU LOUVRE, PARIJS∘INV. NO. RF 130

Dit schilderij werd tentoongesteld op de *Exposition Universelle* in Parijs in 1855. Flers had toen al een bewogen kunstenaarsloopbaan achter de rug. Na omzwervingen in Brazilië vestigde hij zich als landschapschilder in Parijs.

Eén van zijn eerste leerlingen was Cabat. Flers was bevriend met veel schilders van de School van Barbizon.

Al in 1829 behoorde hij tot de vriendenkring van Diaz en Jules Dupré. Decamps beschouwde hem als een 'naturalistische romanticus'. Vanaf 1833 exposeerde hij regelmatig op de Parijse *Salon.* Hij werkte in het bos van Fontainebleau, maar hij had een uitgesproken voorkeur voor Normandië, met name voor de omgeving van Aumale. V. Fournel schreef in *Les artistes français contemporains* (Parijs 1884), dat Flers één van de eerste kunstenaars was die de natuur in het bos van Fontainebleau ontdekte. In 1845 bezocht hij waarschijnlijk Nederland. Officiële erkenning verkreeg hij door de toekenning van het *Légion d'honneur* in 1849.

lit.: cat. tent. *Barbizon au temps de J.F. Millet,* (1849-1875), Barbizon 1975, p. 212-215
P. Miquel, *Le paysage français au XIXe siècle,* Maurs-la-Jolie, 1975, dl. II, p. 142-157

# Henri-Joseph Harpignies (Valenciennes 1819 – Saint-Privé 1916)

Pas in 1846 kwam Harpignies in de leer bij de landschapschilder Achard, nadat hij zijn jeugd grotendeels had doorgebracht in de suikerfabriek van zijn vader. Toen de Revolutie van 1848 uitbrak, week hij met Achard uit naar Brussel. Van daar uit bezochten zij Vlaanderen en Nederland.
Ook in de volgende jaren was Harpignies voortdurend op reis in Duitsland en Italië. Harpignies concentreerde zich niet alleen op olieverf, maar hij was ook een fervent etser en aquarellist. Naast Achard had vooral Cabat grote invloed op zijn werk. In 1854 en de jaren daarop verbleef hij regelmatig in Marly en het bos van Fontainebleau, vooral in Marlotte, waar hij contacten onderhield met Corot. Met name diens vroege Italiaanse werk hield hem bezig, zoals blijkt uit de schilderijen die hij maakte tijdens en na zijn reizen naar Rome en Napels in 1863 en 1864.
Steeds meer ging hij zich toeleggen op het aquarelleren. De resultaten – die hij ook inzond voor de Salon – werden allengs beter en uiteindelijk bereikte hij een zeer hoog niveau in deze techniek.
In de jaren 'zeventig bracht Harpignies de zomers door in Hérisson, waar hij een groep jonge landschapschilders om zich heen verzamelde bekend onder de naam école d'Hérisson. Vanaf 1879 tot aan zijn dood vertoefde hij vooral in zijn huis in Saint-Privé bij de rivier de Yonne. Van hier uit maakte hij nog talloze reizen zoals in 1883 naar Amsterdam, waar hij, naar uit het gastenboek blijkt, het Rijksmuseum bezocht. Voor de wereldtentoonstelling in Antwerpen in 1885 zond Harpignies vier schilderijen in, voor die in Parijs van 1889 tien. Tot op zeer hoge leeftijd bleef hij actief, maar van vernieuwing in zijn werk is nauwelijks sprake. Slechts af en toe zien we er een glimp van het impressionisme in doordringen.

**Rotsen in het woud van Fontainebleau** Rochers dans la forêt de Fontainebleau ∘ OLIEVERF OP DOEK ∘ **54**
29,5 X 41 ∘ GESIGN. EN GEDAT. L.O.: H. HARPIGNIES 1878 ∘ COLL. VILLE DE FONTAINEBLEAU ∘ INV. NO. 11

Harpignies behoort tot de laatste generatie van Barbizon-schilders. De invloed van Corot op zijn landschappen is vrijwel steeds in zijn werk duidelijk afleesbaar. De grote roem van de School van Barbizon die voor de meeste schilders postuum kwam, heeft Harpignies nog ten volle meegemaakt. Hij was meer een toonschilder dan een colorist. Harpignies overleed op zevenennegentig-jarige leeftijd, geëerd door Anatole France, die hem 'le Michel-Ange des arbres' noemde.

lit.: cat. tent. *Cent ans de paysage français, de Fragonard à Courbet*, Fontainebleau 1957, p. 32, no. 62

# Adolphe Hervier (Parijs 1818 – Parijs 1879)

*Hervier was leerling van zijn vader, de miniaturist Marie-Antoine Hervier en vervolgens van Léon Cogniet en Eugène Isabey. Hij reisde veel door Frankrijk en was in 1844 in Engeland. In het Louvre bevindt zich een tekening met molens aan een rivier waaruit blijkt dat hij in Nederland geweest moet zijn. Ook was hij regelmatig in Barbizon en omgeving te vinden. Samen met Charles Jacque schilderde hij Jacque's huis in Barbizon, (zie cat. no. 57) met de beroemde kippen van Jacque. Hij was echter te veel individualist om zich bij de andere schilders daar aan te sluiten.*

*Hervier schilderde naast landschappen en marines ook romantische stadsgezichten en scènes met boeren en vissers. Behalve schilder was hij ook een zeer verdienstelijk aquarellist, lithograaf en vooral etser. Pas in 1849 werd hij voor het eerst toegelaten tot de Salon, na vele malen geweigerd te zijn. Hoewel critici als Champfleury, Burty en Gautier hem gunstig gezind waren, was hij gedoemd om in diepe armoede te leven. Ook de zeven veilingen die hij van zijn werk liet houden brachten nauwelijks iets op. Gelukkig hielp Corot hem discreet door af en toe een paar aquarellen van hem te kopen.*

*Nagenoeg geheel vergeten stierf Hervier om pas weer in onze eeuw ontdekt te worden.*

**55   Ven in het Woud van St. Germain** Mare dans la forêt de St. Germain ∘ OLIEVERF OP DOEK ∘ 95 X 78 ∘ GESIGN. L.O.: HERVIER ∘ PARTICULIERE COLLECTIE, PARIJS

De verwantschap tussen de schilders van Barbizon en Hervier is dikwijls sterk voelbaar, ook al is er weinig bekend over de directe relaties tussen Hervier en deze groep kunstenaars. In dit bosgezicht zijn de overeenkomsten met Théodore Rousseau en Diaz het meest in het oog springend.

Over het leven van Hervier zijn niet veel gegevens beschikbaar. Hij was dikwijls op reis door Frankrijk in moeilijk te traceren omzwervingen, maar hij onderhield niettemin vriendschappelijke betrekkingen met Decamps en Corot.

lit.: cat. tent. *Van Gogh et les peintres d'Auvers-sur-Oise*, Parijs 1954, no. 74
Mesdag no. 148
J.M. Eikelenboom, 'De schilder H.W. Mesdag en zijn verzameling Franse schilderijen, *Tableau* 6e jrg. no. 4 (1968), p. 60

**Het huis van Jacque in Barbizon** La maison de Jacque à Barbizon ◦ OLIEVERF OP DOEK ◦ 38,5 X 29 ◦ GESIGN. R.O.: CH. JACQUE-HERVIER 56 ◦ VERSO, OP SPIERAAM: HERVIER (ADOLPHE) & CHARLES JACQUE, MAISON DE JACQUE (CHARLES) À BARBISON [SIC]. SUR LA CHAUSSÉE ... 14 ... [ONLEESBAAR] ◦ PARTICULIERE COLLECTIE, DEN HAAG    **57***

Uit deze samenwerking van beide kunstenaars blijkt hoe sterk de band was tussen Adolphe Hervier en de schilders van Barbizon. Naar alle waarschijnlijkheid heeft de bijdrage van Jacque zich beperkt tot het inschilderen van het pluimvee, een speciale liefhebberij van de schilder. (vgl. cat. nr. 61) De compositie is verwant aan Decamps, een leermeester van Hervier (vgl. afb. 35).

# Paul Huet (Parijs 1803 – Parijs 1869)

Al vroeg toonde Huet belangstelling voor de beeldende kunst: een landschap met drie bomen van Rembrandt (afb. 18) dat hij als klein jongetje gezien had, maakte een blijvende indruk op hem. Op elf-jarige leeftijd kwam hij in de leer bij de behangselschilder Deltil, die hem de beginselen van de land-schapskunst bijbracht; daarna kreeg hij les bij de portret- en historieschilders Gros en Guérin. Zijn ware leermeester zou echter Rubens zijn, naar wiens landschappen hij een aantal gravures bezat. In 1820 ontmoette hij voor het eerst de Engelse schilder Bonington. Naar zijn composities en die van Constable maakte Huet een aantal copieën. Hij werkte met Bonington in Normandië, waar hij zich bekwaamde in het aquarelleren en net als Barye en Delacroix maakte hij dierstudies in de Jardin des Plantes. Over zijn vroegste inzendingen voor de Salon waren de kritieken nogal verdeeld. Vaak ontmoette hij in het café Le Cheval Blanc vrienden als Dupré, Barye, Decamps, Rousseau en Diaz, waarbij de uitspraken van de jury van de Salon meestal het belangrijkste gespreksonder-werp vormden. Rond 1835 had Huet zich al een grote naam verworven met zijn landschappen uit de omgeving van Honfleur, Rouen, Trouville en Avignon. Ook zijn sombere bosgezichten met dreigende luchten vonden gretig aftrek bij het publiek.
In 1841 maakte hij een reis naar Italië en ook in het zuiden van Frankrijk was hij bij herhaling te vinden. Zijn voorliefde voor het sous-bois voerde hem echter met toenemende regelmaat naar Chail-ly en Barbizon, waar hij behoorde tot de eerste kostgangers van Ganne. Hij plaatste zijn ezel in de Gorges d'Apremont of in Bas-Bréau en hielp 's avonds ijverig mee de herberg vrolijk te decoreren. Zijn vriendschap met Delacroix bereikte een hoogtepunt in de jaren 'vijftig, een periode waarin hij ook regelmatig contact had met Troyon, Corot, Diaz, Decamps en Barye. In 1864 maakte hij een reis naar België en Nederland; via Brussel en Antwerpen ging hij naar Amsterdam, Den Haag en Dordrecht. Zijn Haagse Bos werd aangekocht door de Franse Staat. Huet was niet alleen een ver-dienstelijk schilder, maar hij blonk vooral uit in het aquarelleren, etsen en lithograferen. In een korte necrologie in de Nederlandsche Spectator in 1869 werd hij als volgt getypeerd: 'Zijn werken zijn bezield door een ademtocht van poëzie; zijn geest was fijn, teeder, gestemd voor zachte nuancen, soms voor de melancholie des bewolkten hemels. Hij beminde de natuur in hare oogenblikken van emotie'.

**58** **In het woud** Dans la forêt ◦ OLIEVERF OP DOEK ◦ 130 X 97 ◦ GESIGN. L.O.: PAUL HUET ◦ KUNSTHALLE, BREMEN ◦ INV. NO. 1975/9

Huet sloot zich in zijn jonge jaren aan bij de Romantische beweging. Zijn land-schappen waren aanvankelijk verwant met die van Bonington en zijn stadsge-zichten deden denken aan Harding en Prout. Huet behoorde tot de eerste pen-siongasten van *père* Ganne in Barbizon. Enkele decoraties in het interieur van deze kunstenaarsherberg zijn door Huet geschilderd.
In 1851 logeerde hij in Chailly. Van daaruit schreef hij aan zijn vrouw: 'Ik moet precies een halve mijl lopen voor ik bij de eerste boom kom, hetgeen verklaart waarom het zo vol is in Barbi-zon'. In 1855 verbleef hij in Fontaine-bleau in gezelschap van Barye en Decamps, die hij als jeugdvrienden be-schouwde. De overeenkomsten met Diaz en Rousseau zijn in dit bosgezicht het sterkst.

lit.: R.P. Huet, *P. Huet, d'après ses notes*, Parijs 1911
P. Miquel, *Paul Huet, de l'aube romantique à l'aube impres-sioniste*, Sceaux, 1962
cat. tent. *Paul Huet*, Musée des Beaux-Arts, Rouen 1965
cat. tent. *Barbizon au temps de J.F. Millet*, Barbizon 1975, p. 232-237

**Open plek in het beukenbos van Fontainebleau** Clairière, Gros-Fouteau, Fontainebleau○
OLIEVERF OP DOEK○35,6 X 53,6○GESIGN. L.O.: P. HUET○VERSO: STEMPEL VEILING PAUL HUET 1878○
COLL. JEAN CLAUDE BARRIÉ, PARIJS

59

Huet had een uitgesproken voorkeur
voor het zogaamde *sous-bois,* het gebladerte onder de bomen van het woud,
een voorkeur die terug te voeren valt tot
de prentkunst van de Franse Romantiek,
waar Huet zelf ook nauwe banden mee
had. Hij voerde ze uit in pastel, maar ook
op doek van verschillend formaat.

lit.: Veiling *Hôtel Drouot,* Parijs 15/16 april 1878, no. 92
cat. tent. *Théodore Caruelle d'Aligny et ses compagnons,* Orléans, Duinkerken, Rennes 1979, no. 95

# Charles Jacque (Parijs 1813 – Parijs 1894)

Op jonge leeftijd raakte Jacque bevriend met zijn buurman Louis Cabat, die hem introduceerde in de *Bibliothèque nationale,* waar hij kennis maakte met het werk van de beroemdste graveurs.

In 1830 kwam hij in dienst bij een firma voor kaarten en plattegronden. Hier maakte Jacque zijn eerste ets, Une tête de femme naar Rembrandt. Na een paar jaar dienst in het leger probeerde hij zijn brood te verdienen als illustrator. Hij ontwierp vignetten voor literaire werken en maakte erotische prentjes. Rond 1840 leerde hij het werk van Georges Michel kennen, dat hem bijzonder aantrok en hem er toe bracht zelf landschappen met molens op Montmartre te gaan schilderen.

In 1845 kwam Jacque in contact met Millet; ze sloten al spoedig een hechte vriendschap. Toen in Parijs cholera heerste besloten beide kunstenaars met hun gezin de stad te verlaten. Zij vestigden zich in Barbizon, waar ze naast elkaar woonden en hun atelier deelden. Samen trokken zij de bossen in om te schilderen, maar Jacque ging zich steeds meer toeleggen op het maken van dierstudies. Er bleek belangstelling te zijn voor zijn stalinterieurs en binnenplaatsjes met schapen en kippen. Zijn eigen interesse voor pluimvee kwam niet alleen tot uitdrukking in zijn schilderijen, maar hij ging zich intensief bezighouden met het fokken van kippen; hij schreef zelfs een boek over inheemse en exotische soorten. Wanneer hij in Parijs vertoefde, was het Millet die zorg droeg voor zijn dieren.

De kippen legden Jacque geen windeieren; al spoedig was hij eigenaar van een aantal huizen en kon hij zich veroorloven op grote schaal kunstaankopen te doen. De snelheid van zijn succes en het etaleren van zijn rijkdom ergerden Millet; na 1860 zagen de twee vrienden van het eerste uur elkaar nauwelijks meer.

Pas in 1861 zond Jacque voor het eerst schilderijen in voor de Salon; voor die tijd exposeerde hij er alleen etsen. Steeds meer ging hij zich bezighouden met het kopen en verkopen van huizen; zelfs leidde hij een tijdlang een meubelfabriek, waar uit authentieke onderdelen gotische en renaissance-meubelen werden samengesteld. Toch vond hij daarnaast voldoende tijd om zich aan het schilderen en etsen te kunnen wijden. Zijn schildertrant werd steeds ruiger, het paletmes kwam er steeds vaker aan te pas.

**60    Koeien bij een drinkplaats** Bœufs à l'abreuvoir ○ OLIEVERF OP DOEK ○ IOO X II5 ○ GESIGN. EN GEDAT.: CH. JACQUE 1848 OF 1849 ○ MUSÉES D'ANGERS, ANGERS ○ INV. NO. 88J 1881 ○ ENVOI DE DE L'ETAT 1849

In 1849 verhuisde Jacque naar Barbizon, in gezelschap van zijn vriend Millet (zie p. 46). Behalve schilder was hij ook lithograaf, boekillustrator en caricaturist. Hij maakte een reis naar Nederland. Pas in de loop van de jaren 'veertig ontwikkelde hij zich tot landschapschilder. Dit werk werd in opdracht van de Franse Staat vervaardigd in 1848 voor de prijs van 1500 Francs. Het is enigszins verwant aan de vroege dierstukken van Diaz (cat. no. 44). Van deze kunstenaar had Jacque de raad gekregen om eens in de omgeving van Barbizon te gaan werken.

lit.: cat. *Musée d'Angers, Peintures,* Angers 1928, no. 51

Vanaf het moment dat Jacque zich in Barbizon vestigde, ging hij zich met het kweken van pluimvee bezighouden. Hij behaalde zelfs prijzen voor zijn hanen en kippen, en hij schreef een boek *Le poulailler* met eigen illustraties en houtgravures van Lavieille. Jacque was echter een grillige man. Van de ene dag op de andere had hij genoeg van zijn hobby; hij verkocht al zijn prijsdieren, en vanaf dat moment waren schapen de dieren die het meest op zijn schilderijen voorkwamen.

lit.: cat. tent. *Barbizon au temps de J.-F. Millet,* Barbizon 1975, p. 244

In *Barbizon, lieu-dit* schrijft M.-Th. de Forges: 'Charles Jacque was niet alleen de schilder van ontelbare schapen uit Barbizon; dit schilderij is een zeer fraai stuk werk, in de grote lijn van de school van het schilderen in de open lucht'.
De gladde werkwijze uit de beginjaren lijkt plaats te maken voor een zwaarder verfgebruik, zoals ook Diaz placht toe te passen (vgl. cat. no. 41).

lit.: M.-Th. de Forges, *Barbizon, lieu-dit,* Parijs 1962, p. 35
Bouret, p. 151
cat. tent. *Maler der Schule von Barbizon,* Konstanz 1975, no. 17

In Barbizon was het de gewoonte van schilders om bij slecht weer veestudies te maken in de stallen. Jacque ontwikkelde dit tot een geheel eigen genre, dat in de loop der jaren zo populair werd, dat hij nauwelijks aan de vraag kon voldoen.

lit.: cat. *National Gallery of Scotland*, Edinburg 1937, p. 72
idem, *Illustrations*, Edinburg 1980, p. 71, no. 1457

**64    Schapen bij een drinkplaats** Moutons à l'abreuvoir ○ OLIEVERF OP DOEK ○ 81,9 X 66 ○ GESIGN. L.O.: CH. JACQUE ○ NATIONAL GALLERIES OF SCOTLAND, EDINBURG ○ INV. NO. 1046

Deze compositie is waarschijnlijk een latere variant op een tekening met dezelfde boom uit de collectie Van Berg, gedateerd 1846. (Zie: *Barbizon Revisited*, no. 54, afb. 55). De herder met geweer in wakende houding is echter vervangen door een bevallige herderin die zich heeft neergevleid in de schaduw onder de bomen.

lit.: *Barbizon revisited*, p. 143, 144
cat. *National Gallery of Scotland, Illustrations*, Edinburg 1980, p. 71, no. 1046

# Auguste Lapito (Joinville-le-Pont 1803 – Boulogne s. Seine 1874)

*Lapito begon zijn carrière als leerling van de schilders Heim en Watelet. Zijn eerste schilderijen dag-
tekenen van 1827. Behalve Italiaanse landschappen schilderde hij op talrijke plaatsen in het bos van
Fontainebleau, zoals bij de Rochers du Calvaire en het Plateau de la reine Amélie. Verder werkte hij
op Corsica, in de Dauphiné, in Zwitserland en in Duitsland. Ook is er een aantal Nederlandse
landschappen van hem bekend. In 1835 kreeg hij een* médaille première classe *voor een van zijn
inzendingen op de Salon in Parijs.*

*Vaker dan andere schilders van de School van Barbizon zond hij werk in naar de tentoonstellingen
van Levende Meesters in België en Nederland. Zowel Italiaanse landschappen als bosgezichten uit
de omgeving van Barbizon waren regelmatig in Amsterdam, Den Haag, Brussel of Antwerpen te
zien. Koning Willem II bezat een van zijn Italiaanse landschappen.*

*In de Kunstkronijk van 1875 werd zijn overlijden bekend gemaakt; in een kort in memoriam stond
te lezen: 'hij onderscheidde zich reeds jong door zijn handig en fijn penseel. Ook in Holland was hij
sinds lang gunstig bekend, hoewel hij er in de laatste jaren minder exposeerde. In Den Haag behaalde hij eene medaille'.*

**Fontainebleau** ○ OLIEVERF OP DOEK ○ 32,5 X 45 ○ GESIGN. L.O.: A.G. LAPITO ○ MUSÉE DE PICARDIE, AMIENS          **65**

Lapito is één van de vergeten voorlopers
van de School van Barbizon, in zijn klassicistische opvatting van het landschap
nauw verwant aan Caruelle d'Aligny.
(Vgl. cat. no. 1, 2) Hij was een leerling
van Watelet en Heim. Zijn eerste presentatie op de Parijse *Salon* vond plaats in
1827. In Nederland nam hij zeer regelmatig deel aan de tentoonstellingen van
Levende Meesters, waar zijn werk doorgaans goed ontvangen werd (zie p. 64).
Dit rotslandschap, ontstaan in de omgeving van Barbizon, doet sterk denken
aan een ander werk van Lapito uit 1846,
*Vue prise dans la forêt de Fontainebleau, lieu-
dit les quatre Fils-Aymon,* nu in het museum van Villefranche-sur Saône.
Baudelaire schreef naar aanleiding van
de *Salon* van 1846 dat er bepaalde kunstenaars waren die de natuur idealiseerden
zonder het te weten; tot die categorie rekende hij ook Lapito.

lit.: vgl. cat. tent. *Le Musée du Luxembourg en 1874.*
Grand Palais, Parijs 1974, p. 116, no. 144

# Eugène-Antoine Lavieille (Parijs 1820 – Parijs 1889)

*Antoine Lavieille was een broer van de houtgraveur Jacques-Adrien Lavieille, bekend om zijn gravures naar Millet en andere kunstenaars uit de School van Barbizon. Antoine was in 1841 leerling van Corot en behoorde tot de vriendenkring van Diaz, Rousseau, Brascassat, Anastasi, Léon Fleury, Daubigny, Chintreuil en Aligny. Bij het huwelijk van Millet trad hij op als getuige.*
*Nadat Lavieille al diverse keren bij Ganne gelogeerd had, waarbij hij meewerkte aan de decoratie van de herberg, betrok hij in 1852 een huis aan de Grande Rue in Barbizon met uitzicht op de rand van het bos van Bas-Bréau. Hij had een voorkeur voor wat droefgeestige winterse landschappen en vooral ook voor avondstemmingen, die regelmatig op de Salon tentoongesteld werden. Sommige van Corot toegeschreven werken zijn in werkelijkheid van de hand van Lavieille.*

**66    Ven in het woud** Mare dans la forêt ○ OLIEVERF OP KARTON ○ 23,5 X 37,5 ○ GESIGN. L.O.: EUGÈNE LAVIEILLE ○ COLL. VILLE DE FONTAINEBLEAU ○ INV. NO. 10

Lavieille behoorde tot de groep van 'peintres à Ganne', die zeer regelmatig in de Barbizonse herberg verbleven.
Hij was de favoriete leerling van Corot.
Hij maakte deel uit van de vriendenkring van Daubigny, Rousseau en Diaz, en trad op als getuige bij het huwelijk van Millet. Naar aanleiding van zijn inzending op de *Salon* van 1855 *Barbizon en janvier* schreef Baudelaire:
'Eugène Lavielle is een heel levendige Parijzenaar die het hele jaar in Barbizon te midden van de bossen doorbrengt'.
In dit gezicht op het bos van Fontainebleau weet Lavieille een helderheid te bereiken die welhaast aan een aquarel doet denken.

lit.: M.-Th. de Forges, *Barbizon, lieu-dit*, Parijs 1962, p. 11
Bouret, p. 89
vgl. cat. tent. *Barbizon au temps de J.-F. Millet*, Barbizon 1975, p. 250-251

# Georges Michel (Parijs 1763 – Parijs 1843)

Over het leven van Michel is weinig bekend. De voornaamste bron waarover we beschikken is de biografie die Sensier dertig jaar na de dood van de kunstenaar schreef en die niet erg betrouwbaar blijkt. Al op twaalfjarige leeftijd was Michel in de leer bij een historieschilder. Rond 1778 zou hij in het atelier van Carle Vernet gewerkt hebben, waar hij achtergronden mocht schilderen. In opdracht maakte hij voor de export bestemde kopieën naar Ruisdael, Hobbema en Rembrandt, die van grote invloed op zijn werk waren. Omdat hij geen lid was van de Académie royale de peinture mocht hij niet deelnemen aan de Salons en was hij afhankelijk van kunsthandelaars en een klein aantal particulieren – waaronder de baron d'Ivry – die de verdiensten van zijn werk onderkenden. Daarnaast gaf hij wat tekenlessen.

Rond 1800 was hij werkzaam als restaurateur in het Louvre. In drift, zo gaat het verhaal, wierp hij een vrouw die hem bedrogen had, uit een venster; hiervoor werd hij in 1804 ter dood veroordeeld. Door zich schuil te houden in de bossen van Fontainebleau wist hij aan de justitie te ontkomen. Zijn voornaamste werkterrein was de heuvelachtige omgeving van Montmartre, gekenmerkt door talrijke molens, waar hij tekeningen maakte opgewerkt met aquarel, die soms doen denken aan Cuyp. Sommige van zijn geschilderde landschappen vertonen in de afwisseling van licht en schaduw een zo sterke gelijkenis met die van Rembrandt, dat zij hiermee meer dan eens verward zijn.

In 1813 opende Michel een winkeltje in curiosa, meubelen en schilderijen om in zijn levensonderhoud te voorzien. Hij ging steeds geïsoleerder leven en gaf zich niet langer de moeite zijn schilderijen tentoon te stellen of te verkopen. In 1821 kocht baron d'Ivry bijna zijn gehele voorraad op, maar in 1830 kwam het door politieke meningsverschillen tot een breuk met deze beschermheer. Pas toen Michel in 1841 uit armoede genoodzaakt was enkele duizenden studies en tekeningen te veilen, werd hij ontdekt door een aantal kunstenaars, waaronder Dupré en Jacque, die werk van hem kochten uit bewondering voor de krachtige, vrije toets. Kort na zijn dood vestigde Thoré-Bürger de aandacht op Michel door een biografisch artikel waarin hij hem afschilderde als een dronkaard. Michel heeft zelf niet in Barbizon gewerkt, maar de schilders van Barbizon waren de voornaamste verzamelaars van zijn werk. Kunstenaars als Jacque en Dupré werden sterk door hem beïnvloed.

Georges Michel wordt traditioneel tot de voorlopers van de School van Barbizon gerekend. Zijn landschappen met sterke *clair-obscur* effecten hebben, achteraf bezien, veel bijgedragen tot de ontwikkeling van de landschapskunst in Frankrijk aan het begin van de 19de eeuw. Van rechtstreekse contacten tussen Michel en de schilders van Barbizon is echter naar alle waarschijnlijkheid geen sprake geweest. Sensier schreef later: 'Niemand heeft hem gekend als één van diegenen die met onze jonge schilders omging; zij hadden in hun jonge jaren nooit van hem gehoord'.

Pas in 1846, drie jaar na zijn dood raakte Michel algemeen bekend door een artikel van de criticus Thoré, de vriend van Rousseau. De bewondering voor Michel in de kringen van Barbizon-schilders, met name Charles Jacque en Jules Dupré was al begonnen na een grote publieke veiling van zijn werk. Zijn inspiratie op de Nederlandse landschapskunst werd algemeen herkend. P. ten Doesschate Chu noemt hem in haar studie *French Realism and the Dutch masters* (Utrecht 1974, p. 20): '... a somewhat isolated figure in the history of French art, a prophet rather than a pioneer'.

lit.: A. Sensier, *Etude sur Georges Michel*, Parijs 1873, p. 51
G. Pudelko, 'Georges Michel', *Gazette des Beaux-Arts*, XVII (1937). p. 234

Michel was vooral bekend om zijn zware wolkenluchten en zijn schitterende, haast monochrome effecten in het landschap, waarin de Franse liefhebbers de echo van de Hollandse meesters uit de Gouden Eeuw herkenden. Al spoedig kreeg Michel, die veel in de nabije omgeving van Parijs werkte, de bijnaam 'le Ruisdael de Montmartre'.

69 **Drie molens in Montmartre** Trois moulins à Montmartre ○ OLIEVERF OP PAPIER OP DOEK ○ 49,5 X 69 ○
RIJKSMUSEUM H.W. MESDAG, DEN HAAG ○ INV. NO. 260

Mesdag kocht dit schilderij met zijn Rembrandtieke licht- en donkerwerking bij de kunsthandel Boussod, Valadon & Cie in 1897. De datering van de schilderijen van Michel is moeilijk aan te geven, aangezien hij zijn werken zelden van een jaartal of zelfs maar een signatuur voorzag.

lit.: A. Sensier, *Etude sur Georges Michel*, Parijs 1873, cat. no. 134
cat. tent. *Paris vue par les maîtres de Corot à Utrillo*, Musée Carnavalet, Parijs 1961, no. 35
Mesdag no. 260
cat. tent. *French paintings from the Mesdag Museum*, Londen 1969, no. 21

Een variant op dit schilderij wordt vermeld in de œuvre-catalogus van Alfred
Sensier (no. 4, *Le four à plâtre).* In de vroege jaren van de 19de eeuw was het nog
uitzonderlijk om bouwsels die met industrie van doen hadden, op schilderijen
uit te beelden.

lit.: vgl. A. Sensier, *Etude sur Georges Michel,* Parijs 1873,
p. 137
cat. *National Gallery of Scotland, Illustrations,* Edinburg
1980, p. 87

Naast de dreigende onweerslandschap-
pen die Michel zijn bekendheid verleen-
den, maakte hij ook vriendelijke pastora-
les, die door beoefenaars van het *genre
intime,* zoals Rousseau, wel gewaardeerd
werden. Toch is van Rousseau een uitspraak bekend, dat hij vreesde dat de navolging van Michel door jonge schilders
een funest gevolg zou kunnen hebben,
ondanks de kwaliteiten die hij zelf in
zijn werk zag. 'Ze zullen hem imiteren
zonder hem te begrijpen', zei Rousseau.

lit.: A. Sensier, *Etude sur Georges Michel,* Parijs 1873, p. 84
cat. *National Gallery of Scotland, Illustrations,* Edinburg
1980, p. 88

# Jean-François Millet (Cruchy 1814 – Barbizon 1875)

*Als boerenzoon kwam Millet in 1833 in Cherbourg in de leer bij de portretschilder Bon Dumouchel. Vervolgens was hij leerling van Langlois, die er voor zorgde dat Millet een stipendium kreeg van het gemeentebestuur van Cherbourg, waardoor hij naar Parijs kon gaan om zich daar verder te ontwikkelen. Hij werkte in het atelier van Delaroche en bestudeerde de oude meesters in het Louvre. Met het maken van portretten en pastels in de stijl van Boucher en Watteau hield hij het hoofd boven water. In 1840 werden twee van zijn portretten toegelaten tot de Salon, maar inmiddels was hij zich ook gaan toeleggen op het schilderen van genrestukken en landschappen. In Cherbourg en Le Havre wachtte hem een carrière als portretschilder, maar hij verkoos toch het armoedige bestaan in Parijs. Hier leerde hij in 1846 zijn trouwste vriend en latere biograaf Alfred Sensier kennen en kwam hij in contact met Troyon, Diaz, Jacque, Rousseau en Dupré.*

*In 1847 maakte Millet de eerste schetsen voor De zaaier. Toen er in 1849 in Parijs cholera heerste besloten Millet en Jacque met hun gezin de stad te verlaten. Zij trokken in de richting van Fontainebleau en kwamen terecht in Barbizon. De schitterende bossen waren een openbaring voor hen en zij besloten in het dorp te blijven. Millet voltooide er De zaaier (Metropolitan Museum) en De schovenbinders (Louvre), die in 1850 op de Salon in Parijs tentoongesteld werden. Veel steun kreeg hij van Sensier die verf en schilderslinnen voor hem aanschafte en – zij het voor kleine bedragen – zijn schilderijen en tekeningen kocht.*

*Behalve boeren schilderde Millet ook landschappen in de bossen en op de vlakte van Chailly. Zijn vriendschap met Jacque en Sensier duurde voort, maar ook werkte hij samen met Diaz, Rousseau, Lavieille en Barye. In 1855 maakte Millet zijn eerste etsen. Toen in 1857 zijn* Arenleesters *op de Salon geëxposeerd werd, leidde dit tot controverses onder de critici. Inmiddels ging Millet gebukt onder schulden en een slechte gezondheid, terwijl zijn gezin zich bijna jaarlijks uitbreidde. Zijn negende en laatste kind werd geboren in 1863.*

*Millet verkocht zijn werken voor minimale prijzen, bijvoorbeeld aan Jacque, die ze met winst verkocht, wat in 1861 leidde tot een definitieve breuk tussen de twee vrienden. Vanaf de jaren 'zestig ging het echter beter. Een ware triomf was de Wereldtentoonstelling van 1867 waar hij werd onderscheiden met een* médaille première classe.

*Millet werd in 1875 begraven naast Rousseau op het kerkhofje van Chailly. In datzelfde jaar bezocht Van Gogh in Parijs de kijkdag van een veiling van Millet's tekeningen. Toen hij de zaal binnenkwam dacht hij: 'Neem uw schoenen van uwe voeten, want de plek waar gij staat is heilig land'.*

**72    Een huis in het gehucht Gruchy-Gréville met uitzicht op zee** Une maison du hameau de Gruchy-Gréville avec vue sur la mer○OLIEVERF OP DOEK○46 X 55,5○GESIGN. R.O.: J.F. MILLET○RIJKSMUSEUM KRÖLLER-MÜLLER, OTTERLO○INV. NO. 526-11

Over de titel van dit schilderij is veel onenigheid geweest. Het stond aanvankelijk bekend als *Het geboortehuis van Millet in Gréville,* maar nader onderzoek wees uit dat het huis van de ouders van Millet niet aan zee grensde. De hier gehanteerde titel is ontleend aan L. Soullié, *Jean-François Millet. Les grands peintres aux ventes publiques,* Parijs 1900, p. 39 waarin verwezen wordt naar de veiling van werken van Millet na zijn overlijden in 1875. (cat. no. 13).

In 1853 reisde Millet van Barbizon naar Gruchy om de begrafenis van zijn moeder bij te wonen. In 1854 keerde hij er terug, en bleef er toen de hele zomer. In dat jaar maakte hij in Gruchy twee schetsen en vervolgens dit schilderij.

In 1965 maakte hij een repliek in groter formaat, nu in The Museum of Fine Arts in Boston. Dit museum bezit nog een tweede versie uit 1866, die werd tentoongesteld op de *Salon* van dat jaar.

Het hier afgebeelde schilderij was aan het eind van de 19de eeuw al in Nederlands bezit; het maakte aanvankelijk deel uit van de collectie De Kuyper. (vgl. p. 74-80). In 1892 hing het op de Millet-tentoonstelling in 'Pulchri Studio' in Den Haag (no. 9).

lit.: D. Durbè, *La Scuola di Barbizon,* Milaan 1969, afb. 27
cat. *Schilderijen van het Rijksmuseum Kröller-Müller,* Otterlo 1970, p. 201, n o. 150
vgl. cat. tent. *Jean-François Millet,* Londen 1976, no. 112
vgl. cat. tent. J.-F. Millet, Museum of Fine Arts, Boston 1984, CAT. NO. 74, no. 11 (End of the Hamlet of Gruchy I, II)

**De wolkaardster** La cardeuse ∘ OLIEVERF OP DOEK ∘ 88 X 55 ∘ GESIGN. R.O.: J.F. MILLET ∘ STEDELIJK MUSEUM, AMSTERDAM ∘ INV. NO. A 377

73

In de veilingcatalogus van Millets atelier in 1875 wordt een schets van een *Wolkaardster* (Cardeuse de laine, esquisse) vermeld, die gedateerd wordt circa 1853-1854 (Vente J.F. Millet [1875] no. 7). De formaten hiervan stemmen echter niet overeen met dit schilderij. In de collectie Weil in Washington bevindt zich het veel meer gedetailleerde schilderij *Une femme cardant de la laine* uit 1863, waarvan de compositie slechts in kleine onderdelen afwijkt van het Amsterdamse stuk. Met dit latere werk exposeerde Millet op de Parijse *Salon* van 1863 (no. 1326), en daarna in Brussel.

lit.: cat. *Stedelijk Museum,* Amsterdam 1922, no. 321
vgl. cat. tent. *Jean-François Millet,* Londen 1976, no. 86, p. 140

**Broodbakkende vrouw of De oven** La boulangère, ou Le four ∘ OLIEVERF OP DOEK ∘ 55 X 46 ∘ GESIGN. R.O.: J.F. MILLET ∘ RIJKSMUSEUM KRÖLLER-MÜLLER, OTTERLO ∘ INV. NO. 525-18

74*

In een brief van 19 januari 1854 meldde Millet, dat hij dit schilderij voor 800 Francs verkocht had. Van deze voorstelling van een broodbakkende vrouw bestaan ook tekeningen, één in het Fogg Art Museum in Cambridge, Massachussetts, en één in de collectie Lamb in Boston.
Millet wist op bijzondere wijze de inspanning die het zware werk kost, tot uitdrukking te brengen. De houding is ontleend aan een vergelijkbaar stuk, genaamd *Les Boulangers* 1848 uit het bezit van Sensier.
Het hier afgebeelde schilderij maakte deel uit van diverse Hollandse collecties, zoals de verzameling Verstolk Völcker, Preyer en Langerhuizen, voor het in bezit kwam van de familie Kröller.

lit.: A. Sensier, *La vie et l'œuvre de J.-F. Millet,* Parijs 1881, p. 152, 191
D. Durbè, *Courbet e il realismo francese,* Milaan 1969, afb. 29
cat. *Schilderijen van het Rijksmuseum Kröller-Müller,* Otterlo 19970, p. 200, 201
vgl. A.R. Murphy, *Jean-François Millet,* Boston 1984, fig. 12

Millet schreef aan Thoré over dit thema:
"In *De vrouw die zojuist water heeft geput* heb
ik geprobeerd het zo te maken dat het
niet een draagster is of zelfs niet een
dienstmeisje, maar een vrouw die net
water heeft geput voor huiselijk gebruik,
water om soep van te koken voor haar
man en haar kinderen; en dat ze er precies uitziet alsof ze volle emmers moet
tillen, en dat je door de grimas die ze
maakt, gedwongen door het gewicht dat
haar armen moeten torsen, en door de
samengeknepen ogen tegen het licht in,
een vermoeden krijgt van boerse goed-
heid". Uit deze woorden wordt duidelijk
hoeveel aandacht Millet besteedde aan
de uitdrukking van zijn figuren.
Dit schilderij is de voorstudie van een
uitgewerkt stuk *Paysanne revenant du puits*
(1855-1862) in de collectie van de IBM
Corporation in New York, vroeger verzameling Vanderbilt.

lit.: A. Sensier, *La vie et l'œuvre de J.-F. Millet,* Parijs 1881,
p. 209, 210 (citaat brief van Millet aan Thoré,
18 februari 1862)
vgl. cat. tent. *Jean-François Millet,* Londen 1976, no. 83,
p. 135, 136
vgl. veiling Vanderbilt, New York (Sotheby's Parke-
Bernet) 18 nov. 1945, no. 53

76   **Vrouw, haar kind voedend (De pap)** Femme faisant manger son enfant (La bouillie) ○ OLIEVERF OP DOEK ○
114 X 99 ○ GESIGN. R.O.: J.F. MILLET ○ MUSÉE DES BEAUX-ARTS, MARSEILLE ○ CAT. NO. 36 ○ AANGEKOCHT IN 1869**

Dit schilderij werd geëxposeerd op de
Parijse *Salon* van 1861 (no. 2253). In datzelfde jaar maakte Millet een ets naar dit
schilderij als illustratie bij een artikel
over zijn grafiek door Philippe Burty in
de *Gazette des Beaux-Arts* van 1 september.
In die tijd was Millet een zeer omstreden
kunstenaar, wiens boerenfiguren als lelijk
en schokkend werden beschreven.
De tederheid van uitdrukking in het
moederlijke gebaar ontging de reactionaire critici, die hun best deden om Millet af te schilderen als een brute revolu-
tiekraaier. Jozef Israëls heeft waarschijnlijk via het artikel in de *Gazette des Beaux-
Arts* kennis genomen van deze voorstelling, die hij in 1867 in een eigen versie
schilderde – thans bekend als *The Cottage
Madonna,* (zie afb. 73, 74) in de collectie
van The Detroit Institute of Arts.

lit.: A. Sensier, *La vie et l'œuvre de Jean-François Millet,*
Parijs 1881, p. 205, 206, 215
cat. *Musée des Beaux-Arts,* Marseille 1964, no. 36
cat. tent. *Jean-François Millet,* Londen 1976, no. 82, p. 135

Dit schilderij, één van de opmerkelijkste landschappen uit het œuvre van Millet, werd gemaakt in opdracht van de heer F. Hartmann in Münster (Elzas) voor een cyclus van de vier jaargetijden. Millet voltooide er maar drie. Soullié beschreef in 1900 het werk als volgt: 'Een betoverende impressie van de lente, waarvan Millet het motief heeft aangetroffen achter zijn huis in Barbizon'. Millets huis biedt aan de achterzijde tegenwoordig een geheel andere aanblik; bovendien was het in dit geval Millet in het geheel niet te doen om een precieze weergave van een herkenbare plek in Barbizon. Het schilderij ontstond tussen 1868 en 1873. Het is interessant het stuk van Millet te vergelijken met een landschap van de Haagse School-schilder Willem Roelofs, getiteld *De regenboog* uit 1874/75, nu in het Haags Gemeentemuseum. Ook de Belgische schilder Hippolyte Boulenger schilderde een landschap met regenboog, getiteld *Na het onweer* in 1871, in de collectie Sepulchre te Kraainem.

Of Roelofs en Boulenger het werk van Millet gekend hebben, is niet bekend.

lit.: L. Soullié, *Jean-François Millet, Les grands peintres aux ventes publiques*, Parijs 1900
cat. tent. *Het Franse landschap van Poussin tot Cézanne*, Rijksmuseum, Amsterdam 1951, no. 80
Bouret p. 219
cat. tent. *Jean-François Millet*, Londen 1976, no. 147, p. 218, 219
vgl. cat. tent. *De Haagse School*, Parijs, Londen, Den Haag 1983, no. 117 (Roelofs)
vgl. cat. tent. *Het landschap in de Belgische Kunst 1830-1914*, Museum voor Schone Kunsten, Gent 1980, no. 100, p. 118, 125 (Boulenger)

Deze omvangrijke schets ontstond twee jaar voor de dood van Millet. De oude molen ligt op een kleine heuvel in de onmiddellijke omgeving van Chailly-en-bière, vrijwel temidden van de vlakte die Millet als achtergrond voor zijn beroemde *Angelus* gebruikte. De ruïne staat nog overeind, maar is tegenwoordig door hoge bomen omgeven, terwijl in de tijd van Millet de entourage nog kaal was. Achter de molen ligt nu een restaurant in de vorm van een namaakchâlet. Schapen zijn in de omgeving niet meer te vinden. Het schilderij maakte deel uit van de Millet-tentoonstelling in 'Pulchri Studio' in Den Haag in 1892 (uitgeleend door Mesdag, cat. no. 16).

lit.: E. Moreau-Nélaton, *Millet raconté par lui-même*, Parijs 1921, dl. III, afb.292, p. 92
Mesdag no. 263

# Théodore Rousseau  (Parijs 1812 – Barbizon 1867)

Rond 1821 kreeg Rousseau - zoon van een kleermaker – zijn eerste lessen in het schilderen van een oom. Hij werkte in het atelier van Rémond en Guillon-Lethière, kopieerde in het Louvre en trok rond in de omgeving van Parijs op zoek naar motieven. In 1829 kwam Rousseau in de streek rond Fontainebleau, waar hij schilderde in de plaatsjes Chailly en Moret. In 1830 maakte hij een tocht door het ruige landschap van Auvergne. De schetsen van deze reis werden afgekeurd door Rémond, maar Ary Scheffer vond ze zo prachtig dat hij ze ophing in zijn atelier. Hierna volgden reizen naar Normandië, Zwitserland en de Jura, waar hij de schetsen maakte voor zijn Descente des vaches. Wanneer hij in Parijs was trof hij in Le cheval blanc collega's als Decamps, Huet, Diaz en Cabat. Huet, Dupré en Thoré-Bürger behoorden tot zijn beste vrienden. In 1836 logeerde Rousseau voor het eerst in Barbizon, waar hij Aligny en Diaz ontmoette. Hij schilderde in de vlakte van Macherin, de Gorges d'Apremont en in Bas-Bréau. In dat zelfde jaar werd de Descente des vaches geweigerd op de Salon. Ary Scheffer stelde het schilderij met een aantal geweigerde stukken van andere kunste- naars, tentoon in zijn atelier. In Barbizon ging Rousseau zich steeds meer toeleggen op boomstudies. Vaak trok hij er samen met Diaz op uit. Ook met Decamps, Barye en Dupré werkte hij samen. Co- rot leerde hij kennen in 1840. Telkens werd Rouseau's werk op de Salon in Parijs geweigerd, wat hem in 1841 deed besluiten niet meer in te zenden. Mogelijkheden om toch te exposeren vond hij in steden als Rouen en Nantes. Met Dupré maakte hij een reis naar Les Landes en de Pyreneeën in 1844 die buitengewoon inspirerend op hen werkte en het jaar daarop vertoefden zij in l'Isle-Adam, waar ze schitterende herfstlandschappen schilderden. In dat zelfde jaar maakte Rousseau kennis met zijn latere biograaf Alfred Sensier. In 1847 huurde Rousseau een huis in Barbizon. De critici waren hem nu allengs wat beter gezind en in 1849 werd hij zelfs bekroond met een medaille première classe op de Salon, waar dertien jaar geen werk van hem te zien was geweest. Rousseau was nu een erkend en zelfs gezocht schilder. In 1854 werd hij benoemd tot lid van de Akademie van Beeldende Kunsten in Amsterdam. De ergste financiële zorgen waren voorbij; hij was zelfs in staat Millet zo nu en dan bij te staan. Toch zou hij nog regelmatig verkopingen van zijn werk moeten organiseren om zijn schulden te kunnen betalen. In 1867 fungeerde hij als voorzitter van de jury voor de Wereldten- toonstelling. Zijn eigen werk werd onderscheiden en bejubeld door de critici. Kort daarop stierf hij.

79* **Landschap (onvoltooide schets)** Paysage○PENTEKENING EN OLIEVERF OP PAPIER OP DOEK○30 X 40○GEMON. L.O.: TH.R.○MUSEUM VOOR SCHONE KUNSTEN, GENT○INV. NO. 1934-B○SCHENKING HULIN DE LOO

In tegenstelling tot de schilders Cabat, Flers, Diaz, Troyon en Dupré, met wie Rousseau vaak werd vergeleken, had Rousseau een klassieke academische op- leiding achter de rug als leerling van Guillon-Lethière en Rémond. De overi- gen waren hun carrière begonnen als porseleinschilders en autodidacten. Dit onvoltooide werk doet denken aan één van de vroegste werken van Rousseau, l'Ancien Télégraphe à Signaux de Montmartre uit 1826. Deze schets zou ont- staan kunnen zijn tijdens Rousseau's eer- ste omzwervingen in de omgeving van Barbizon, Chailly en Moret in 1827.

lit.: cat. *Museum voor Schone Kunsten*, Gent, no. 125, afb. C
vgl. cat. tent. *Théodore Rousseau 1812-1867*, Parijs 1968,
no. 1: *l'Ancien Télégraphe de Montmartre*, p. 1

**Studie van rotsen en bomen geschilderd te Fontainebleau in 1829** Etude de rochers et d'arbres
peint à Fontainebleau en 1829 ○ OLIEVERF OP DOEK ○ 53,5 X 70,3 ○ GESIGN. L.O.: TH. ROUSSEAU ○ MUSÉE DES
BEAUX-ARTS, STRAATSBURG

**80**

Bij het lezen van het boek van Valenciennes (zie p. II e.v.) lijkt het of
Rousseau sommige adviezen letterlijk
heeft nagevolgd: 'Vergeet niet om wat
geschilderde studies te maken van
mooie, losstaande bomen of boomgroepen. Let op de details van het boomschors, het mos, de wortels, de vertakkingen en de klimop die er om heen
groeit en er aan vast zit; kies vooral goed,
en bestudeer de verscheidenheid van het
bos, het schors, en het gebladerte, want
dat is heel belangrijk. Zoek mooie bladerbossen uit die u grote vlakken opleveren met licht-donker effecten'.

lit.: P.H. Valenciennes, *Elémens de perspective pratique à
l'usage des artistes, suivis de Réflexions et conseils à un élève sur
la peinture, et particulièrement sur le genre du paysage,*
Parijs 1820, p. 340
zie ook: N. Green, cat. tent. *Théodore Rousseau 1812-1867*
Norwich, Londen 1982, p. 7-14

**Studie van een liggende boomtak** Etude ○ OLIEVERF OP DOEK OP PANEEL ○ 32 X 57 ○ MUSEUM BOYMANS-VAN
BEUNINGEN, ROTTERDAM ○ INV. NO. 2158

**81***

Deze studie moet rond dezelfde tijd zijn
ontstaan als cat. no. 80. Weer komen de
raadgevingen van Valenciennes naar boven: 'Kijk eens hoe de bladeren helder
uitkomen tegen een vlak dat zwart lijkt.
Dat zijn nu de studies die men naar de
natuur moet schilderen om de waarheid
te pakken te krijgen, waarom zich de
kunstenaars te weinig bekommeren.
Natuurlijk komen deze studies niet in de
plaats van schilderijen; maar men moet
ze in portefeuille bewaren, om ze te
raadplegen en er bij gelegenheid zijn
voordeel mee te doen'.

lit.: P.H. Valenciennes, *op. cit.* (cat. no. 80) P. 340

Dit schilderij, oorspronkelijk afkomstig uit de Berlijnse collectie Stronberg (1874) droeg aanvankelijk als titel *Le pêcheur.* Het dateert naar alle waarschijnlijkheid uit 1830, toen Rousseau naar Auvergne trok na de teleurstellende ervaring in 1829, toen zijn inzending om mee te dingen naar de *Prix-de-Rome de paysage historique* werd afgewezen. Rousseau zocht het ruige landschap van La haute Auvergne, en schilderde het in felle contrasten. Zijn leermeester Rémond had er geen goed woord voor over, maar Ary Scheffer herkende er onmiddellijk kwaliteit in, en bood de jonge Rousseau zijn protectie. H.Toussaint veronderstelt dat dit schilderij geïdentificeerd zou kunnen worden met *Site d'Auvergne,* een werk dat Rousseau inzond naar de *Salon* van 1831.

lit.: H. Toussaint, cat. tent. *Théodore Rousseau 1822-1867,* Musée du Louvre, Parijs 1968. no. 6, p. 7
niet vermeld in: D. Hannema, *Beschrijvende catalogus van de schilderijen uit de kunstverzameling Stichting Willem van der Vorm,* Rotterdam 1962
vgl. een landschap uit 1831 van Huet, zie: P. Miquel, *Le paysage français au XIXe siècle,* Maurs-la-Jolie 1975, dl. III, p. 433

Dit schilderij is in opzet en kleurgebruik zeer verwant aan het Rotterdamse berglandschap (cat. no. 82); naar alle waarschijnlijkheid dateert het uit hetzelfde jaar, en is ook hier een landschap uit Auvergne afgebeeld. Duidelijk is de Hollandse 17de-eeuwse landschapskunst een bron van inspiratie geweest, met name Ruisdael. Bij een zeer recente restauratie van dit schilderij kwam een overgeschilderde zittende mansfiguur op de boomstronk links onder te voorschijn. Het is niet zeker of Rousseau eigenhandig deze ingreep heeft toegepast. Het schilderij maakte vroeger deel uit van de collectie Smit in Den Haag. Het werd tentoongesteld in Pulchri Studio in 1896 onder de titel *Vóór het onweder.*

**Studie van boomstronken** Etude de tronc d'arbres ○ OLIEVERF OP DOEK ○ 46 X 61 ○ GEMON. EN GEDAT. R.O.:
T.R. 1833 ○ MUSÉE DES BEAUX-ARTS, STRAATSBURG

84

Vanaf 1833 was Théodore Rousseau een regelmatige bezoeker van de wouden van Fontainebleau. In het najaar van dat jaar verbleef hij in de herberg *Le lion d'or* van mère Lemoine in Chailly-en-bière. De natuurstudies die Rousseau in die periode maakte, geven aan hoe serieus hij zijn taak als landschapschilder opvatte. Terwijl hij in een studie als deze oog had voor elk detail, was hij in een grote compositie zonder meer in staat om het geheel in harmonie te houden en de details niet te laten overheersen.

**Schets voor 'De afdaling van koeien in de Jura'** Esquisse pour 'La descente des vaches dans le Jura ○
OLIEVERF OP DOEK ○ 115 X 60 ○ GESIGN. TH. ROUSSEAU ○ RIJKSMUSEUM H.W. MESDAG, DEN HAAG ○ INV. NO. 287

85*

Rousseau nam zich voor dit fascinerende thema te kiezen voor zijn inzending voor de Parijse *Salon*. Ary Scheffer bood hem zijn hulp aan en stelde hem een deel van zijn atelier aan de Rue Chaptal ter beschikking, omdat de kleine mansarde van Rousseau in de Rue Taitbout te beknopt was om grote schilderijen te maken. Het zou allemaal op een ernstige teleurstelling uitkomen. Het definitieve schilderij (nu in Museum Mesdag, Den Haag) werd door de jury van de *Salon* van 1836 geweigerd, en deze weigering zou het begin betekenen van een reeks van botsingen tussen Rousseau en de officiële kunstwereld van zijn tijd. Later verwierf Mesdag zowel de schets als het definitieve stuk. Van Gogh schreef in 1882 aan zijn broer Theo: 'Dezer dagen heb ik nog de tentoonstelling Fransche kunst gezien (aan de Boschkant) uit de collecties Mesdag, Post etc. Er is veel moois daar van Dupré, Corot, Daubigny, Diaz, Courbet, Breton, Jacque, etc. Ik vond bijzonder mooi ook die groote schets van Th. Rousseau uit de collectie Mesdag: een drift koeien in de Alpen' (zie *Verzamelde brieven van Vincent van Gogh*, Amsterdam 1973, deel I, p. 409, brief no. 215).

lit.: A. Sensier, *Souvenirs sur Th. Rousseau*, Parijs 1872, p. 76
P. Dorbec, *Th. Rousseau*, Parijs 1910
M.-Th. de Forges, 'La descente des vaches de Théodore Rousseau', *La Revue du Louvre*, no. 2 (1962), p. 85
Mesdag no. 287
cat. tent. *Théodore Rousseau 1812-1867*, Parijs 1968, no. 14, p. 18, 19
vgl. *Barbizon revisited*, no. 88, p. 175

Dit schilderij met als ondertitel *Aube d'u-ne matinée à la fin de l'été* ontstond in 1833; een tweede riviergezicht ontstond in hetzelfde jaar: *La Vallée du Bas-Meudon et l'Ile Séguin,* nu in de Nationalgalerie van Praag. De voorkeur voor panoramische landschappen was ontwikkeld aan de hand van voorbeelden van Paul Huet, die onder andere een wijds gezicht op Rouen schilderde. Ook in Nederland vinden we in dezelfde periode navolgers van het panoramische landschap, zoals Andreas Schelfhout, Wijnand Nuyen en J.H. Weissenbruch.

lit.: cat. *Etudes peintes de Théodore Rousseau,* Cercle des Arts, Parijs 1867, no. 41
A. Sensier, *Souvenirs sur Th. Rousseau,* Parijs 1872, p. 40
cat. tent. *Théodore Rousseau (1812-1867),* Parijs 1968, no. 8, p. 10, 11

87  **De ven** La mare ○ OLIEVERF OP DOEK ○ 41 X 64 ○ GESIGN. L.O.: TH. ROUSSEAU ○ MUSÉE ST. DENIS, REIMS ○ LEGS H. VASNIER

Op instigatie van Jules Dupré verbleef Rousseau van juni tot december 1842 in Hameau du Fay in de Berry. Dit schilde-rij ontstond daar en werd voltooid in Pa-rijs in 1843. Het betekende na de moeilij-ke tijden voor Rousseau in de jaren 'der-tig een keerpunt in zijn artistieke ont-wikkeling. Het schilderij is nauw ver-want met *'s Avonds onder de heesters (Sous les hêtres le soir,* dit *Le curé)* nu in The Toledo Museum of Art (Toledo, Ohio). Rous-seau paste hierbij een compositievorm toe, waarbij hij de bomenrij bijna op één lijn met de horizon plaatste; hij liet de bomen, fel belicht, contrasteren met de lucht er achter waardoor hun contouren zich scherp aftekenen.

lit.: L. Rosenthal, *Du Romantisme au Réalisme,* Parijs 1914, p. 276
cat. tent. *Théodore Rousseau (1812-1867),* Parijs 1968, no. 21, p. 32, 33
vgl. *Barbizon revisited,* p. 28
vgl. P. ten Doesschate Chu, *French realism and the Dutch Masters,* Utrecht 1974, p. 24

Tijdens een wandeling op het Ile de Croissy in 1847 zag Rousseau hoe houthakkers te werk gingen bij het neerhalen van oude eiken. Ze trokken ze om met touwen en ontdeden ze van hun takken. Rousseau was zo verontwaardigd, dat hij een emotionele schets van het gebeuren maakte (nu in het Musée de Bésançon).

Deze *en grisaille* uitgevoerde versie, die Rousseau tot een jaar voor zijn dood in zijn atelier bewaarde, had hij de bijnaam gegeven: *Moord op onschuldigen (Le massacre des innocents).* Mesdag kocht dit werk bij Goupil in 1890.

lit.: P. Burty, *Maîtres et petits maîtres, catalogue des études peintes de Th. Rousseau,* p. 85, no. 59
Mesdag no. 293
cat. tent. *Théodore Rousseau 1812-1867,* Parijs 1968, no. 35, p. 52, 53
cat. tent. *French Paintings from the Mesdag Museum,* Londen 1969, no. 30
Bouret p. 140

**La Mare-aux-fées, in het bos van Fontainebleau** La Mare-aux-fées à Fontainebleau○OLIEVERF OP PANEEL○ **89***

27,5 X 35○GESIGN. L.O.: TH. ROUSSEAU○RIJKSMUSEUM H.W. MESDAG, DEN HAAG○INV. NO. 290

Deze haast monochrome studie verwijst naar Rousseau's bewondering voor de Hollandse landschapschilders van de 17de eeuw, met name Jan van Goyen van wie Rousseau zelf een schilderij bezat. Eén van zijn leerlingen, L. Letronne, vertelde dat Rousseau hem zijn Jan van Goyen liet copiëren als oefening. Rousseau zei: 'Deze man heeft niet veel kleur nodig om een idee van ruimte te geven. Eventueel kunt u de kleur laten schieten, maar u kunt niets beginnen zonder harmonie'. Op grond van de veilingcatalogus van het bezit van Rousseau uit 1868, waar dit werk onder no. 64 vermeld staat, wordt deze studie gedateerd in 1849.

lit.: P. Burty, *Maîtres et petits maîtres,* Parijs 1877, p. 144, 145
Mesdag no. 290
cat. tent. *Théodore Rousseau 1812-1867,* Parijs 1968, no. 41, p. 62, 63

Rousseau bleek in staat de meest uiteenlopende stemmingen van het woud van
Fontainebleau weer te geven, nu eens in
een zeer tekenachtige stijl van werken,
dan weer schetsmatig en vrij. Het werk
doet denken aan Rousseau's *Monticule de
Jean de Paris, Effet du Matin.* (particuliere
collectie Parijs; zie cat. tent. *Théodore
Rousseau* (1812-1867), Parijs 1968, no. 38)

**91**    **Landschap bij Apremont** Paysage d'Apremont○OLIEVERF OP PANEEL○16,5 X 18○GEMON. L.O.: THR○RIJKSMUSEUM
TWENTHE, ENSCHEDE○INV. NO. 432

Op de *Salon* van 1859 verscheen van
Rousseau een schilderij dat bedoeld was
als een wintergezicht in een reeks van de
vier jaargetijden. Al in 1848 maakte
Rousseau de eerste voorstudies voor dit
schilderij, nu in de Ny Carlsberg Glypto-
tek in Kopenhagen. Andere voorstudies
bevinden zich in het Musée de Limoges,
en in het Twents Museum in Enschede.

lit.: cat. tent. *Collectie Scholten*, Rijksmuseum Twenthe,
Enschede 1972, no. 55
vgl. cat. tent. *Théodore Rousseau 1812-1867*, Parijs 1968,
no. 36 (Les Gorges d'Apremont)

**Een oude eik bij Fontainebleau** Un vieux chêne près de Fontainebleau · OLIEVERF OP DOEK · 81 X 100 ·
GESIGN. L.O.: TH. ROUSSEAU · GEMERKT R.O.: TH.R. · RIJKSMUSEUM H.W. MESDAG, DEN HAAG · INV. NO. 292

**92**

Over de datering van dit schilderij bestaan verschillende opinies. Claude
Aubry dateert het omstreeks 1938; Hélè-
ne Toussaint veronderstelt dat het no. 54
is uit de veiling van Rousseau's atelier in
1868, *L'arbre penché*, die in 1852 wordt geplaatst. Het is vooral interessant dit
schetsmatige werk te vergelijken met
*Groupe de chênes, Apremont* (cat. no. 93), dat
Rousseau voltooide in 1852.

lit.: Mesdag no. 292
P. Zilcken, 'Le Musée Mesdag à la Haye', *Revue de l'Art
Ancien et Moderne*, (1908), p. 309
cat. tent. *Théodore Rousseau 1812-1867*, Parijs 1968,
no. 45, p. 68, 69
D. Durbé, *La Scuola di Barbizon*, Milaan 1969, afb. 36

**Groep eiken, Apremont** Groupe de chênes, Apremont · OLIEVERF OP PAPIER OP DOEK · 63,5 X 99,5 ·
GESIGN. L.O.: TH. ROUSSEAU · MUSÉE DU LOUVRE, PARIJS · INV. NO. 1447***

**93***

Dit stralende, zomerse landschap in de
onmiddellijke omgeving van Barbizon
behoort tot de hoogtepunten uit het
oeuvre van Théodore Rousseau.
Met perfecte beheersing suggereert
Rousseau het effect van tegenlicht;
de bomen worden gezien vanaf hun
schaduwkant, en tekenen zich af tegen
de zondoorschenen zomerlucht.
Behalve de schaduw onder de bomen
lijkt het hele landschap te baden in het
licht. Zonder al te veel perspectivische
elementen weet Rousseau een enorme
ruimte aan te duiden. Het beperkte
kleurgebruik is duidelijk beïnvloed door
zijn monochrome studies. Het schilderij
maakte deel uit van de wereldtentoonstelling in Parijs van 1855 (*Exposition Universelle*, no. 1835).

lit.: A. Sensier, *Souvenirs sur Th. Rousseau*, Parijs 1872,
p. 213, 224
cat. tent. *Théodore Rousseau 1812-1867*, Parijs 1968, no. 46,
p. 70, 71
cat. tent. *Zurück zur Natur*, Bremen 1977/78, no. 111,
afb. 17

Deze schets, een eerste aanzet op doek voor een omvangrijk landschap, ontstond naar tekeningen die Rousseau maakte tijdens een reis door de Jura in 1863.
Hij bespotte de neo-classicistische landschapschilders en de beoefenaars van het *paysage historique* toen hij naar aanleiding hiervan schreef: 'Men hoeft niet naar Griekenland te gaan om net zulke grote poëtische figuren aan te treffen als de oude dichters. Kijk eens naar de Lizon, is die niet net zo mooi als de Eurotas'?

lit.: A. Sensier, E. Amand-Durand, *Etudes et croquis de Théodore Rousseau*, Parijs 1876, afb. 8
cat. tent. *Théodore Rousseau 1812-1867*, Parijs 1968, no. 83, p. 118

# Paul Désiré Trouillebert (Parijs 1829 – Parijs 1900)

*Na een leertijd in de ateliers van Hébert en Jalabert debuteerde Trouillebert op de Salon van 1865. Aanvankelijk maakte hij verdienstelijke genrestukken, portretten en naakten, maar hij ging zich steeds meer toeleggen op het schilderen van tonale landschappen in de late stijl van Corot. Ten onrechte heeft men wel aangenomen dat hij diens leerling is geweest. Eén van zijn werken maakte deel uit van de collectie van de schrijver Alexandre Dumas fils, die het van een kunsthandelaar had gekocht als een meesterwerk van Corot, wat uiteindelijk tot een geruchtmakend proces leidde. Toch waren zijn grijzige rivieroevers zeer gezocht, juist door hun gelijkenis met die van Corot die alleen voor een veelvoud te koop waren. Hij werkte vooral aan de oevers van de Loire, de Vienne en de Oise, waaraan hij telkens dezelfde motieven ontleende. Ook het Hollandse rivierlandschap heeft hij een aantal keren geschilderd.*

**Het woud van Fontainebleau** La forêt de Fontainebleau ○ OLIEVERF OP PANEEL ○ 26,5 x 39 ○          **95**
GESIGN. R.O.: TROUILLEBERT ○ VERSO: LA FORÊT, 25 JUIN 96 ○ COLL. VILLE DE FONTAINEBLEAU ○ INV. NO. 41

Trouillebert behoorde tot de late nabloei van de School van Barbizon. Zijn werk werd vaak vergeleken met Corot, en er soms ook mee verward. In dit gezicht op rotsen in het woud van Fontainebleau benaderde Trouillebert evenwel meer de landschapskunst van Diaz (vgl. cat. no. 41) en Jacque (vgl. cat. no. 62).

lit.: cat. tent. *Cent ans de paysage français*, Fontainebleau 1957, no. 98
cat. tent. *Maler der Schule von Barbizon*, Konstanz 1975, no. 25

# Constant Troyon (Sèvres 1810 – Parijs 1865)

*De ouders van Troyon waren als decoratieschilder werkzaam bij de* Manufacture de porcelaines in Sèvres. *Spelenderwijs werd de jonge Constant hier tot schilder geschoold. Of hij daarnaast ook een officiële opleiding heeft gevolgd, is niet bekend. Zijn eerste schilderijen dateren uit 1830. Mogelijk had hij toen al kennis gemaakt met Paul Huet, die net als Troyon zelf, vaak werkte in de bossen van Bas-Meudon. In de jaren daarna kwam hij in contact met Dupré, Rousseau, Diaz en Flers. Vooral Dupré had grote invloed op zijn werk. In 1833 exposeerde hij voor het eerst op de Salon, maar zijn werk werd door de kritiek geen commentaar waard geacht. Om aan geld te komen werkte hij als porseleindecorateur; ook maakte hij goedverkopende pastels met pikante voorstellingen op de manier van Watteau en Boucher.*

*Vanaf 1840 werkte hij regelmatig in het bos van Fontainebleau, waar hij in contact kwam met Cabat, Aligny en Français. Troyon, die behoorde tot de trouwste bezoekers van de herberg van Ganne, schilderde vaak bij de boerderijen in de omgeving van Barbizon. Steeds meer ging hij zich daarbij toeleggen op het schilderen van dieren. In 1844 exposeerde hij twee gezichten in het bos van Fontainebleau op de Salon die gunstig werden ontvangen. In datzelfde jaar was er ook werk van hem te zien op de tentoonstelling van Levende Meesters in Amsterdam; drie jaar later werd hij tot erelid van de Amsterdamse Academie benoemd.*

*In de kritiek werden zijn 'touches separées' nogal eens gehekeld. Dit naast elkaar plaatsen van toetsjes verf had hij van Huet geleerd, maar Huet zelf paste deze techniek alleen in zijn schetsen toe en nooit in zijn officiële werk voor de Salons. Juist om deze manier van schilderen werd Troyon door impressionisten als Boudin en Monet bewonderd.*

*In de jaren 'vijftig was de naam van Troyon gevestigd. Regelmatig exposeerde hij in het buitenland en in 1855 werd hij gekozen tot jurylid voor de Wereldtentoonstelling. Zelfs zijn eenvoudigste schetsen verkocht hij voor hoge bedragen.*

*In het overlijdensbericht van Troyon in de* Kunstkronijk *lezen we: Rijkdom van kleur, afwisseling van onderwerp, een krachtig, mannelijk schitterend penseel onderscheidden den kunstenaar, die, helaas! zijne laatste levensjaren in zinsverbijstering doorbragt'.*

**96** **Weidelandschap in Touraine** Pâturage en Touraine ○ OLIEVERF OP DOEK ○ 81 X 117 ○ GESIGN. L.O.: C. TROYON ○ NATIONAL GALLERIES OF SCOTLAND, EDINBURG ○ INV. NO. 1033

In 1847 maakte Troyon een reis naar Nederland, daartoe in staat gesteld door de opbrengst van zijn schilderijen die met succes waren tentoongesteld op de *Salon* van het voorafgaande jaar. In 1848 exposeerde hij een *Vue des environs d'Amsterdam* en *Vue des environs de La Haye*, en een *Paysage de Fontainebleau*.

Zijn landschappen, geïnspireerd door de Hollandse Meesters, werden eenvoudiger en breder van opzet; het spel van licht en donker kreeg een belangrijker rol, dan tevoren. Daarnaast is hier nog sprake van de invloed van de dierschilder Brascassat.

lit.: H. Dumesnil, *Troyon, souvenirs intimes*, Parijs 1888, p. 48
A. Hustin, *Constant Troyon*, Parijs 1892
cat. *National Gallery of Scotland, Illustrations*, Edinburg 1980, p. 144

Al in 1832 had Troyon kennis gemaakt met een aantal Barbizon-schilders, zoals Dupré, Rousseau, Diaz en Flers. Dupré zei eens tegen Decamps: "Ik heb zojuist een jongeman ontmoet, die, als hij waar maakt wat hij belooft, een groot schilder zal worden'. 'Hoe heet hij'? 'Troyon". Charles Blanc schreef dat Dupré zijn leermeester was geweest, zonder hem als leerling te hebben gehad. In dit bosgezicht is de doorwerking van de idealen der Barbizon-schilders duidelijk waarneembaar: een eenvoudig stukje natuur, en een scène uit het landleven zonder dramatische effecten, maar met een treffende verdeling van licht en donker.

lit.: P. Miquel, *Le paysage français au XIXe siècle*, Maurs-la-Jolie 1975, dl. II, p. 322
cat. *National Gallery of Scotland, Illustrations*, Edinburg 1980, p. 144

Vanaf 1854 bracht Troyon jaarlijks een bezoek aan zijn vriend Loisel, die er in Touraine een kennel van jachthonden op nahield. Vanaf dat jaar komen jachthonden regelmatig voor op de schilderijen van Troyon. Het is interessant om dit jachttafereel te vergelijken met de nog romantisch getinte jachtstukken van Decamps. (vgl. cat. no. 34, 37).

lit.: vgl. *Barbizon revisited*, cat. no. 106, p. 195, afb. 106

**99  Wijnoogst in Suresnes, Seine-et-Oise** Les vendanges à Suresnes, Seine-et-Oise ○ OLIEVERF OP DOEK ○ 138 X 96 ○
MUSÉE MUNICIPAL, LIMOGES ○ INV. NO. P 236 ○ DON NAPOLÉON III, 1863

In 1859 zond Troyon een veestuk met
het landschap van Suresnes in voor de
*Salon*, dat hem de bijnaam bezorgde van
'le Paul Potter français'. Deze *Wijnoogst*
is een veel minder gangbaar onderwerp,
vooral ook door het opmerkelijke ge-
zichtspunt met het panoramische landschap in het verschiet.
Alexandre Dumas zei over Troyon's inzending voor de *Salon* van 1859: "Wat ik
bij Troyon bewonder, is dat geen van
zijn schilderijen op elkaar lijken; elk
geeft me een nieuwe indruk". (in: *Le
Salon de* 1859, p. 23)

lit.: P. Miquel, *Le paysage français au XIXe siècle*, Maurs-la-
Jolie 1975, dl. II, p. 339

**100    Een pachter in zijn kar** Un fermier dans sa charette ○ OLIEVERF OP DOEK ○ 60 X 72,3 ○ MUSÉE DU MANS, LE MANS ****

Troyon koos dikwijls voor een compositievorm met een centrale figuur, of een
combinatie van mens en dier tegen een
heldere achtergrond. Soms wordt de figuur gezien met tegenlicht, soms juist
weer zoals in dit schilderij, fel beschenen
door zonlicht in een sterke *clair-obscur*
werking.

Troyon bracht aan het eind van de jaren
'vijftig regelmatig periodes in Honfleur
aan de Franse kust door. Daar ontmoette
hij Boudin, met wie hij soms samen-
werkte. Het *Strandgezicht* met zijn vissers-
werktuigen en de hoge krijtkust op de
achtergrond herinnert aan de Romantiek; de compositievorm lijkt ontleend
aan de strandgezichten van Eugène Isabey, die circa 1830 ontstonden.
Troyon paste echter een zeer schetsmatige schildertrant toe.

lit.: cat. *Alle schilderijen van het Rijksmuseum te Amsterdam*,
Haarlem 1976, p. 549

De uitbeelding van het boerenleven in
het œuvre van Troyon is veel minder
een commentaar op werk- en levensom-
standigheden dan bij Millet.

lit.: H. Dumesnil, *Troyon, souvenirs intimes*, Parijs 1888,
p. 103 (aangeduid als *Femme sur un âne*)
A. Hustin, *Constant Troyon*, Parijs 1893, p. 60
*Katalog der Meister des 19.Jahrhunderts in der Hamburger
Kunsthalle*, Hamburg 1969, p. 340

Hustin vermeldt dit schilderij in zijn boek over Troyon in de lijst van werken die geveild werden in januari 1866, kort na de dood van de kunstenaar. In zijn atelier trof men honderdvijftig voltooide schilderijen, meest landschappen met vee en enkele scènes uit het boerenleven aan. Daarnaast waren er nog tweehonderdvijftig schetsen en onvoltooide doeken, om maar te zwijgen van de talloze tekeningen en aquarellen. De veiling bracht meer dan 500.000 Francs op.

lit.: A. Hustin, *Constant Troyon*, Parijs 1893, p. 54 (verkocht voor 910 Francs aan Monsieur Brame) Ordrupgaard no. 110

**104**   **Schapen** Moutons ∘ OLIEVERF OP DOEK ∘ 61 X 74 ∘ STEMPEL: VENTE TROYON ∘ RIJKSMUSEUM H.W. MESDAG, DEN HAAG ∘ INV. NO. 319

De schilder Mesdag kocht dit schilderij van de kunsthandel Goupil & Cie in Parijs in 1881. Ook dit werk is afkomstig uit de veiling van het atelier van Troyon in januari 1866. (no. 163, bij Hustin vermeld als *Groupe de Moutons,* verkocht voor 1010 Francs aan Monsieur Bucquet). Het is merkwaardig, dat dit schilderij onder de serie van voltooide werken werd gerangschikt, en niet onder schetsen of onvoltooide werken. De opinie over het *fini* en *non-fini* was blijkbaar in de loop van de 19de eeuw al aanzienlijk gewijzigd, niet in de laatste plaats door toedoen van de schilders van Barbizon.

lit.: A. Hustin, *Constant Troyon*, Parijs 1893, p. 66, no. 163 Mesdag no. 319

Dit schilderij is een schets voor *Le Départ pour le marché,* tentoongesteld op de Parijse *Salon* van 1859. In het boek van Hustin is een over twee pagina's verdeelde houtgravure naar de uitgewerkte *Salon*-versie van dit schilderij afgebeeld, met als titel *Sur le chemin du marché.* Het Metropolitan Museum in New York is in het bezit van een repliek naar het grote *Salon*-stuk, gedateerd 1860, waarin de details veel dichter staan bij de definitieve versie dan bij de schets uit de collectie Mesdag, waarin Troyon nog onzeker is over de plaatsing van de schapen en de rol van de ruiter op de achtergrond. In een particuliere collectie in Den Bosch bevond zich een paneel met hetzelfde onderwerp (42,5 x 34,5), eerder bij Kunsthandel Huinck & Scherjon (1904).

De ezel van de boerenvrouw van de Kunsthalle in Hamburg (cat. no. 102), is vrijwel identiek met de ezel uit de *Salon*-versie van dit successtuk van Troyon, volgens Hustin, 'het laatste hoogtepunt van dit robuuste talent'.

lit.: A. Hustin, *Constant Troyon,* Parijs 1893, p. 24, 49
Mesdag no. 314
vgl. *French Paintings. A catalogue of the collection of the Metropolitan Museum of Art, XIX Century,* New York 1966, II, p. 76 (met afb.)
vgl. cat. tent. *French paintings from the Mesdag Museum,* Londen 1969, no. 31 (De datering 1859-1860 die hier wordt gegeven, is waarschijnlijk te laat; de voorstudie is vanzelfsprekend voorafgegaan aan het definitieve schilderij).

# De prentkunst van de School van Barbizon

John Sillevis

De kunstenaars van de School van Barbizon waren vaardige schilders, bekwame tekenaars[1] en sommigen van hen waren ook begaafde etsers en lithografen.
De prentkunst nam in de 19de eeuw een geheel nieuwe vlucht onder invloed van grafische technieken, die werden ingevoerd, of die een opleving doormaakten.
De uitvinding van de lithografie of steendruk in 1798 was een eerste impuls.
De Münchense Alois Senefelder had aanvankelijk de lithografie alleen willen toepassen voor het drukken van teksten en bladmuziek, maar al spoedig bleek dat de nieuwe techniek ook voor de beeldende kunst talrijke mogelijkheden bood. De eerste litho-pers in Frankrijk stond in Charenton en fungeerde vanaf 1802. De eerste toepassing werd gezocht in het reproduceren van schilderijen in het Musée Napoléon; men was echter nog ontevreden over het resultaat. Museumdirecteur Vivant Denon besloot het experiment niet voort te zetten en terug te keren naar de beproefde, zij het kostbare methode van de kopergravure.

## De litho

Tussen 1815 en 1820 begonnen twee steendrukkerijen zich in te zetten voor de spreiding van de nieuwe techniek, namelijk die van Engelmann in Mulhouse, en van de Comte de Lasteyrie in Parijs. Vooral die laatste spande zich in om kunstenaars voor de nieuwe techniek van het tekenen op steen te winnen. Tot de eerste generatie lithografen behoorden Jean-Baptiste Isabey, Gros, Horace en Carle Vernet, Guérin en Girodet. In 1817 presenteerde De Lasteyrie de eerste litho's op de Parijse *Salon*.
In 1819 volgde Engelmann met een uitgave van mappen met litho's onder de titel *"Essais lithographiques"*.
De litho kreeg echter pas werkelijk aanzien als een artistiek volwaardige grafische techniek door de gigantische uitgave van de *Voyages pittoresques et romantiques dans l'ancienne France,* een opzet van Baron Taylor, een Fransman van Ierse herkomst[2].
Het werd tenslotte een uitgave van twintig foliodelen met in totaal meer dan 2700 litho's. Het eerste deel, gewijd aan Normandië, verscheen in 1820; het laatste in 1878; een jaar voor de dood van Taylor. Tot de vroegste medewerkers behoorden Jean-Baptiste Isabey, Bonington en Daguerre, de latere uitvinder van de daguerreotypie.
De grote bloeitijd van de romantische litho lag rond het jaar 1830. Eugène Isabey, een zoon van Jean-Baptiste, had zich al spoedig ontwikkeld tot een bevlogen landschaps-lithograaf, wiens woeste kustgezichten met hun "noirs violents" fel constrasteerden met de "gris délicats" van zijn vader. Een fraai voorbeeld is de serie *Six marines* van Eugène Isabey uit 1833.
In diezelfde romantische traditie pasten de eerste litho's van Paul Huet. Hij werkte, zij het in bescheiden mate, ook mee aan de serie *Voyages pittoresques et romantiques dans l'ancienne France,* met name aan de aflevering gewijd aan Auvergne, en in diezelfde periode verschenen ook eigen series van zijn hand, zoals *Huit sujets de paysages* (1831) en *Six marines* (1832).
Er ontstond een ware *hausse* in lithografische landschapseries. Italië, Spanje het hele Middellandse Zeegebied, Europese steden en dorpen, en zelfs meer exotische werelddelen stonden model voor romantische en pittoreske reisverslagen in beeld.
Niet alle series waren van even hoog artistiek gehalte; de markt raakte overvoerd, en de ware grafiekliefhebbers en kunstenaars wendden zich af van de litho, die wel de plaats van de vroegere volksprent leek te hebben ingenomen.

## De ets

In 1834 zond Paul Huet etsen in voor de Parijse *Salon;* bezoekers en critici waren verrast. Na de introductie van de lithografie was de ets wat in onbruik geraakt.
Modetijdschriften waren lange tijd geïllustreerd geweest met ingekleurde etsen, maar daaraan kon geen artistieke betekenis worden gehecht. De etsen van Huet werden vooral aangeprezen door kunstcritici als Philippe Burty en Gustave Planche[3].
Het succes bleef niet zonder gevolgen. Ook Charles Jacques, Daubigny, Adolphe Hervier en Rodolphe Bresdin stortten zich met enthousiasme op het maken van etsen[4].
De herleving van de etskunst kreeg rond 1860 geheel nieuwe impulsen. De nostalgie van kunstenaars en schrijvers naar de vechtlust van de jonge romantici rond 1830, toen

de *Bataille d'Hernani* werd uitgevochten, bracht ook een herleving van het verlangen naar de romantische verbeelding met zich mee. De lithografie was inmiddels een massaprodukt geworden, goed genoeg om caricaturen mee te maken, die in die tijd zelden op hun kunstzinnige waarde werden beoordeeld, maar voornamelijk op hun politieke effect. De ets daarentegen leek de aangewezen techniek om weer een zeer persoonlijk herkenbaar handschrift in de grafiek terug te brengen.

Toonaangevend was in dit verband het artikel van Baudelaire "Peintres et aquafortistes" in *Le Boulevard* van september 1862, eerder verschenen in de *Revue anecdotique* van april van datzelfde jaar onder de titel "l'Eau-forte est à la mode". Volgens Baudelaire was de ets een uitstekende manier om het artistieke handschrift van de kunstenaar te laten uitkomen, ofwel "de beste vertaling van de persoonlijkheid van de kunstenaar". Baudelaire begroette de oprichting van de *Société des Aquafortistes* in 1862 met enthousiasme, en prees de deelnemende kunstenaars, zoals Hervier, Millet, Daubigny, Bracquemond, Jongkind en Meryon. Maandelijks bracht de uitgever Cadart mappen uit met prenten van deze groep; de portfolio's verschenen tot 1867. Ook Corot werkte mee aan de edities van de *Société des Aquafortistes.* Hij droeg ook bij aan een gedichtenbundel van Philippe Burty, *Sonnets et eaux-fortes* met een ets *Dans les dunes, souvenir du Bois de la Haye.* Ook Millet, Manet, Jongkind en Bracquemond leverden bijdragen aan deze uitgave.

Adolphe Appian sloot zich aan bij de *Société des Aquafortistes* in 1865. In 1854 werkte hij voor het eerst in Fontainebleau; zijn ets *Le bois de chênes* is aan de omgeving van Barbizon ontleend. Appian was echter afkomstig uit Lyon, en gaf de voorkeur aan de omgeving van Cremieu en Optevoz, niet ver van Lyon. Daar werkte ook Daubigny; vanaf 1860 onderhielden beide kunstenaars regelmatig contact. Corot was een van de oprichters van de *Société des Aquafortistes* in 1862, hoewel hij toen nog niet veel etsen op zijn naam had staan. Bracquemond hielp Corot bij de technische uitvoering van zijn etsen. In 1853 had Corot voor het eerst kennis gemaakt met de techniek van de cliché-verre, die hem eigenlijk meer aansprak. Zijn weinige etsen zijn echter zeer persoonlijk van handschrift, en vonden veel navolging bij andere kunstenaars.

Daubigny maakte al etsen sinds 1836. Hij maakte in zijn eerste jaren gebruiksgrafiek, zoals etiketten en reclamewerk. Op de *Salon* van 1841 en van 1845 exposeerde hij zijn eerste artistieke etsen. In 1857 kocht hij 'le Botin', het kleine bootje, tevens drijvend atelier, waarmee hij de Oise en de Seine afreisde. In 1873 verscheen de serie *Voyage en bateau,* een reeks van vijftien etsen. Voor de *Société des Aquafortistes* maakte hij drie etsen.

Het grafische œuvre van Millet heeft waarschijnlijk de meeste invloed gehad op zijn tijdgenoten. In Nederland werd zijn werk voornamelijk bestudeerd en gecopieerd door Vincent van Gogh, Jozef Israëls, Matthijs Maris, Neuhuys en Artz.

### De cliché-verre

In tegenstelling tot de lithografie en de ets kende de techniek van de cliché-verre in de 19de eeuw weinig liefhebbers, zowel onder kunstenaars als onder verzamelaars. Sommige Barbizon-kunstenaars zoals Rousseau, Millet en Jacque staakten hun experimenten met clichés-verre na enkele pogingen. Corot en Daubigny daarentegen waren beiden gefascineerd door deze geheimzinnige grafische techniek, die in feite zo simpel bleek[5].

In Frankrijk werd de techniek vooral ontwikkeld door Adalbert Cuvelier en L. Grandguillaume; men noemde het procédé ook wel *cliché-glace, dessin héliographique* of *autographie photographique.*

Uit deze laatste benaming blijkt hoe dicht het procédé stond bij de vroege experimenten van de fotografie, zoals die waren uitgevoerd door Fox Talbot in Engeland.

Er bestonden twee methodes; de eerste was als volgt: men bedekte een glazen plaat met een collodium-emulsie of met drukinkt, bestoven met loodwit. Dan werd de plaat op een zwarte doek gelegd. De kunstenaar kon dan zijn tekening al krassend met een etsnaald aanbrengen in de emulsie-laag. Voor de afdruk was lichtgevoelig papier nodig; de plaat werd ondersteboven op het papier gelegd en in het zonlicht geplaatst. Soms legde men een tweede glasplaat neer om een minder scherpe lijn te krijgen.

De tweede methode was minder gangbaar. Hierbij werkte men vanuit het negatief-idee; men schilderde met olieverf op de glasplaat in transparante lagen. Daar waar de verf het dikst was aangebracht, kon het licht het minst doorschijnen. In de afdruk bleven die plekken het lichtst. Daar waar de verf dun was aangebracht, kreeg het licht meer kans en veroorzaakte donkere plekken op het lichtgevoelige papier. Zo ontstond een beeld in vlakken, dit in tegenstelling tot de eerste methode, waarbij het beeld uit gekraste lijnen werd opgebouwd. Corot paste vooral bij zijn eerste experimenten met de cliché-verre dikwijls de tweede methode toe.

Corot bracht regelmatig enige tijd door bij zijn vriend Constant Dutilleux in Arras. Daar maakte hij kennis met de fotograaf Adalbert Cuvelier en de tekenleraar Grandguillaume, die hem inwijdden in de techniek van de cliché-verre.

In 1853 maakte hij zijn eerste cliché-verre, getiteld *Le bucheron de Rembrandt.*

Tot 1874 maakte Corot zesenzestig clichés-verre.

In het grafische œuvre van Daubigny neemt, in vergelijking met Corot, de cliché-verre een geringere plaats in; van de honderdvijftig prenten van Daubigny zijn slechts zeventien in cliché-verre uitgevoerd. Hij kreeg hiertoe zijn eerste instructies van Eugène Cuvelier, de zoon van Adalbert, in Barbizon in 1862[6]. Brillant is de weergave van lichteffecten die Daubigny in zijn clichés-verre wist te bereiken.

Sommige effecten kwamen door het gebruik van de roulette, een klein raderwieltje, waarmee Daubigmy in de collodium-laag kraste.

De experimenten van Millet en Rousseau met de cliché-verre dateren waarschijnlijk ook uit 1862, toen Eugène Cuvelier in Barbizon demonstraties gaf.

Millet maakte slechts twee clichés-verre, *La précaution maternelle,* en *Femme vidant un seau.* Dit laatste onderwerp had hij al eerder uitgewerkt in een pasteltekening.

Ook Rousseau maakte niet meer dan twee clichés-verre: *Le cerisier de la Plante-à-Biau,* en *La plaine de la Plante-à-Biau,* niet ver van zijn huis in Barbizon.

De spreiding van de grafiek van de meesters van Barbizon heeft veel bijgedragen tot de internationale bekendheid van hun beweging.

**1.** Wegens de kwetsbaarheid van pasteltekeningen en de beperkte expositieduur die in het algemeen voor tekeningen geldt, is aan deze rondreizende tentoonstelling geen afdeling tekeningen toegevoegd.

**2.** zie: J. Adhémar, *Les lithographies de paysage en France à l'époque romantique,* Parijs 1937;
H.L. Seaver, "The golden book of Landscape Lithography", *The Print Collector's Quarterly,* Vol. 5 (1915) p. 445 evv.;
M. Twyman, *Lithography 1800-1850,* Londen 1970;
J.J.Th. Sillevis, cat.tent. *Het romantische landschap in de Franse grafiek,* Haags Gemeentemuseum, Den Haag 1975.

**3.** G. Planche, in: *Revue des deux mondes* (1 febr. 1838) over de ets van Huet *Les Sources du Royat;*
P. Burty, *Paul Huet, notice biographique et critique suivie du catalogue de ses œuvres,* Parijs 1869,
P. Burty, *Maîtres et petits maîtres,* Parijs 1877, p. 209.

**4.** Vgl. D. van Gelder/J.J.Th. Sillevis, cat. tent. *Rodolphe Bresdin,* 1822-1885 Haags Gemeentemuseum, Den Haag 1979.
Vgl. M. Melot, *Graphic art of the Pre-Impressionists,* New York 1980 (vertaling van *Les grands graveurs,* Parijs 1978).

**5.** zie: B.D. Rix, cat.tent. *The clichés-verre of the Barbizon School,* Toronto 1983; cat.tent. *Die Anmut des Einfachen, Druckgraphik aus der Schule von Barbizon,* Wallraf-Richartz-Museum, Keulen 1981.

**6.** Barbizon was niet alleen in trek bij schilders, maar ook bij fotografen. Van Gustave le Gray dateren opnamen van het Forêt de Fontainebleau uit 1852 (Musée d'Orsay, Parijs); Jacques Foucart ontdekte een foto van Eugène Cuvelier, met als titel *Paysage d'orage, Fontainebleau* uit 1860. (geëxposeerd bij de tentoonstelling *L'impressionisme et le paysage français,* Grand Palais, Parijs 1985).

**Prenten**
De formaten van de prenten
zijn gegeven in millimeters,
hoogte x breedte

**Afgekorte literatuur**

Delteil    L. Delteil, *Le peintre-graveur illustré*, dl. I,
*J.F. Millet, Th. Rousseau, Jules Dupré,*
*J.B. Jongkind*, Parijs 1906
L. Delteil, *idem*, dl. V, *Corot*, Parijs 1910
L. Delteil, *idem*, dl. VII, *Paul Huet*,
Parijs 1911
L. Delteil, *idem*, dl. XIII, *Charles*
*François Daubigny*, Parijs 1921

Guiffrey    J.J. Guiffrey, *L'œuvre de Ch. Jacque,*
*catalogue de ses eaux-fortes et pointes*
*sèches*, Parijs 1866

Jennings    H.H. Jennings, "Adolphe Appian"
*The Print Collector's Quarterly*, Vol. 12
(1925), p 95-117

**Overige literatuur**

J. Bailly-Herzberg, *L'eau-forte de peintre*
*au dix-neuvième siècle; la Société des*
*Aquafortistes* (1862-1867), Parijs 1972

G.P. Weizberg, cat. tent. *Social concern*
*and the worker: French prints from*
1830-1910, Utah, Cleveland,
Indianapolis 1974

J.J.Th. Sillevis, cat. tent. *Het*
*romantische landschap in de Franse grafiek,*
Haags Gemeentemuseum, Den Haag
1975

M. Melot, *Graphic art of the Pre-*
*Impressionists*, New York 1980

cat. tent. *Die Anmut des Einfachen,*
*Druckgraphik aus der Schule von Barbizon,*
*Wallraf-Richartz. Museum,* Keulen 1981

B.D. Rix, *The clichés-verre of the Barbizon*
*School*, Toronto 1983

**Moeras van la Burbanche (Ain)** Marais de la Burbanche
(Ain) 1868 ∘ ETS ∘ 103 X 195 ∘ GESIGN. L.O.: APPIAN 1868 ∘ INV.NR. P 312-1972
Jennings 23

*A. Appian*       p 1

**Twee veerboten** Les deux bacs ∘ ETS ∘ 75 X 164 ∘ GESIGN. L.O.:
APPIAN ∘ INV.NR. P 325-1972
Jennings 12

*A. Appian*       p 2

**Omgeving van Rix (Ain)** Environs de Rix (Ain) ∘ ETS ∘
71 X 155 ∘ INV.NR. P 326-1972
Jennings 11

*A. Appian*       p 3

*De prentkunst van de School van Barbizon*

**Herinnering aan Toscane** Souvenir de Toscane 1845 ○ ETS ○ 180 X 131 ○ GESIGN. L.O.: C.C. ○ INV.NR. P 74-1936
Delteil 1

*C. Corot* p 4

**Italiaans landschap** Paysage d'Italie 1865 ○ ETS ○ 148 X 234 ○ INV.NR. P 232-1936
Delteil 7

*C. Corot* p 5

**Herinnering aan Italië** Souvenir d'Italie 1866 ○ ETS ○ 320 X 240 ○ GESIGN. L.O.: COROT SCULPT. ○ INV.NR. P 7-1928
Delteil 5

*C. Corot* p 6

**Herinnering aan de vestingwerken van Douai** Souvenir des fortifications de Douai 1869-70 ○ ETS ○ 160 X 240 ○ INV.NR. P 233-1936
Delteil 12

*C. Corot* p 7

**De veerpont van Bezons** Le bac de Bezons 1850 ○ ETS ○ 98 X 163 ○ INV.NR. P 1007-1966
Delteil 81

*Ch. Daubigny* p 8

**Koeien in het moeras** Les vaches au marais ○ ETS ○ 146 X 238 ○ INV.NR. P 1006-1966
Delteil 83

*Ch. Daubigny* p 9

**Moeras met ooievaars** Le marais aux cigognes 1851 ∘ ETS ∘
197 X 125 ∘ INV.NR. P 1005-1966
Delteil 84

**Stortbui** L'ondée 1851 ∘ ETS ∘ 232 X 136 ∘ INV.NR. P 1010-1966
Delteil 85

*Ch. Daubigny*        p 10

*Ch. Daubigny*        p 11

**Het bosje, naar J. Ruisdael** Le buisson, d'après J. Ruisdael
1855 ∘ ETS ∘ 326 X 395 ∘ GESIGN. R.O.: C. DAUBIGNY SCULP. 1855 L.O.:
J. RUISDAEL PINXIT ∘ INV.NR. P 72-1970
Delteil 87

*Ch. Daubigny*        p 12

**Het drijvende atelier** Le bateau-atelier ∘ ETS UIT DE SERIE
*Voyage en bateau, croquis à l'eau-forte par Daubigny* 1862 ∘ 130 X 100 ∘
GESIGN. L.O.: DAUBIGNY ∘ INV.NR. P 7-1941
Delteil 111

**Paadje in het koren** Sentier dans les blés 1862 ∘ CLICHÉ-VERRE
∘ 185 X 150 ∘ GESIGN. R.O.: DAUBIGNY ∘ INV.NR. P 54-1970
Delteil 135

*Ch. Daubigny*        p 13

*Ch. Daubigny*        p 14

*De prentkunst van de School van Barbizon*

**Weiland in Limousin** Pacages du Limousin ◦ LITHO ◦ 138 X 216 ◦
INV.NR. P 153-1970
Delteil 1

J. Dupré                                    p 15

**De avond** Le soir 1829 ◦ LITHO ◦ 139 X 122 ◦ INV.NR. P 7-1969
Delteil 44

P. Huet    p 16

**Bij Fontainebleau** Près de Fontainebleau 1866 ◦ ETS ◦ 279 X 194
◦ GESIGN. L.O.: PAUL HUET SCULPT. ◦ INV.NR. P 12-1969 III/III
Delteil 16

P. Huet                                    p 17

**Boerenhoeve in Cricey** Maison de paysans à Cricey 1843 ◦
ETS ◦ 88 X 102 ◦ GESIGN. L.O.: CH. JACQUE ◦ INV.NR. P 285-1972

*1843 cricey . Ch. Jacque*

Ch. Jacque                                  p 18

**Zelfportret van Jacque** Portrait de Charles Jacque 1846 ◦ ETS
◦ 113 X 94 ◦ GESIGN. M.O.: CH. JACQUE ◦ INV.NR. P 77-1974
Guiffrey 139

Ch. Jacque    p 19

**De zwijnenhoeder** Le petit porcher ○ ETS ○ 86 X 155 ○ INV.NR.
P 78-1970
Guiffrey 199

**Drinkplaats** L'abreuvoir ○ ETS ○ 123 X 181 ○ GESIGN. L.O.:
CH. JACQUE ○ INV.NR. P 79-1970
Guiffrey 198

*Ch. Jacque* p 20

*Ch. Jacque* p 21

**Rand van een bos** Lisière de bois 1843 ○ ETS ○ 81 X 126 ○ INV.NR.
P 183-1971

*Ch. Jacque* p 22

**De spitters** Les bêcheurs ○ ETS OP PERKAMENT ○ 233 X 330 ○
INV.NR. P 108-1932
Delteil 13

*J.F. Millet* p 23

**Wolkaardster** La cardeuse ○ ETS ○ 250 X 176 ○ INV.NR. P 165-1923
Delteil 15

J.F. Millet    p 24

**Herderin** La grande bergère 1862 ○ ETS ○ 317 X 235 ○ GESIGN. L.O.:
J.F. MILLET ○ INV.NR. P 164-1923
Delteil 18

J.F. Millet    p 25

**De moederlijke zorg** La précaution maternelle ○ CLICHÉ-
VERRE ○ 301 X 243 ○ GESIGN.: J.F. MILLET ○ INV.NR. P 88-1974
Delteil 27

J.F. Millet    p 26

**Vrouw die een emmer leegt** Femme vidant un seau ○
CLICHÉ VERRE ○ 302 X 239 ○ GESIGN. IN SPIEGELSCHRIFT: J.F. MILLET ○
INV.NR. P 87-1974
Delteil 28

J.F. Millet    p 27

**De kersenboom op de Plante à Biau** Le cerisier de la
Plante à Biau ○ CLICHÉ-VERRE ○ 217 X 277 ○ GESIGN. L.O.: TH. ROUSSEAU ○
INV.NR. P 342-1972
Delteil 5

Th. Rousseau    p 28

**De vlakte van Plante à Biau** La plaine de la Plante à Biau
○ CLICHÉ-VERRE ○ 230 X 286 ○ GESIGN. L.O.: TH. ROUSSEAU ○ INV.NR.
P 343-1972
Delteil 6

Th. Rousseau    p 29

# Brieven van Barbizon-schilders uit de collectie van de Fondation Custodia (verz. F. Lugt), Parijs

## Camille Corot aan Achille Debray (rue des Martyrs 41, Parijs)

Rouen, 26 februari 1833

Beste Achille,

Hoewel ik weg ben uit Parijs, wil ik je toch van me laten horen. Het gaat redelijk goed met me. Ik werk hard. Mijn grote schilderij is zover gevorderd dat ik er niets meer aan kan veranderen; ik kan het stuk meebrengen zoals het nu is: dan beloof ik mezelf dat ik het zal afmaken als ik terug ben in Fontainebleau.

Het is niet te geloven; het werk waar ik mee bezig was is door geen enkele mening beïnvloed of gestagneerd; niet dat ik van geen mening van anderen wil weten, integendeel, ik wantrouw mezelf en ik ga erop in met graagte: dat kan nu wel waar zijn maar dit wordt mijn werk en niet dat van twintig anderen. Ik ben begonnen aan een zeegezicht bij Rouen. Het is op een doek van vijf en een halve voet. Het is samengesteld uit twee kleine en twee grote schepen, hutjes en een achtergrond. Als Ruysdael en Van de Velde me zouden willen helpen, dan zou me dat geen kwaad doen.

Zou u zo goed willen zijn te berichten over uzelf, over uw vrouw en meneer en mevrouw Debray, dat zou erg vriendelijk zijn. De heer Edouard Delalain, laken-verkoper in de rue St. Honoré no. 46 zal dan wel voor uw brief zorgen. Dat zou erg vriendelijk van u zijn.

Hartelijke groeten aan ... [onleesbaar] Grandjean Fleury,

Uw toegewijde vriend,

Camille Corot
per adres M. Fernugon [?]
rue Beauvoisin 4

omhels Emile van mij

Ik heb in een krant gelezen dat de heer Duponchet ernstig gewond is bij een val van een karnavalskar. Geeft u mij het laatste nieuws hierover?

*inv. no.* 6871


## Charles-François Daubigny aan het Bureau des Beaux-Arts (van de stad Parijs)

Geachte heer,

Nu ik voor het Ministère de l'Etat vier decoratieve panelen heb uitgevoerd, zou ik graag in aanmerking komen voor de eer om enige werkzaamheden voor de stad Parijs uit te voeren, een wandschildering, bijvoorbeeld een landschap met figuren, gebouwen, stadsgezicht, zeegezichten, jachttaferelen, een lucht in een plafond etc.

Ik hoop dat U mijn verzoek in overweging wilt nemen. Ik ben Parijzenaar van vader op zoon; dit is mogelijk een reden te meer opdat U zult willen instemmen. Hoogachtend, Uw dienstwillige dienaar,

C. Daubigny
landschapschilder
13 quai d'Anjou
Parijs 14 maart

*inv. no.* 1979-A.473

## Charles-François Daubigny aan Hector Giacomelli

Auvers, 1 oktober 1860

Waarde heer,

Ik verwacht U woensdag met veel genoegen voor de lunch. U kunt de trein nemen van 9.20 u., en als U die mist gaat er één om de twee uur.
Ik ben naar het Bois de Boulogne gegaan maar daar moet je toestemming hebben om te mogen tekenen. Wat belachelijk. Enfin, daar hebben we het nog wel over, en ik hoop U een landschap te laten zien dat U genoegen zal doen. Tot woensdag dus, en met vriendelijke groeten,

C. Daubigny

*inv. no.* 1977-A.195

## Charles-François Daubigny aan Hector Giacomelli

[Parijs] 10 oktober 1866

Waarde heer,

Uit angst dat U naar Auvers zou schrijven, laat ik U weten dat ik nu in Parijs ben, omdat de familie zo graag naar de hoofdstad terug wilde. Ik maak de nodige kleine reizen ten behoeve van onze plannen.
Ik heb van de boswachter van het Bois de Boulogne een brief gekregen om toestemming te vragen om te mogen tekenen. Ik hoop U spoedig te ontmoeten.
Ik verzoek U mijn hoogachting aan Mevrouw Giacomelli over te brengen in afwachting aan haar te worden voorgesteld. Een handdruk,

C. Daubigny

*inv. no.* 1977-A.197

## Charles-François Daubigny aan Hector Giacomelli

16 december 1866

Beste Giacomelli,

Weest U zo vriendelijk om een andere tekenaar aan te wijzen voor de bossen van de Buttes Chaumont, want ik ben erg achter geraakt met mijn schilderijen. Het is mij onmogelijk om ze te maken.

De tekening van de waterval van het Bois de Boulogne is af, en Rambouillet schiet al aardig op.

Met de hartelijke groeten,
C. Daubigny

*inv. no.* 1977-A.198

## Charles-François Daubigny aan de heer Bourge

Donderdag 30 juni 1870

Waarde heer Bourge,

Ik kom juist terug van mijn bootreis, en ik heb nog niets af kunnen maken,
Uw schilderij niet, en de andere nog minder. Op het land kun je niet doorwerken in je
atelier, en ik vrees dat ik het pas afkrijg als ik terug ben.
U bent nu misschien aan zee; ik weet nog niet of ik daarheen ga, of naar Holland, maar
wat me een beetje weerhoudt is de heer Sauvarge met wie wij die reis zouden moeten
maken; hij moet voor zijn gezondheid naar een badplaats. Ik ben op dit ogenblik in
Auvers.

In de hoop U spoedig te zien, met vriendelijke groeten, ook van mijn familie,

C. Daubigny

*inv. no.* 1973-*A*.40

## Narcisse Diaz de la Peña aan Corveley (?)

Parijs, 24 september 1838

Mijn beste Corveley (?),

Onmiddellijk na mijn aankomst in Parijs ben ik opnieuw naar Holland afgereisd met
mijn zoon. Nu ben ik terug en ik ga nu profiteren van het mooie weer om nog wat
studies in Barbizon te maken.
Ik ben U niet vergeten, weest U daar zeker van. Maar op reis doe je nu eenmaal veel
en weinig. Als ik definitief in Parijs ben zal ik het schilderij dat ik aan Uw vrouw
beloofd heb, afmaken, en U kunt er op rekenen tegen het einde van oktober.

Geheel de Uwe,

N. Diaz

Mijn complimenten aan
mevrouw

*inv. no.* 1978-*A*.2563

## Narcisse Diaz de la Peña aan de directeur des Beaux-Arts, verantwoordelijk voor de Parijse Salon
[de Comte de Nieuwerkerke]

[Parijs, zonder datum]

Mijnheer de directeur,

Staat U mij toe bij de algehele verschuiving die binnenkort plaats vindt op de Salon te verzoeken om een verplaatsing van mijn schilderijen. Ik zou het op prijs stellen als ze als volgt gehangen werden:
1.  *Le Portrait de Madame A.F.*
    Alstublieft in de grote Salon op de plaats waar nu de *Glaneuses* van Breton hangt of opzij op dat grote paneel en op ooghoogte, of boven een klein schilderij.
2.  *La Galathée*
    op ooghoogte, in het zelfde licht als mijn landschap.
3.  *Le Portrait de Madame S.*
    boven mijn landschap als het kan, maar absoluut met een andere lichtval dan waarin het op dit moment is geëxposeerd.
4.  *L'Amour et Psyché*
    zou het mogelijk zijn die te hangen onder de Palizzi; daar is rustig licht wat goed past.
5.  *L'Education de l'Amour* en *L'amour puni*
    laten waar ze zijn.
6.  Idem voor *La fée aux joujoux*
7.  Wilt U alstublieft het landschap niet zo voorover laten hellen. Deze overdreven schuine positie vertekent het perspectief.
8.  Wat betreft mijn schilderij *N'entrez pas,* dat laat ik aan U over.

Ik weet niet wat ik moet zeggen om U duidelijk te maken hoe slecht ik op deze Salon hang.
Mijn schilderijen die door mijn inspanningen een transparant kleurgamma hebben, moeten hun effect wel verliezen bij tegenlicht. Je kunt er dan net zoveel van zien als van een negatief bij de fotografie. Mensen die niet beter wisten hebben alleen maar dit vreselijke effect waargenomen, en dat heeft me bij deze tentoonstelling veel vooroordelen opgeleverd.

Zoudt U, geachte directeur, met Uw kunstenaarsoog, deze fout goed willen maken, en ze in het juiste licht willen hangen zoals ik U heb aangegeven.
Misschien is mijn protest onterecht, maar het is ingegeven door Uw vriendelijke voorstellen en door de anti-natuurlijke situatie waarin ik ben geplaatst.

Met de meest beleefde groeten

N. Diaz

*inv. no.* 1973-*A.*1531

[Deze brief schreef Diaz aan de Comte de Nieuwerkerke, naar aanleiding van de Salon van 1859.]

## Charles Jacque, aan een onbekende

[ongedateerd]

Verdomme!

Ik stel U een vraag, om U een schilderij aan te bieden precies zoals U me altijd onder de neus wrijft dat U ze wilt hebben, en dan gaat U een beetje moeilijk zitten doen, ik slijt het stuk elders, en U profiteert niet van de mooie aanbieding die ik gedaan heb! Zeker, het is niet mijn schuld als het weer gebeurt, en dat zal ook wel gauw 't geval zijn, misschien nog wel opzettelijk, en om U een plezier te doen zal ik U op de hoogte stellen. Verdomme nog 'an toe!

Eén ding! Als een schilder wat succes heeft, en wat aanzien krijgt, dan moet men heus niet van hem verlangen dat hij precies maakt wat *men* van hem verwacht. Het publiek is in zo'n geval ruimer en enthousiaster dan de handelaar, die altijd terugvalt op het laatste schilderij dat hij goed en gemakkelijk heeft verkocht, en waar hij zijn zinnen op heeft gezet. De handelaar is dikwijls een *rem,* maar dikwijls zelfs een obstakel, in ieder geval in het geval van de . . . . . . . [onleesbaar] dat goed verkoopt.

Zo heb ik vandaag een schilderij van één meter, bijna klaar, verbazend, verbluffend, misschien heel goed, in ieder geval heel uitzonderlijk en extra nieuw. Nou dan, er is meer talent voor nodig om het te verkopen dan om het te maken, omdat het niet hetzelfde is als dat ding wat gisteren goed verkocht is. Niettemin, zou het juist niet een reden zijn waarom dit dan beter verkocht, lelijke draaier die je bent en dan nog met gezag ook, terecht of onterecht.

Een hele lange brief met een hoop onzin die U toch niet overtuigt. Zonde van de inkt! Nee ik bedank U helemaal niet te veel – ik ben U *zeer* dankbaar. Ik hoop dat U binnen twee weken een kist van me ontvangt – ik zal m'n best doen.
De Uwe en tot gauw,

Ch. Jacque

*inv. no.* 7755

## Jean-François Millet aan de criticus Thoré-Bürger

Barbizon 12 september 1860

Beste Bürger,

De reden waarom ik Uw brief niet eerder heb beantwoord was, dat ik niet in Barbizon was toen hij aankwam. U krijgt alle toestemming om mijn schilderij *Une tondeuse de moutons* naar believen te reproduceren. Ik moet U wel verzoeken om de fotograaf aan te bevelen zorgvuldig te kijken waar hij gaat staan, om glimplekken aan het oppervlak te vermijden. Het is echt jammer dat het schilderij van Rousseau niet naar Brussel gestuurd is, want het is een prachtstuk dat een grote indruk gemaakt zou hebben. Hartelijke groeten van Rousseau en van mij. Komt U niet eens naar Barbizon?

Geheel de Uwe,

J.F. Millet

Heeft U voor de reproductie van een schilderij behalve de toestemming van de maker ook die van de eigenaar nodig? Als dat 't geval is, mijn stuk is van de heer Arthur Stevens, 9 rue de Laval in Parijs.                    J.F.M.

op de envelopppe: Monsieur W. Bürger
                    55 Boulevard Beaumarchais, Paris

poststempel:      *Chailly* 13 *sept.* 60

*inv. no.* 6757

# Jean-François Millet, aan onbekende

[ongedateerd 1860)

Vanwege zaken die zijn voorgevallen tussen Rousseau en Stevens heeft Rousseau zijn schilderij niet naar Brussel kunnen sturen, en hij is daar erg ontstemd over. Rousseau zal het U wel vertellen.

*inv. no. 6757*[a]


# Jean-François Millet aan de heer Blanchet

Barbizon, 8 februari 1865

Geachte heer Blanchet,

Ik zal opschriften voor U maken, maar ik wacht nog op papier dat uit Melun moet komen, want dat hebben we hier niet.
Ik wacht nog op de kleuren die ik U vraag voor ik kan beginnen met het plafond doek dat U me heeft gestuurd.

Ik weet niet hoe ik de hoeveelheid wit moet bepalen die ik nodig heb, maar het lijkt me dat het ongeveer een halve liter zal bedragen. Napels-geel, bijna evenveel. Geel oker, iets minder dan Napels-geel. Dat zijn de kleuren waarvan ik het meest nodig heb. Verder: 20 tubes cobalt, 10 vermiljoen (3,50), 6 Verona-groen (1,80), 6 perzikzwart (1,20), 6 bitumen (1,50), 6 Sienna naturel (1,20), 6 gebrande Sienna (1,20), 4 roodbruin (80), 3 Van Dyck-rood (75), 3 Mais-oranje (1,80), 2 indigo (90), 6 omber naturel (1,20), 4 gebrande omber.

Dat is alles geloof ik. Als ik iets belangrijks vergeten heb laat ik dat nog weten als ik het merk. Ik vergat nog vier flessen droogmiddel uit Kortrijk. Stuurt U mij dit onmiddellijk toe, want ik ben klaar met mijn voorbereidingen, en ik wil beginnen met schilderen.

Met groeten,

J.F. Millet

*inv. no. 6724*


# Jean-François Millet aan de heer Martin

Barbizon 16 januari 1869

Geachte heer Martin,

Toen ik U schreef ben ik vergeten te zeggen dat U het papier van de kleine tekening die ik U stuurde niet nat moet maken.
Het is zoals U kunt zien, chinees papier dat van zichzelf al gespannen zit, als een karton. De tekening kan beschadigd worden als hij nat wordt. Hij moet gemonteerd worden zoals hij is, niet op gekleurd papier, maar op gewoon eenvoudig wit papier. Ik hecht daar belang aan, en voor de lijstenmaker maakt het niets uit, denk ik.

Met een stevige handdruk,

J.F. Millet

*inv. no. 8601*

### Théodore Rousseau aan de Marquis de Chennevières,
[directeur des Beaux-Arts]

[ongedateerd]

Geachte heer,

Ik kom nog eens terug op datgene waarover ik U mocht spreken, dat de verschuiving die met mijn schilderijen heeft plaatsgehad helemaal niet naar mijn zin is.

Ik hang tussen stukken van Decamps, net zoals allerlei middelmatige dingen tussen een volledige inzending van deze of gene schilder hangen. Van mij hangen er vijf, van Decamps vierentwintig.
Ik klaag er niet over dat ik naast Decamps hang, maar ik zou toch op z'n minst willen vragen of mijn schilderijen niet op een zorgvuldige en gelijkelijke wijze met de zijne konden afwisselen tot mijn inzending van dertien op is, een inzending die heel wat minder is dan de zijne.

Ik zou het jammer vinden, mijnheer, om voortaan af te zien van deelname aan tentoonstellingen, als dit enige verzoek, in plaats van alle voorkomendheid die U mij steeds betoonde, zou worden afgewezen.

Met beleefde groeten,

Th. Rousseau

*inv. no.* 7190

*Chennevières schreef in de marge:*
Natuurlijk werd aan dit vreemde ultimatum van die arme Rousseau geen gevolg gegeven.

### Théodore Rousseau aan Jules Dupré

[ongedateerd]

Beste Dupré,

De dag van gisteren is goed verlopen.
16.000 en dat in de tijd waarin we leven – dat is niet gek. Waar ik blij mee ben, dat zijn de uitingen van sympathie die ik heb ontvangen. Die van U is mij altijd het meest dierbaar.

Een handdruk,

Th. Rousseau

vergeet niet de groeten aan je gezin te doen.

*inv. no.* 8178

# Beknopte bibliografie

## Algemeen

P.H. DE VALENCIENNES, *Elémens de perspective pratique à l'usage des artistes, suivis de Réflexions et conseils à un élève sur la peinture et particulièrement sur le genre du paysage*, Parijs 1800 (2de ed., Parijs 1820)

J.B. DEPERTHES, *Théorie du paysage*, [Parijs] 1818

J.B. DEPERTHES, *Histoire de l'art du paysage depuis la renaissance des beaux-arts jusqu'au XVIIIe siècle*, [Parijs] 1822

CH. LENORMANT, *Les artistes contemporains*, 2 dln., Parijs 1833

S. BULGARI, *Souvenirs*, [Parijs] 1835

F. BERNARD, *Fontainebleau et ses environs*, Parijs 1853

G. PLANCHE, *Etudes sur l'école française, Salons 1831-1847*, 2 dln., Parijs 1855

TH. SILVESTRE, *Histoire des artistes vivants*, Parijs 1856 (opnieuw uitgegeven in 1861 en 1878)

J.H. CHAMPFLEURY, *Le réalisme*, Parijs 1857

TH. GAUTIER, *Abécédaire du Salon de 1861*, Parijs 1861

E. CHESNEAU, *L'art et les artistes modernes en France et en Angleterre*, Parijs 1864

CH. BAUDELAIRE, *Curiosités esthétiques*, Parijs 1868

TH. THORÉ, *Salons de 1844, 1845, 1847, 1848*, Parijs 1868

W. BÜRGER [TH. THORÉ], *Salons de 1861 à 1868*, Parijs 1870

J. LEVALLOIS, *Mémoires d'un forêt, Fontainebleau*, Parijs 1875

CH. BLANC, *Les artistes de mon temps*, Parijs 1876

F. HENRIET, *Le paysagiste aux champs*, Parijs 1876

E. FROMENTIN, *Les maîtres d'autrefois*, Parijs 1876

PH. BURTY, *Maîtres et petits maîtres*, Parijs 1877

R. MÉNARD, *Le monde vu par les artistes*, [Parijs] 1881

R. MÉNARD, "Aligny et le paysage historique", *L'Art* 1882, dl.I, p.251-254, dl.II, p.33-36 en 51-57

J. CLARETIE, *Peintres et sculpteurs contemporains*, Parijs, 1e serie 1882, 2de serie 1884

V. FOURNEL, *Artistes contemporains*, Tours 1884

D. SAUVAGEOT, *Le réalisme et le naturalisme dans la littérature et dans l'art*, Parijs 1889

D.C. THOMSON, *The Barbizon School of Painters*, Londen 1890

J.W. MOLLET, *The painters of Barbizon*, Londen/New York 1890

G. HÉDIARD, *Les maîtres de la lithographie*, Parijs 1890/99

J. BRETON, *Nos peintres du siècle*, Parijs 1899

P. SIGNAC, *D'Eugène Delacroix au néo-impressionisme*, Parijs 1899

G. LANOÉ EN T. BRICE, *Histoire de l'école française du paysage depuis Poussin jusqu'à Millet*, Parijs 1901

W. GENSEL, "Französische Meister in der Mesdag'schen Sammlung im Haag", *Zeitschrift für bildende Kunst*, Neue Folge XIII, (1902), p.215-224

C.S. SMITH, *Barbizon days*, Londen 1903

R. CANAT, *Le sentiment de la solitude chez les Romantiques et les Parnassiens*, Parijs 1904

G. LANOÉ, *Histoire de l'école française du paysage, depuis Chintreuil jusqu'à 1900*, Nantes 1905

C.R. LESLIE, *John Constable*, Parijs 1905

E. MICHEL, *Les maîtres du paysage*, Parijs 1906

J.-G. GASSIES, *Le vieux Barbizon, Souvenirs de jeunesse d'un paysagiste 1852-1875*, Parijs 1907

P. DORBEC, "La tradition classique dans le paysage au milieu du XIXe siècle", *Revue de l'art ancien et moderne*, juli-december 1908, p.259-273

J. COULIN, *Die sozialistische Weltanschauung in der französischen Malerei*, Leipzig 1909

E. MICHEL, *La forêt de Fontainebleau dans la nature, dans l'histoire, dans la littérature et dans l'art*, Parijs 1909

E. BOUVIER, *La bataille réaliste, 1844-1857*, Parijs 1914

L. ROSENTHAL, *Du romantisme au réalisme, 1839-1848*, Parijs 1914

A. HOEBER, *The Barbizon painters, being the story of the men of thirty*, New York 1915

J. MEIER-GRAEFE, *Entwicklungsgeschichte der modernen Kunst*, 3 dln., München 1920

E. FAURE, *Histoire de l'art*, 4 dln., Parijs 1920 dl. 4: *L'Art moderne*

P. DORBEC, *L'art du paysage en France*, Parijs 1925

J. MAGNIN, *Le paysage français, des enlumineurs à Corot*, Parijs 1928

E. DELACROIX, *Journal*, 3 dln., Parijs 1931/32 (2de ed., Parijs 1980)

A. TABARANT, *La vie artistique au temps de Baudelaire*, Parijs 1942

J. REWALD, *The History of Impressionism*, New York 1946

CH. LÉGER, *La Barbizonnière*, Parijs 1946

M.P. BOYE, *La mêlée romantique*, Parijs 1946

A. BILLY, *Les beaux jours de Barbizon*, Parijs 1947

K. CLARK, *Landscape into art*, Londen 1949

J.C. SLOANE, *French painting between the past and the present. Artists, critics and traditions from 1848 to 1870*, Princeton 1951

P. FRANCASTEL, *Peinture et société*, Lyon 1951

cat.tent. *Het Franse landschap van Poussin tot Cézanne*, Rijksmuseum, Amsterdam 1951

CH. ROGER-MARX, *Le paysage français de Corot à nos jours*, Parijs 1952

J. LEYMARIE, *L'impressionisme*, 2 dln., Genève 1955, dl.I: *La peinture avant 1873*

P. FRANCASTEL, *Histoire de la peinture française*, Parijs 1955, dl.II: *Du classicisme au cubisme*

F. FOSCA, *La peinture française au XIXe siècle, 1800-1870*, Parijs 1956

cat.tent. *Pierre Henri de Valenciennes*, Musée Paul-Dupuy, Toulouse 1956/57

CH. STERLING EN H. ADHÉMAR, *La peinture au Musée du Louvre. Ecole française, XIXe siècle*, 4 dln., Parijs 1958-1961

F. NOVOTNY, *Painting and sculpture in Europe, 1780-1880*. Londen 1960

R. HUYGHE, *L'art et l'âme*, Parijs 1960

P. COURTHION, *Le romantisme*, Genève 1961

M.-TH. DE FORGES, *Barbizon, lieu-dit*, Brussel 1962

J. LEYMARIE, *La peinture française. Le dix-neuvième siècle*, Genève 1962

J. VERGNET-RUIZ EN M. LACLOTTE, *Petits et grands musées de France*, Parijs 1962

R.L. HERBERT, cat.tent. *Barbizon revisted*, California Palace of the Legion of Honor/Toledo Museum of Art/Cleveland Museum of Art/Museum of Fine Arts, Boston 1962/63

J. ROBICHEZ, *XIXe siècle français, Le siècle romantique*, Lausanne 1963

P.N.H. DOMELA NIEUWENHUIS, *Catalogue des collections du Musée Mesdag, Ecoles étrangères XIX siècle*, Den Haag 1964

C.M. KAUFFMANN, *The Barbizon School in the Victoria and Albert Museum*, Londen 1965

cat.tent. *Dans la lumière de Vermeer*, Orangerie des Tuileries, Parijs 1966

D. SUTTON, cat.tent. *French pictures from the Mesdag Museum*, Galerie Wildenstein, Londen 1969

D. DURBÉ, *La scuola di Barbizon*, Milaan 1969

D.D. EGBERT, *Social radicalism and the arts*, New York 1970

M.-TH. DE FORGES, *Barbizon et l'école de Barbizon*, Parijs 1971

A. BOIME, *The Academy and French painting in the nineteenth century*, Londen 1971 cat.tent. *The forest of Fontainebleau, refuge of reality, French landscape 1800 to 1870*, Shepherd Gallery, New York 1972

J. BOURET, *L'école de Barbizon et le paysage français au XIXe siècle*, Neuchâtel 1972

J. DUNLOP, *The shock of the new*, Londen 1972

A. REVERDY, *L'école de Barbizon, L'évolution du prix des tableaux de 1850 à 1960*, Parijs/Den Haag 1973

T.J. CLARK, *The absolute bourgeois, artists and politics in France, 1848-1851*, Londen 1973

cat.tent. *Les peintres de Barbizon à travers la France*, Maison de la Culture, Bourges 1973

P. TEN DOESSCHATE CHU., *French realism and the Dutch masters*, Utrecht 1974

cat.tent. *La Musée du Luxembourg en 1874*, Grand Palais, Parijs 1974

G.P. WEISBERG, cat.tent. *Social concern and the worker: French prints from 1830-1910*, Utah Museum of Fine Arts/The Cleveland Museum of Arts/Indianapolis Museum of Art 1974

cat.tent. *Jean-François Millet et le thème du paysan dans la peinture français du XIXe siècle*, Musée Thomas-Henry, Cherbourg 1975

G. SCHURR, *Les petits maîtres de la peinture 1820-1920*, 5 dln., Parijs 1975

cat.tent. *Delacroix et les peintres de la nature. De Géricault à Renoir*, Musée Eugène Delacroix, Parijs 1975

cat.tent. *Het Romantische landschap in de Franse grafiek*, Haags Gemeentemuseum, Den Haag 1975

cat.tent. *Maler der Schule von Barbizon*, Städtischen Wessenberg-Gemäldegalerie, Konstanz 1975

P. MIQUEL, *Le paysage français au XIXe siècle*, 3 dln., Maurs-la-Jolie 1975

cat.tent. *Barbizon au temps de J.-F. Millet (1849-1875)*, Salles des Fêtes, Barbizon 1975

CLAUDE MARUMO, *Barbizon et les paysagistes*, Parijs 1975

G. ISNARD, *Le village au temps des peintres de l'école de Barbizon*, Melun 1975/78

C. DUNCAN, *The pursuit of pleasure, the rococo revival in French romantic art*, New York 1976

P. DELOUCHE, *Peintres de la Bretagne*, Mayenne 1977

cat.tent. *Zurück zur Natur*, Kunsthalle Bremen, Bremen 1977/78

N. MELOT, *Graphic art of the pre-impressionists*, Parijs 1978, Amerikaanse ed.: New York 1981

PH. DE CHENNEVIÈRES, *Souvenirs d'un directeur des Beaux-Arts*, Parijs 1979

cat.tent. *Théodore Caruelle d'Aligny (1798-1871) et ses compagnons*, Musée des Beaux-Arts, Orléans/Musée des Beaux-Arts, Duinkerken/Musée des Beaux-Arts, Rennes 1979

PH. CONISBEE, "Pre-Romantic plein-air painting", *Art History*, 2 (1979), p.413-428

H.-P. BÜHLER, *Die Schule von Barbizon, Französische Landschaftsmalerei im 19.Jahrhundert*, München 1979

M. WILSON, cat.tent. *French 19th century paintings of town and country*, National Gallery, Londen 1980

H.C. DE BRUIJN, "Een opmerkelijke overeenkomst tussen het werk van Johannes Tavenraat (1809-1881) en de School van Barbizon", *Antiek*, 16e jrg. nr. 2, aug./sept. 1981, p.83-88

P. GALASSI, cat. tent. *Before photography*, The Museum of Modern Art, New York 1981

cat.tent. *Painting from nature, the tradition of open-air oil sketching from the 17th to 19th centuries*, Fitzwilliam Museum, Cambridge/Royal Academy of Arts, Londen 1981

cat.tent. *Die Anmut des Einfachen, Druckgraphik aus der Schule von Barbizon*, Wallraf-Richartz-Museum, Keulen 1981

G. WEISBERG, cat.tent. *The realist tradition, French painting and drawing 1830-1900*, The Cleveland Museum of Art/The Brooklyn Museum/The St. Louis Art Museum/Glasgow Art Gallery 1981/82

ed. G. WEISBERG, *The European realist tradition*, Bloomington 1982

P. REA RADISCH, "Eighteenth-century plein-air painting and the sketches of Pierre Henri de Valenciennes", *Art Bulletin*, LXIV (1982), p.98-104

S. JOUTY, *Bleau, La forêt de Fontainebleau et ses rochers*, Parijs 1982

B.D. RIX, cat.tent. *The clichés-verre of the Barbizon School*, Art Gallery of Ontario 1983

Y. LE PICHON, *De schilders van het geluk*, Amsterdam/Brussel 1984

cat.tent. *"... deutlicher als die Natur selbst", französische und niederländische Gemälde des 19.Jahrhunderts aus der Sammlung eines Malers aus dem Museum Mesdag Den Haag*, Museum für Kunst und Kulturgeschichte, Dortmund 1984

L. EWALS, "Enige notities betreffende de relatie tussen de Nederlandse en Franse schilderkunst in de 19de eeuw", *Tableau*, 7e jrg., nr. 3 (1984), p.33-42

J.M. EIKELENBOOM, "De schilder H.W. Mesdag en zijn verzameling Franse Schilderijen", *Tableau*, 6e jrg., nr. 4 (1984), p.60-68

cat.tent. *Exigences de réalisme dans la peinture française entre 1830 et 1870*, Musée des Beaux-Arts, Chartres [1984]

cat.tent. *L'Impressionisme et le paysage français*, Los Angeles County Museum of Art/The Art Institute of Chicago/Grand Palais, Parijs 1984/85

**Aligny**

cat.tent. *Théodore Caruelle d'Aligny (1798-1871) et ses compagnons*, Musée des Beaux-Arts, Orléans/Musée des Beaux-Arts, Duinkerken/Musée des Beaux-Arts, Rennes 1979

**Appian**

H.H. JENNINGS, "Adolphe Appian", *Print Collector's Quarterly*, vol. 12, no. 1 (1925)

cat.tent. *Adolphe Appian, son œuvre gravé et lithographié*, Paul Prouté, Parijs 1968

**Barye**

A. ALEXANDRE, *A.L. Barye*, Parijs 1889

CH. SAUNIER, *Barye*, Parijs 1925

CH.O. ZIESENIS, *Les aquarelles de Barye, étude critique et catalogue raisonné*, Parijs 1954

cat.tent. *Aquarelles de Barye*, A. Daber, Parijs 1956

cat.tent. *Barye, sculptures, peintures et aquarelles des collections publiques françaises*, Louvre, Parijs 1956/57

S. PIVAR, *The Barye bronzes, a catalogue raisonné*, Woodbridge 1974

**Corot**

H. DUMESNIL, *Corot, souvenirs intimes*, Parijs 1875

L. ROGER-MILÈS, *Corot*, Parijs 1891

E. MOREAU-NÉLATON, *Histoire de Corot et de ses œuvres*, Parijs 1905

A. ROBAUT, *L'œuvre de Corot, catalogue raisonné et illustré*, 4 dln. + index, Parijs 1905

W. GENSEL, *Corot und Troyon*, Bielefeld/Leipzig 1906

E. MEYNELL, *Corot and his friends*, Londen 1908

P. CORNU, *Corot*, Parijs 1911

E. MOREAU-NÉLATON, *Le roman de Corot*, Parijs 1914

E. MOREAU-NÉLATON, *Corot raconté par lui-même*, 2 dln., Parijs 1924

V. RIENAECKER, *The paintings and drawings of J.B.C. Corot in the artist's own collection*, Londen/New York 1929

G. BAZIN, *Corot*, Parijs 1942 (herziene ed. 1951)

P. COURTHION, *Corot, raconté par lui-même et par ses amis*, Vésenaz/Genève 1946

cat.tent. *Corot 1796-1875*, Philadelphia Museum of Art 1946

A. SCHOELLER EN J. DIETERLE, *Corot, supplément au catalogue de l'œuvre par Robaut et Moreau-Nélaton*, Parijs 1948

D. BAUD-BOVY, *Corot*, Genève 1957

cat.tent. *Figures de Corot*, Louvre, Parijs 1962

J. Leymarie, *Corot*, Genève 1966
cat.tent. *Corot*, Galerie Wildenstein, New York 1969
cat.tent *Hommage à Corot*, Orangerie des Tuileries, Parijs 1975
cat.tent. *Corot (1796-1875). Peintures et dessins des collections françaises*, Villa Medici, Rome 1975

## Daubigny

F. Henriet, *Charles Daubigny et son œuvre gravé*, Parijs 1875
L. Bourgès, *Daubigny, souvenirs et croquis*, Parijs 1900
J. Laran, *Daubigny*, Parijs 1913
E. Moreau-Nélaton, *Daubigny, raconté par lui-même*, Parijs 1925
cat.tent. *Paintings by C.F. Daubigny*, Hazlitt, Gooden & Fox, Londen 1959
M. Fidell-Beaufort en J. Bailly-Herzberg, *Daubigny*, Parijs 1975
R. Hellebranth, *Charles-François Daubigny 1817-1878*, Morges 1976

## Decamps

Ad. Moreau, *Decamps et son œuvre*, 1869
Ch. Clément, *Decamps*, Parijs 1886
P. du Colombier, *Decamps*, Parijs 1928
D.F. Mosby, *Alexandre-Gabriel Decamps (1803-1860)*, 2 dln., New York/Londen 1977

## Diaz

div. auteurs, *N. Diaz, notice*, Parijs [1876]
cat.tent. *Œuvres de N. Diaz de la Peña*, Ecole des Beaux-Arts, Parijs 1877
Th. Silvestre, *Les artistes français*, dl. I, Parijs 1878
cat.tent. *Narcisse Diaz de la Peña (1807-1876)*, Le Pavillon des Arts, Parijs 1968

## Dupré

J. Claretie, *M. Jules Dupré*, in de reeks: *Les hommes du jour*, Parijs 1879
P. Mantz, *Atelier Jules Dupré*, Veiling Parijs (George Petit) 30 januari 1890
cat.tent. *Jules Dupré (1811-1889)*, Galerie du Fleuve, Parijs 1973
M.-M. Aubrun, *Jules Dupré 1811-1889, catalogue raisonné de l'œuvre peint, dessiné et gravé*, Parijs 1974

## Harpignies

cat.tent. *Henri-Joseph Harpignies (1819-1916)*, Marlborough Fine Art Limited, Londen 1957

## Hervier

J. Knoef, "Het grafisch werk van A. Hervier", *Elsevier's geïllustreerd maandschrift (overdruk RKD)*

## Huet

Ph. Burty, *Paul Huet*, Parijs 1869
R.P. Huet, *Paul Huet (1803-1869), documents recueillis par son fils*, Parijs 1911
P. Miquel, *Paul Huet, De l'aube romantique à l'aube impressioniste*, Sceaux 1962
cat.tent. *Paul Huet (1803-1869)*, Musée des Beaux-Arts, Rouen 1965
cat.tent. *Paintings by Paul Huet and some contemporary French sculpture*, Gallery Heim, Londen 1969

## Jacque

J.J. Guiffrey, *L'Œuvre de Ch. Jacque, catalogue de ses eaux-fortes et pointes sèches*, Parijs 1866, suppl. Parijs 1884
R. Wickenden, "Charles Jacque", *Print Collector's Quarterly* I (1912), p.71-101

## Michel

A. Sensier, *Etude sur Georges Michel*, Parijs 1873
L. Larguier, *Georges Michel (1763-1843)*, Parijs 1927
cat.tent. *Georges Michel*, Le Pavillon des Arts, Parijs 1967

## Millet

A. Piedagnel, *J.-F. Millet, souvenirs de Barbizon*, Parijs 1876
A. Sensier, *La vie et l'œuvre de J.-F. Millet*, Parijs 1881
J. Claretie, *J.-F. Millet*, Parijs 1882
Ch. Yriarte, *J.-F. Millet*, Parijs 1885
cat.tent. *Œuvres de J.-F. Millet*, Ecole des Beaux-Arts, Parijs 1887
cat.tent. *A complete collection of the etchings and other prints done by Jean-François Millet*, F. Keppel & Co., New York 1887
[Bénézit-Constant], *Le livre d'or de J.-F. Millet, par un ancien ami*, Gent 1891
A. Dutry, *Les peintres du peuple, II, J.-F. Millet*, Gent 1892
L. Roger-Milès, *Le paysan dans l'œuvre de J.-F. Millet*, Parijs 1895
J. Cartwright, *Jean-François Millet, his life and letters*, Londen 1896
L. Soullié, *Les grands peintres aux ventes publiques, Jean-François Millet*, Parijs 1900
W. Gensel, *Millet und Rousseau*, Bielefeld/Leipzig 1902
R. Muther, *J.-F. Millet*, Berlijn 1903
A. Tomson, *Jean-François Millet and the Barbizon School*, Londen 1903
A. Trumble, *The painter of "the Angelus", Jean-François Millet and the Barbizon School*, Londen 1905
cat.tent. *The Staats Forbes collection of one hundred drawings by Jean-François Millet*, Leicester Galleries, Londen 1906
cat.tent. *Etchings, wood-cuts and original sketches by J.-F. Millet*, F. Keppel & Co, New York 1908
L. Bénédite, *Les dessins de J.-F. Millet*, Parijs 1906
E. Diez, *Jean-François Millet*, Bielefeld/Leipzig 1912
E. Moreau-Nélaton, *Millet raconté par lui-même*, 3 dln., Parijs 1921
L. Latourette, *Millet à Barbizon*, Barbizon 1927
P. Goell, *Millet*, Londen/Parijs 1928
cat.tent. *J.-F. Millet, dessinateur*, Galerie H. Brame, Parijs 1938
K. Clark, cat.tent. *Drawings by Jean-François Millet*, The Arts Council of Great Britain, Londen 1956
cat.tent. *Dessins de Jean-François Millet*, Cabinet des dessins, Musée du Louvre, Parijs 1960
R.L. Herbert, "Millet revisited-I", *Burlington Magazine* CIV (1962), p.294-305
cat.tent. *J.-F. Millet, Le portraitiste et le dessinateur*, Musée Jacquemart-André, Parijs 1964
cat.tent. *Jean-François Millet*, Musée Thomas-Henri, Cherbourg 1964
R.L. Herbert, "Millet reconsidered", *Museum Studies I, Art Institute of Chicago*, Chicago 1966, p.28-67
cat.tent. *J.-F. Millet(1814-1875)*, Galerie Wildenstein, Londen 1969
R.L. Herbert, "City versus country, the rural image in French painting from Millet to Gauguin", *Artforum* 8 (1970), p.44-55
cat.tent. *Jean-François Millet et ses amis, peintres de Barbizon*, Tokyo/Kyoto 1970
L. Lepoittevin, *Jean-François Millet*, 2 dln., Parijs 1971
cat.tent. *Jean-François Millet*, Musée Thomas-Henry, Cherbourg 1971
cat.tent. *Jean-François Millet et le thème du paysan dans la peinture française du XIX siècle*, Musée Thomas-Henry, Cherbourg 1975
R. Bacou, *Millet, dessins*, Fribourg 1975
cat.tent. *Barbizon au temps de J.-F. Millet (1849-1875)*, Salle des Fêtes, Barbizon 1975
cat.tent. *Jean-François Millet*, Grand Palais, Parijs/ Hayward Gallery, Londen 1976
A. Fermigier, *Jean-François Millet*, Genève 1977
J.C. Chamboredon, "Peinture des rapports sociaux et invention de l'éternel paysan: les deux manières de Jean-François Millet", *Actes de la recherche en sciences sociales*, Parijs 1977

A.R. Murphy, cat.tent. *Jean-François Millet,* Museum
of Fine Arts, Boston 1984

**Rousseau**

cat.tent. *Etudes peintes par M. Théodore Rousseau,* Cercle
des Arts, Parijs 1867

A. Sensier, *Souvenirs sur Th. Rousseau,* Parijs 1872

W. Gensel, *Millet und Rousseau,* Bielefeld/Leipzig
1902

P. Dorbec, *Théodore Rousseau,* Parijs 1910

cat.tent. *Th. Rousseau (1812-1867), quelques œuvres
peintes et dessinées,* Galerie Hector Brame, Parijs
1938

cat.tent. *Paintings by "Le Grand Refusé" Théodore
Rousseau (1812-1867),* Hazlitt, Gooden & Fox,
Londen 1961

M.-Th. de Forges, "La descente des vaches de
Théodore Rousseau au Musée d'Amiens",
*La Revue du Louvre et des musées de France,* jrg. 12
(1962), nr. 2, p.85-90

cat.tent. *Théodore Rousseau (1812-1867),* Louvre, Parijs
1967/68

A. Terrasse, *L'univers de Théodore Rousseau,* Parijs
1976

cat.tent. *Théodore Rousseau (1812-1867),* Sainsbury
centre for visual arts, Un. of East Anglia,
Norwich/Hazlitt, Gooden & Fox, Londen 1982

**Troyon**

H. Dumesnil, *Troyon, souvenirs intimes,* Parijs 1888

A. Hustin, *Constant Troyon,* Parijs 1893

L. Soullié, *Les grands peintres aux ventes publiques,
Constant Troyon,* Parijs 1900

W. Gensel, *Corot und Troyon,* Bielefeld/Leipzig 1906

# Colofon

*Vormgeving:* Arlette Brouwers, Amsterdam

*Litho's:* Nemela & Lensen, Mönchen-Gladbach

*Zetwerk en druk:* Lecturis bv, Eindhoven
*Lettertype:* Bembo

## Fotoverantwoording*

Musée de Picardie, Amiens – c 40, c 65
Gebr. Douwes, Amsterdam – 49, c 49, c 67
Fotocommissie Rijksmuseum, Amsterdam – 45, 54, 70, c 24, c 30, c 51, c 75, c 101
Rembrandthuis, Amsterdam – 69
Rijksmuseum Vincent van Gogh, Amsterdam – 55
Stedelijk Museum, Amsterdam – c 17, c 26, c 28, c 36, c 37, c 38, c 61, c 73, c 90
Musée d'Angers, Angers – c 60
Photo Alain Danvers, Bordeaux – 62
Kunsthalle / Lars Lohrisch, Bremen – c 2, c 8, c 58
Foto Stickelmann, Bremen – c 48
A.C.L., Brussel – 77, 80, 81, c 13, c 27, c 86
Dingjan, Den Haag – 5, c 14, c 35, c 46, c 78, c 104, c 105
Haags Gemeentemuseum, Den Haag – 14, 16, 17, 21, 27, 36, 50, 56, 66, 74, c 22, c 43, c 57, c 68, c 83, p 1 t/m 29
Mauritshuis, Den Haag – 10, 43
RKD, Den Haag – 4, 24, 34, 37, 38, 39, 40, 41, 44, 46, 52, 57, 58, 59
Rijksdienst Beeldende Kunst, Den Haag – 3, 51
Rijksmuseum Mesdag, Den Haag - c 11, c 16, c 23, c 31, c 57, c 69, c 85, c 88, c 89, c 92
John Sillevis, Den Haag – 30, 31, 32, 33
Verz. Gemeentearchief 's-Gravenhage, Den Haag – 42
Founders Society Detroit Institute of Arts, Detroit – 63, 73
National Galleries of Scotland, Edinburgh – c 63, c 64, c 70, c 71, c 96, c 97
Rijksmuseum Twenthe, Enschede – 48, c 91
Mairie de Fontainebleau, Fontainebleau – c 39, c 41, c 54, c 62, c 66, c 95
Foto Piet Ysabie, Gent – 78, c 6
A. de Vogelaere, Gent – c 79
Annan, Glasgow – 1
Catharina Gasthuis, Gouda – c 25
Groninger Museum, Groningen – c 15
Hamburger Kunsthalle / Ralph Kleinhempel, Hamburg – c 102
Ordrupgaard Collectie, Kopenhagen – c 12, c 42, c 103
Musée du Mans, Le Mans – c 100
Musée Municipal, Limoges – c 99
Courtauld Institute of Art, Londen – 20
National Gallery, Londen – 22
Musée des Beaux-Arts, Marseille – c 76
Rijksmuseum Kröller-Müller, Otterlo – c 9, c 18, c 29, c 72, c 74
Tom Haartsen, Ouderkerk a/d Amstel – c 34
Dick Wolters, Ovezande – c 7
Jean-Claude Barrié, Parijs – 65, c 59
Marc Jeanneteau C.N.M.H.S./S.P.A.D.E.M., Parijs – c 55
Lauros-Giraudon, Parijs – c 19
Musée du Louvre, Parijs – 6, 7, 15, 72, c 1, c 5, c 45, c 50, c 53, c 77, c 94, c 98
Photo Bulloz, Parijs – 60, 61
Cliché Vizzanova, Parijs – c 4
Réunion des Musées Nationaux, Parijs – 8, 9, 11, 13, 35, 76, c 3
Musée St. Denis, Reims – c 47, c 87
Oscar Savio, Rome – c 93
Museum Boymans-van Beuningen, Rotterdam – 53, c 52
Musée des Beaux-Arts, Straatsburg – c 10, c 80, c 84
The Toledo Museum of Art, Toledo (Ohio) – 71
Centraal Museum, Utrecht – c 20
Universiteitsbibliotheek, Utrecht – 68, 75
Frequin, Voorburg – 2, 19, c 21, c 32, c 33, c 44, c 81, c 82
Kunsthaus, Zürich – 25


* de c en p-nummers verwijzen naar de catalogus-illustraties